壊れた地球儀の直し方

——ぼくらの出番

It's our turn to mend the broken globe

青山繁晴
Shigeharu Aoyama

地球上のすべての戦地、紛争地域、被災地で不慮の死を遂げたみたまに捧ぐ。

＊表記について

著者の日本語への愛情と信念に基づき、同一語を文脈に応じて漢字、ひらがな、カタカナ、ローマ字で自在に書き分け、また違う漢字で表記します。

それだけではなく、たとえば人称も変えます。一人称にしても「ぼく」と「わたし」から「俺」までを自由に使い分けます。

すべて一般の校正基準とは異なります。ご諒解（りょうかい）ください。

本書は二〇〇四年六月に扶桑社から刊行された『日本国民が決断する日』を改題し、
また一部改稿と新たな書きおろしを加えたうえで新書化した。

ざっくばらんに話してみたい（新書版の序に代えて）

その1

このささやかな一冊は、復活の書です。

西暦で言えば二〇〇四年の初夏に世に問うた「日本国民が決断する日」を新書版として甦（よみがえ）らせました。

初版の発行から実に一二年目のことです。日にち毎日、烈（はげ）しく移ろう世界を扱うノンフィクションの分野では、まことに異例だと思います。一二年前の書はもう死んだも同然だと著者のぼくが正直、考えていました。

ぼくは文章を書いていくとき編集者に意見を求めません。編集者には出版のスケジューリング（日程調整）があるから、原稿の進み具合の確認は受けます。

そして、謙虚であることを人生でいちばん大切な原則のひとつに据えていますから、原稿を最初の一字から最後の締めの一字まで書き上げ、題名もおのれとしては定めたあとに、編集者から意見があれば一生懸命に耳を傾けます。それはプロフェッショナルな書き手としてむしろ当然の責務でもありますね。

しかし書いている途中は何もかも、つまり企画の立案から、情報収集・取材、原稿の執筆、推敲、仕上げまですべてみずから行います。どれほど忙しくても、それは変えません。本の出版が遅れても、変えません。

題名もすべてみずから付けます。英語のタイトルがあるときも必ず、自分で付けます。表紙デザインの原案も作ることが多いです。

そうやって世に現れるぼくの本は、温もりのある一個のおにぎりであってほしい。

密室で書くのじゃなくて、誰からも見える広い大地に、小さな田圃をみずから作り、瑞々しく水を張り、深々と腰を屈めて田植えをし、実らせて刈り取り、精米し、その米を炊き、手のひらで慈しむように握る。

そのおにぎりの一個一個が、ぼくの書です。

世界と日本を裸のこころで歩いて、あちこちに思慮の田圃をつくり、そこから育つ実りを文章にしていきます。

ひとりでそのようにさせてくれる編集者たちに深く感謝しているのです。

しかし今回、一二年前の書を再生させようという発想はぼくではなく、編集者からの提案でした。

ぼく自身は、読者から「青山さんの著書のなかで、ほんとうはこれがいちばん好きです」という書き込みをブログに何度いただいても実感がありませんでした。ぼくの本のなかではもっとも部数の少ない、早く言えば売れなかった部類だからです。今でもぼくはほぼ無名ですが、この本を出した当時はもっと無名だったせいもあるでしょう。

そして、この書は一年を掛けてじっくり書きあげた分厚い書であり、そういう書が簡単に受け容れられる時代では既になかったし、現在と未来はもっとそうなるでしょう。

そこに突然、実力派の編集者から「新書で再生しませんか」という提案が舞い込んできました。ところが「新書だからページ数を削り込んでください」という案とセットになっていました。

ぼくは自分の書を改めて読むことをしません。職業としての物書きには二種類あると考えます。牛が食べ物を反芻（はんすう）するように、ご自分の書いたものを繰り返し味わい、次への備えとする人、それからカタルシス（浄化作用）が起きて二度と読まない、それどころか何を書いたか忘れてしまって次へ進む人、その二種類です。

どちらがいい悪いの問題では全くありません。持って生まれた性格に起因します。

ぼくはまんま、後者です。

だからちょっと抵抗を感じながら「日本国民が決断する日」をぱらぱら読み返してみると……ありのままに書きます、一驚しました。

ここまで正直に言っていいものかと思いますが、濃い！

中身が濃くて、そして予言の書でもあります。大戦後にアメリカが造りあげた世界が壊れていくことを密度ある現場証言と根拠で示そうとして、大して出来てはいませんが、懸命に努力はしている書です。

切りようがない。

削ることはできません。このありのままがいい。

そう思いました。

そもそも編集者の言うとおり、新書とはやや薄めの簡素な本を言うのだろうから、こりゃ無理だな、忘れられた書を再生させるというのは見果てぬ夢に終わると考えました。

物書きはぼくの本職のひとつです。テレビやラジオに顔を出すこともいくらかはあり、全国と時には海外で講演もしていますが、それはすべて仕事ではありませぬ。わたしゃ、タレントでも講演屋でもないのです。

一方で、本を出すことは、ぼくの仕事です。危機管理や外交・安全保障の実務に民間から携わることと同じく、本職です。しかしそれは糊口を凌ぐためには何でもするということを意味しません。

あまりに僭越な物言いになることを許してもらえれば、食うために仕事をしていません。食うだけなら、体力を使って如何様にしてでもおのれも愛するひとびとも、わんこも食べさせます。国益のための実務であれ、ちいさい頃からなると決めていた物書きであれ、収入のために妥協することはしません。

だからいったん、新書を諦めました。

すると編集者から、またしても意外な提案がやってきました。

「それじゃ、信じられないぐらい、ぶっとい新書を出しましょう」

みなさん、面白くないですか。

著者のぼくだけじゃなく、読者のみんなと一緒に「世の中捨てたもんじゃない」と喜びたいのです。

出版界がネットにも押されて未曾有（みぞう）の不況で苦しむなか、「ぶっとい新書」は当然、普通のコンパクトな新書よりも値段が高くなります。すると売れ行きが心配されます。

その不安を飛び越えて「ぶっとい新書」なんて、「痩（や）せた豚」みたいな「巨大なメダカ」みたいな、通念をひっくり返す提案をする。保身に凝り固まっている編集者なら決してできません。

ただ、ぼくからこんなお願いもしました。「ありがたい提案だけど、価格は一〇〇〇円はしないようにしましょう」

ぼくはまるきりお金がなくて苦しかった時代もあったので、一〇〇〇円を超える超えないの境目が、本を読みたい人にとってもどんなに大きい場合があるかはこの身に染みて分かっています。

すると、この無理な提案も認めてくれました。

さぁ、では、再生に向けて原著に手を入れることを始めましょう。

その2

まず取り組んだのは、改題です。

旧題もぼくが付けました。「タイトルが悪い」と仰った読者も一人、いらっしゃいましたが、現実に「日本国民こそが決断しなきゃいけない日」が来るから付けた題でした。売れ筋ではなくても、そう困ったタイトルだとは思っていませんでした（ただし、これもありのままに記しますが、副題は「このタイトルでは刺激が少なくて良くない」という編集者の意見を容れて添えました。これは不要でした。責任はぼくにあります）。

タイトルを変えようと考えたのは、世界が壊れる時代がいよいよ始まったからです。

第二次世界大戦での真の勝者は、ほんとうはアメリカだけです。

それは、国連の安全保障理事会（安保理）の常任理事国五大国を見ればわかります。もちろん、すべて連合国側ですね。ぼくらは世代の違いは関係なく、戦後に生まれた日本国民はすべて「日本は連合国に負けた」と教わりました。それは嘘です。

常任理事国五大国のうち、イギリスに日本は負けたでしょうか。

イギリスは暴力と武力でシンガポールやインドなどアジア諸国を植民地にしていましたが、日本軍に敗走して追い払われ、植民地に戻ってきたのは大戦が終わってからです。

フランスには負けたでしょうか。

同じく植民地にしていたベトナムなどから日本軍の進撃によって追われ、戦後に戻ってきました。

英仏は日本軍のいなくなった大戦後に植民地支配を復活させようとしましたが、同じアジア人である日本軍の西洋に対する勝利を間近に見たアジア諸国民の戦いで、ついに独立を許しました。

ではソ連には負けたのでしょうか。

旧ソ連、現ロシアが日本を侵略したのは、日本が降伏して大戦が終わったあとです。ですから国際法上はすでに戦争ですらなく、ただの侵略と見境のない暴力だけでした。

中国はどうでしょうか。

現在の常任理事国である中華人民共和国はまだ存在すらしていませんでした。建国を毛沢東主席が宣言したのは、大戦終結から四年以上も過ぎた一九四九年一〇月一日です。世界大戦の当時に日本軍と戦ったのは、蔣介石主席率いる中華民国の軍であり、日本軍に対して敗走を続けました。今の中国共産党の人民解放軍は大戦当時、八路軍と呼ばれていましたが、日本軍とはほとんど遭遇もしていません。日本軍は大戦が終わる一九四五年になってもなお、中国大陸では優勢でした。

すなわち日本に勝ったのは、五大国のなかのただ一か国、アメリカだけです。

敗者側で最期まで戦ったのは日本ですから、その日本の当時の非戦闘員、つまり赤ちゃんや幼子、女性やお年寄りを住宅地への無差別爆撃や原爆投下によって大量に殺戮して勝ったアメリカが、大戦を終わらせたのです。

だから大戦後の秩序は、アメリカが造り、支配してきました。ソ連がこれに挑戦して冷戦となりましたが一九九一年のクリスマスをもってソ連ことソビエト社会主義共和国連邦が崩壊し、それも終わりました。

大戦から四六年を経て、アメリカの世界完全支配がついに完成したと見えました。

日本はその前月に、国民に人気のあった海部俊樹総理が当時の自民党実力者、小沢一郎前幹事長に引きずり降ろされ、宮澤喜一内閣に代わったばかりでした。

宮澤総理は、アメリカ合州国（合衆国ではありません）の興隆と向かいあいながら生きて死した人です。

日本のハワイ真珠湾攻撃のわずか二年前、西暦一九三九年、昭和一四年に東京帝国大学法学部の超エリート学生として「日米学生会議」に参加するためにアメリカへ渡りました。

工業力を背景にしたアメリカの豊かな社会を目の当たりにして、頭の切れる、感性の鋭い宮澤青年はどれほど驚いたでしょうか。

それは、真珠湾攻撃を指揮した帝国海軍の山本五十六連合艦隊司令長官が渡米したときの驚きと似ているのではないかと拝察します。山本五十六海軍少佐（当時）は西暦一九一九年、大正八年に海軍省からアメリカ駐在を命じられ、ハーバード大学に留学しています。

この時代に受けた衝撃を物語る逸話は有名です。砂糖をたっぷり入れた一杯のコーヒーから自動車、飛行機までが山本少佐に「アメリカとは戦うな」という信念を植えつけました。この一九一九年は奇しくも、宮澤総理が生まれた年です。

世界の歴史の現場を歩けば歩くほど、ぼくは天がいたずら好きだと実感します。まるで愉しむかのように歴史が交差するポイントを創っていくからです。

山本閣下は皮肉にも、いちばん避けようとした対米戦争をみずから始めることになり、そこから生じた建国以来ただ一度の敗戦を、宮澤さんは大蔵官僚として受け止めます。

西暦一九四五年、昭和二〇年八月、敗戦を処理する内閣、東久邇宮内閣が発足すると大蔵大臣の秘書官となり、やがてサンフランシスコ講和会議に日本代表団の一員として参加し、それらの経験が、政治家には不向きな宮澤さんに政界入りを決意させます。

勝者の道を歩み続けるアメリカとずっと一緒に歩む人生と言っていいでしょう。そして物事が見えすぎるための皮肉屋、毒舌家ぶりが政界で嫌われ続けました。

ぼくは共同通信の政治部出身ですから、紳士のはずの宮澤さんが酒に呑まれて目が据わり、唇を赤く濡らしながら身を乗り出して信じられない言葉を吐く現場を見ました。

他人が馬鹿に見えて仕方なくて憤懣が溜まるのでしょう。海部さんが総理のとき「一所懸命におやりになっておられますがなぁ、なにしろ高校野球のピッチャーでいらっしゃるからねぇ」と言って、怒らない海部さんを怒らせ、自分を毛嫌いする大立て者、金丸信副総理が東京農学校（東京農業大学の前身）卒業であることを念頭に「偉い方ですよ。大学を出ているんですね。知ってました？」と言う。

これで総理には永遠になれないと思われていたなか海部総理辞任のハプニングのおかげで七十二歳にしてようやく総理の座に登り詰め、そのとき、アメリカもソ連を打ち砕いて頂点に達したのでした。

これを学者から評論家、日本のテレビ特有の芸人コメンテーターまで「アメリカの一極支配」と言い、実際にはアメリカを怖れていたのですが、日本の文化が平家物語の口を借りて「驕れる者久しからず　ただ春の夜の夢の如し　猛き人もついには滅びぬ　ひとへに風の前の塵に同じ」と喝破したとおり、それは驕れるアメリカ、猛きアメリカの終わりの始まりでした。

愛されない賢者だった宮澤総理は、いわば一足先に総理の座を追われ（一九九三年）、そのあとむしろ大蔵大臣、初代の財務大臣を総理経験者が務めるという異例の処遇を見事に生かして日本を金融危機から救いました。引き際もきれいに引退し、人柄も温厚になって日本らしさを発揮なさってから死したのでした。

しかし文化の蓄積のないアメリカという巨人は、そうはいきませんでした。

ソ連崩壊の年に、湾岸戦争を引き起こして中東に直接介入したアメリカはアラブの恨みを買い、頂点から十年後の二〇〇一年に9・11同時多発テロに襲われ、むしろそれを口実にイラク戦争を起こして（二〇〇三年）、フセイン大統領（当時）の正規軍は一瞬で倒したものの、フセイン政権に押さえ込まれていたイスラーム原理主義の跳梁（ちょうりょう）を招いてテロリストとの非正規戦には勝てないアメリカ軍の実態を晒（さら）しました。

アメリカはドルの強さも産業の活力も「世界のどこでも誰にも勝てるアメリカ軍」によって支えられていたのです。坂の頂点に、勝てないアメリカが初めて姿を現すと、もう止まらない下り坂を転がり落ちることになります。

だから白人にはできない「もう戦争しない」という約束をした黒人のオバマさんが大統

領になり、軍が使えないのなら情けないほど優柔不断にならざるを得ないアメリカを世界に見られてしまいました。

オバマ大統領は、歴史上、最悪の独裁者のひとりアサド大統領を「シリアの自国民に毒ガス兵器を使えばアメリカ軍を出す」と脅しました。ところがアサド大統領がそれを無視して毒ガス兵器サリンで自国の子供まで殺すと、なんともはや、おのれの言葉をうやむやにして要はアメリカ自身では何もしませんでした。アメリカの宿敵のはずのイランに、シリア内戦に介入するよう裏でお願いしただけです。

だからこそ「もうアメリカは世界の警察官をできない」と叫ぶトランプさんがアメリカ大統領選を掻き回すことになったのです。

「日本国民が決断する日」は、アメリカが自らを壊したイラク戦争に、ぼくが丸腰で行った現場体験を最大の動機として書いた本です。

出版した西暦二〇〇四年は、たとえば五月、小泉純一郎総理（当時）が二度目の訪朝をし、拉致被害者のごくごく一部だけ帰国していた、その五人について家族をも日本に呼び寄せるということがありました。

「これ以上、拉致被害者などいない」と強弁して横田めぐみさんらを死んだことにした北朝鮮の言い分をそのまま受け容れたのです。

小泉さんは、イラク戦争を遂行したブッシュ大統領（当時）を盟友と呼び、安保法制も何もなくて手足を縛られただけの自衛隊をイラクの戦地に送りました。陸上自衛官たちは、テロリストにロケット弾を撃ち込まれても何をすることも許されず、じっと頭を抱え込んでテントの中で座っていました。ぼくが社長を務める独立総合研究所（独研）は毎年二人、自衛隊の士官を研修生として受け入れています。そのなかにイラクに派遣された士官が複数いたのです。想像で話しているのではありません。戦死者が出なかったのはただの偶然です。

自衛官を愛さないこの小泉さんが熱愛したブッシュ大統領は、北朝鮮を金融制裁で崩壊寸前まで追い詰めながら、北の核を怖れて最後に日和り、制裁を解除して拉致被害者を助けるチャンスを逃しました。

アメリカやブッシュ大統領を非難しているのではありませぬ。

自国民は自国で助けねばならないという永遠の国際社会の真理を一緒に考えたいだけです。

戦勝国アメリカが作った地球儀は、もう内部から亀裂が入っています。ほんとうはブッシュ政権の時代に入り始めた亀裂が、オバマさんとトランプさんによって誰の目にもくっきりと見えるようになったのです。

壊れた地球儀こそ、貴重品です。われらニッポン国民、ここからいかに生きて、いかに死すべきかを教えてくれるから。

この再生の書、新書版には英語の題も付けました。やがて英語版を世界に問うためです。それは日本国民の責任を世界に明らかにしたいからです。

さ、最初にお話しするのはここまでです。

ここから、オリジナルの本体に入っていきましょう。

旧「日本国民が決断する日」には、最初に「構成について」という一節があります。珍しい一節だと、あらためて思います。

この本は単行本の段階ですでに、ずいぶんと、ぶっといのです。

版元以外の複数の出版社の知友から何度も「あれは何冊かに分けて出せる内容なのに。あの一部でいいからウチにくれたら、ちょうど手頃な一冊にして売れたのに」という趣旨を言われました。

なぜ、そうしなかったか。

上手く切り分けて売るというよりは、世界の根っこを摑(つか)みたい志のある読者に読んでほしかった。根っこを摑むには、すべてが繋(つな)がっている全体を読んでもらうのが一番です。

それと……ぼくは「義理人情で生きているのですか」と読者、視聴者のみなさんに問われることがあります。そんな格好の良いものではありません。しかし本も、テレビ・ラジオも、眼の前で一所懸命にやっている担当者を喜ばせたくなるのは、ほんとうです。

原稿を待つ編集者に、とことんまで書いて渡したくなります。

それでも自分でも「分厚くなるな」と思い、読者の負担を和らげたいと構成について簡単なコンパス、あるいはレジュメを書いたのでした。

そのまま、このぶっとい新書「ぶと新」でも再掲します。

ここから、原著の「だである」文体にします。ここまでの「ですます」文体はいったん終えます。

そして、原著の中身、文章、語句をできるだけ尊重しながら、必要を感じれば手直しをしていきます。

構成について

＊本書は五部構成になっている。

第一部は、筆者のイラク現地取材をもとに構成した。第二部では、アメリカの世界戦略の転向とアジアの将来について論考した。第三部では、起こりうる米朝戦争のシミュレーションを中心に、北朝鮮政府の思惑を検証した。第四部では、真実の日米関係の姿を描き、筆者の拠（よ）って来たるところを記した。第五部では、日本の現代政治の果たしてきたことを検証し、わたしたちのくにの持つ不思議な力を呈示した。

はじめに

このささやかな書物は、わたしたち日本国民の新しい生き方として、超国民、すなわちこれまでの国民のあり方を超えて自ら決断する国民となることを、そっと提示する。

叫ぶのではない、高く掲げるのでもない。

小ぶりな木のテーブルに、わたしは、こうやって手作りの一枚の地図を置く。地図をふと手に取り、まずは眼でたどって、そのうちに、すこしこの道を歩いてみようかと思うひとが何人かでも現れることを、ただ祈る。

その道には、みなをいちどきに運ぶバスは走っていない。それぞれの足で歩ける、その分だけ前へ進む道である。半歩でも、一〇〇〇歩でも、歩ける分だけでいい。

わたしたち普通の民こそ祖国の主人公であることをあらためて知り、みずからの眼でうつつ（現実）を見て、みずからの頭で考え、みずからの手で国民と国家の運命を決し、世界に関与しようとする。

わたしたちは二千数百年の国の歴史のなかで、いわばジパング・オリジナルの民主主義を育（はぐく）んできた。それでも、ありとあらゆる決定権がすべて法的にわたしたち庶民の手に渡ってからは、まだやっとわずか七〇年あまりだ。

わたしたちは二一世紀型の民主主義については、いまだ幼子である。

放っておけば、誰かの眼を借りてものを見ようとし、誰かの頭で考えてもらおうとし、誰かの手で運命をつくってもらおうとするのが、わたしたちの裸の姿なのだ。

その永年の癖を変えるには、野の草のように静かな勁(つよ)い意志の力で、これまでの自我を超えるしかない。それが超国民である。

この書は、まことに難産であった。

まず、時代を呼吸するノンフィクションであるにもかかわらず、執筆におよそ一年を要した。

平安の世ではない二一世紀初頭の日本は、一年のあいだに大河の向こう岸に渡ってしまうほどに変化する。それを知りながら、どうしても時間をかけずにはいられなかった。

そして、やっと脱稿したあとは、「超国民」という言葉をめぐって易しくはない交渉が待っていた。

わたしは「超国民」というキーワードを本書中に盛り込むことにあくまでも拘(こだわ)り、誠実な編集者を悩ませ、面談と電話と電子メールが繰り返され、ようやくに「超国民」という言葉が、そのまま読者のまえに姿を現すことになった。

編集者の懸念は、ひとつには超国民という言葉、あるいは考え方（むずかしく言えば概念）を受け入れるほど、日本国の民は成熟していないのではないかという思いにあった。

わたしの胸にも、おなじ気持ちはある。しかし、まさしく民の一人として、誇りを持ちたいと思う。わたしたちは世界で唯一の日本型民主主義をもともと持ち、アジアで最初に、民主国家をとにもかくにも造ってきたのだ。

もうひとつの編集者の心配は、超国家主義と混同されないかということにあった。

ファシズムを生んだ超国家主義は、国家のあるべき機能を超えて、国家に絶対的な力を与えることだった。それは偶然に生まれた思想ではない。日本国民だけではなく、にんげんのすべてが誘惑される思想なのだ。ひとは一人では生きられないから国家を造り、その国家に何もかもお任せしてしまいたい甘美な思いに駆られる。

だからこそ、民の側が主人公でいるためには、漫然と民であるのではなく、意志を持って民であろうとすることが大切になる。

わたしは超国家主義と並べて比べられ、議論されるなら、それをむしろ望む。

民が自立し、国家という怪物をリードするのはたやすくないからだ。歴史に学ぶ智恵（ちえ）が、どうしても必要になる。

この前書きは、書を仕上げる直前にしたためている。いま二〇〇四年四月二三日の朝五時まえ、窓の向こうには浜離宮の新緑が、朝靄（あさもや）のなかに深々と静まっている。空は、ほのかな赤紫色に色づき始めている。朝焼けが来る。

あと五時間後に、わたしは衆議院に行き、国民保護法制をめぐって参考人として意見を述べる。官僚出身でもなく、国立大の教授でもない、ただの民間人にこうした機会が与えられるのは、祖国のかすかな変化かも知れない。

ただ私心を去り、本来の目的に集中する。

それが、わたしのたどり着いた、つたない生き方である。衆院であろうがテレビ局であろうが、もしもおのれがいい格好をしようとすればたちどころに、あがってしまうだろう。おなじ民として伝えるべきを伝えるという本来の目的に徹していれば、いつもふだん通りだ。

さぁ、できれば開いてみてください。この一冊の新しい地図帳を。

壊れた地球儀の直し方＊目次＊

目次

目次

装丁／清水良洋（マルプデザイン）

第一部

一の章　日本のインディペンデンス・デイを目指して

●なぜアメリカはイラクを統治できないか

二千数百年の歴史にたゆたう（註：ただようこと）祖の国に、超国民が登場する。

超国民とは何だろう。それは誰だろうか。


西暦二〇〇四年、平成一六年四月八日の昼すぎ、わたしは東京・霞が関の外務省前を歩いていた。舗道のみごとな桜並木が、若い新緑の枝を揺らしながら残りの花を散らし、わたしの肩にも降りかかる。

ことしは花見をしなかったと、ふと考えていた。

わたしの属する独立総合研究所（独研）は、国民をテロリズムから護る仕事にも携わっているから、世界をテロの脅威が覆うなかで、わたしも他の社員もあまりに忙しすぎた。

しかし、花見をしないで良かった気もする。

バグダッドの郊外、砂塵のあがる国道ですれ違った少年は、左のあごからのどにかけて白っぽい風船のように膨れ、左にかしぐようにゆっくりと、ひとり歩いていた。アメリカ軍が劣化ウラン弾を撃ち込んだ地域では、もはや半ば常識的に、こんな子供たちがいる。

わたしは平和を夢想はしない。子供を護るために戦わねばならないときもあると考えている。しかしイラクでアメリカ軍が劣化ウラン弾を使わねばならない理由がいったい、どこにあったというのだろう。

わたしと独研は、日米の同盟を原則としては支持しているから、対等に自由にものを言いあうことを条件に、アメリカの政府機関と一緒に仕事をすることもある。アメリカ軍の内情も、すこしは知っている。だからこそ思う。アメリカ軍と、サッダーム・フセイン大統領のイラク軍は、正規軍同士で戦うかぎりは巨象と子犬ぐらいの差があった。劣化ウラン弾を使う軍事的な必然性などありはしない。

核のゴミを使う劣化ウラン弾は、ふつうの砲弾よりも安価に、おカネをかけないで貫通力を高めることができる。それだけだ。それだけのために低レベルとは言いながら、子供をガン患者にするには充分な放射線量を他国の大地にアメリカ軍は撒(ま)き散らした。

イラク軍の戦車が、貫通力の高い砲弾しか撃破できない優秀な戦車であって、しかもイラクが豊かな強国で、打倒するには想像を絶する時間と戦費がかかるなら、賛成はできなくともアメリカ軍が劣化ウラン弾を使った理由はどうにか想像できる。

しかし事実は逆だ。イラク軍の戦車は、時代遅れのぽんこつ戦車だったし、国力も戦意もないイラクの正規軍はあっという間にアメリカ軍に敗れた。

イラクの子供を思って花見をしたくないと言うほど、わたしは偽善者ではない。

真実を自分の手で触りたくて、ひとりイラクの戦地に入り、新生イラク軍に一時、拘束されたことをはじめ危険に直面はしたが、わたしには帰る国があった。

放射性物質を吸った大地に、這いつくばってでも生きるしかない子供から見れば、わたしはただの傍観者である。

それでも花見の気分ではない。胸のうちに、少年の感情のない眼が焼きついている。

わたしは友人だからこそアメリカに一所懸命、文句を言っているが、怒鳴り合いになるだけで耳を傾けてくれない。

これも一緒に仕事をすることのある自衛官が、手足を縛られたような実態でイラクの戦地にいることも、胸に食い込んでいる。

わたしは桜の花びらの下を、とぼとぼと歩いていた。この日本社会で、安全保障の実務に純然たる民間人と民間シンクタンクが直接、関わっているのはおそらく初めてだ。政府とも民間企業とも、神経戦のような交渉と調整ばかりで疲れ果ててもいた。

と、長身の男が目の前に立ちはだかった。

前をふさがれて顔を上げると、わたしは少し驚いた。長いつきあいの元外交官がそこに立っている。アメリカ通で知られたこのひとは、外務省を退官したいまはアメリカ南部にも家を構えている。

ほんとうにアメリカが好きならね、ニューヨークじゃなくて南部なんだよ。

それが口癖だ。

彼はアメリカ人のように短く固く握手をし、わたしの肩を叩き、いきなり言った。

「愛の悩み？」

わたしは一瞬、こころの底から腹を立てた。相手はアメリカ人ではないが、まさしくアメリカの匂いがした。おい、ふざけるなよ、世界中がアメリカに悩んでいるのに。

それでもわたしは、すぐに自省した。

どうも俺は最近、良くないな。そもそも花を見る気にならないこと自体が、間違っている。

「いつ帰国したんですか？」

とりあえず、当たり障りのないことを聞くと彼はそれには応えず、またいきなり聞いた。

「ね、なんで日本は統治できて、イラクは統治できないのかな」

主語が抜けている。「アメリカは先の大戦で日本をうまく占領し統治できたのに、イラクではなぜできないのか」という問いかけだ。

ははぁ、このひとは自分でそれを確かめるために日本にやってきたんだ。現役時代と同じく、官僚臭さのすくないフェアで率直な姿勢じゃないか。

そう思ってわたしは、この路上の唐突な問いに答えた。

「日本は（西暦一九四五年八月一五日の）敗戦から、たった四か月後のクリスマスで、NHKが流した讃美歌を喜んで聴いた国民ですよ。イスラーム教徒が戦争に負けたからといって、キリスト教の讃美歌を聴きますか」

彼は、真っ直ぐにわたしの眼を見ている。

「日本人がいい加減なんじゃないですよ」

わたしは、彼のアメリカの匂いにちょっと抗弁したくて付け加えた。

「宗教の重さが違うんです。日本は四季と水に恵まれた風土ですけど、アラブ世界はあの過酷な風土で生き延びるために、宗教にのめり込むことが必要なんです」

彼は、うんうんと二度、頷いた。元外交官にこんな話をするのは僭越の限りだが、彼は中東にはほとんど行っていないはずだ。

「それに、日本では昭和天皇が、この戦争は負けた、これからは新しい国にしようという御こころを仰ったら、それで国民の隅々までが治まりました。イラクにそんな人はいません。宗教指導者は沢山いても、各宗派に分かれ、クルド人という異民族もいます」

彼の後ろに、皇居の桜田門がみえている。

元外交官は「あなたは二つのことを言ったね。宗教と天皇制と。どっちがより本質的なのかな」

「どちらも本質的です。と言うか、根がつながっています。日本人にはアッラーがいない代わりに、おなじ人間のなかから天皇という存在を出しているんです」

「すると、天皇はやっぱり現人神というわけ？」

「まったく違います。逆です。京都に行かれて、御所の周りを歩かれたことがありますよね」

「京都御所、うん、あるよ」

「東京の皇居と正反対でしょう」

「正反対……　造りのこと?」

「そうです。皇居は深い壕(ほり)で守られ、京都御所には壕がありません。皇居は高い石垣で囲まれて、御所は石垣どころか高い塀もありません。背伸びをしたら、天皇のお住まいがみえてしまいそうな、低い簡素な塀しかありません。実際、平安時代などは庶民の住まいから御所のなかの灯りがみえたそうです。それが、われわれの皇帝なんです。世界にありませんよ、こんな皇帝の住まい」

わたしは二〇歳代の終わりから六年間、京都に住んだ。そのうちの二年ほど共同通信社京都支局の事件記者として毎日、京都府警本部へ通った。当時、暴力団の取材のために空手の道場にも通っていて練習が終わった夜半に、御所の周りの白い砂を踏んで府警本部記者クラブへ戻るとき、月明かりに浮かぶ御所を見ながら『なぜ、こんなに塀が低いのかな』と考えたのが最初だった。

やがて共同通信社東京本社の政治部に異動し、さらに記者を辞め、より自由な立場になって中南米や中国、ヨーロッパの王と皇帝の居城を見る機会が増え、思いは深まった。たとえばライン川沿いの山に聳(そび)える城の数々は、日本のみかどの住まいと、みごとなまでに対照的だ。

「そうだね」と元外交官は応え、わたしは言葉を続けた。

「京都御所の天皇と平民を隔てていたのは力じゃなくて、文化です。いまの皇居は、江戸城ですから武家の砦です。力で外と隔てている。明治維新のあとに、そこへ天皇にお移りいただいたのは日本の間違いでした」

「敗戦で、それが元に戻った。陛下のお住まいは変わらなくても、庶民になじむ存在に戻った」

わたしは「そうです」と言おうとして、言い淀んだ。ちょっと引っかかった。元に戻ったのではない。天皇陛下もわたしたち国民も、後戻りできない新しい時代に移ったのだ。

元外交官はわたしの表情には構わず、「そうか。すると天皇を考えても、日本はほかの国と似ていない。その日本の占領を参考にイラクの統治をやろうとしたのは、おおいなる間違いかな?」と聞いた。

「その通りです。ぼくはイラク戦争の直前に、アメリカ政府のひとから日本占領を参考にすると聞いたとき、呆れたし、まったく間違いだとも言いましたよ。聞いてもらえませんでしたが」

「そうか。わかった」

彼は短く、そう答えると、右手を挙げてさっさと背中を見せて遠ざかった。

わたしは、ぼんやりそれを見送った。彼は古巣の外務省には入らず、信号を渡り、経済産業省の方角へ歩いていく。

面白い人だ。外務省が何を考えているかはもう分かっているから、違うチャンネルの情報を聞こうとしてるんだろう。

そう考えながら、わたしは逆方向の総務省へ歩き出した。国内の対テロ防護をめぐって、会っておかねばならない官僚がいる。しかし、わたしの思いは別なところにあった。

わたしたちの祖国は、アメリカに占領されて無事に上手く統治されて、それでどうなったのか。

イラク人から見れば、日本は夢のような国だ。

わたしがイラクで案内役として雇った、フセイン大統領の警護官だった男ネビルは、日本で二番目の妻をもらいたい、日本で生活したいと、わたしが帰る頃には口癖のようになっていた。一夫多妻の許されるイスラーム教徒だから、もちろん本気である。

わたしがイラクを離れるとき、バグダッドからヨルダンへ向かう車に乗り込むと、ネビルは横を向いて諦めの表情を浮かべた。その肩と頬の寂しさが忘れられない。

しかし日本はほんとうに夢の国か。

それならなぜ、子供が荒れ狂い、その子供が父や母になって、みずからの子供を殺す国なのか。

アメリカにつき従って、敗戦から立ち直ろうと懸命に取り組んだ。立ち直るだけではなく、こんな小さな国が世界トップ級の経済力をつけ、清潔で安全な国を造った。

東西冷戦が終わるまでは、そうだった。

しかしソ連が壊れ、ひとり勝ちのアメリカが世界の再編を始めると、日本は外交も安全保障もアメリカにお預けしていた冷戦当時の姿のまま、その血の再編に組み込まれた。

戦争はいつでも醜い。旗や軍楽隊で飾っても、人殺し、破壊、憎しみである。しかしそのなかでも最悪の戦場といえるイラクに自衛官を、「兵であって兵ではない」という世界に例のない存在のまま、国民人気の高い総理が送った。平凡な直毛をみずからライオンヘアに演出した小泉純一郎総理（当時）である。

なんとも半端であり、それでいて決して逃げることのできない責任のなかで、わたしたちと同じ国民のひとりの自衛官が命を砂漠に晒（さら）している。

ベトナム戦争は、わたしたちの国にも反戦運動を広げ、国民の胸を揺さぶった。しかし、それでも実は他人事（ひとごと）だった。

東西冷戦の枠内で起きた戦争と言うより、ベトナム戦争こそ東西冷戦のスキーム（構造）そのものであったから、冷戦ある限り、アメリカの一部の日本で良かったからだ。

イラク戦争は、ベトナムより遠いアラブの地で起きた。だが、もはや他人事ではない。石油があるからか。違う。わたしたちを大きく守っていた冷戦の枠が消えた新世界そのものへ続く戦争だからだ。

この日本に生きるわたしたちの胸に今、われらはいずこから来て、いずこへ行くのかという深い自問がある。

これまで通りでは、もはや立ちゆかない切実な実感があるからだ。

誰が、これまで通りであってはならないのか。政治家か、官僚か、財界人か。いずれもそうだろう。しかし、日本国の主人公はわたしたち、ふつうの国民一人ひとりだ。わたしたちこそ新しい民となり、自分たちの手造りで国をつくり変える、わくわくするような試みを始めたい。

その新しい民とは、誰だろう。どんな国民が新しい民になれるのだろう。

●日本の警察には担当大臣がいない

わたしは総務省の入り口に立った。

ここはかつての自治省、郵政省、総務庁が統合して生まれた巨大な役所だ。西暦二〇〇一年一月のことだった。敗戦前の日本で最強の官僚機構だった「内務省」の再来だと言う人もいる。この総務省のビルは、その戦前の内務省があった土地に立っている。

内務省は、国民国家に必要だ。

ところが内務省と名乗らず、総務省という捉えどころのない名前にしてある。それだけなら、まだいい。英文名、すなわち国際社会での正式名称は Ministry of Internal Affairs and Communications という。この名の中心の Internal Affairs とは内務、つまり外務省の外務と対（つい）になる「国内のこと」だ。

日本政府が正式に決めたこの英文名称を邦訳すると直訳では内務通信省だが、要は内務省だ。国際社会ではごく自然に、そう受け取られている。外国人には「内務省」と言っておきながら、国民には総務省と言う。

こうした「自国民を疎外するのか」というダブルスタンダード（二重基準）が、敗戦まもなくの時代から今に至るまで日本にはたくさん温存されている。

たとえば自衛隊を日本政府は海外で Self-Defense Forces（SDF）と呼んでいるが、この意味が分かる英米の市民はいない。defense という言葉は「自らを守る」という意味だから、そこに self 自分の、という言葉が付いている理由が分からない。戦車、戦闘機、潜水艦などを完備する定数二四万人もの軍隊がなぜ、army アーミィではなく forces なのか分からない。この場合、force はふつう警官隊を意味する。英米人が無理に解釈すると「他人を守るのじゃなくて自分だけを守る謎の警官隊でいて警官じゃない、正体不明の巨大組織かなぁ」ということになる。Self-Defense Forces は英語であって英語ではない奇怪な言葉だ。

海上自衛隊なら、そこにさらにmaritime マリタイム、軍事・防衛とは直接関係ない「海の」とか「海運の」という意味の言葉を付け、一番うえにジャパンも乗っけて Japan Maritime Self-Defense Force（JMSDF）となっている。あえて、いわば正しく直訳すると「海で自分たちだけを守る日本の警官隊」だ。この正体不明の組織に、潜水艦やイージス駆逐艦、ヘリ空母がいると想像する英米人は、少なくとも一般社会には決していない。

それどころか、わたしの出逢ったあるアメリカ海軍士官は、海上自衛隊とほぼ同じ任務なのに、わたしからこのＪＭＳＤＦという名称を聞くと、さんざ首をひねった挙げ句に「それはつまり沿岸警備隊のことか」と言った。そして世界最強レベルの潜水艦隊もイージス艦隊も、さらに巨大なヘリ空母がいることは実務上、よく知っているから「日本は嘘つきじゃないか。海軍だろ。沿岸警備隊じゃない」と叫んだ。

　こうなってしまうから、わたしの知友の海上自衛官は日本では制服にＪＭＳＤＦという肩章を付けているが、ワシントンＤＣの駐米日本大使館に防衛駐在官（国際社会では駐在武官）として赴任していたときは自分でJapan Navy 日本海軍という肩章を作ってしまって付けていた。

　単なる言葉、呼称の問題ではない。日本はもともと言霊の国なのだ。

　わたしは総務省ビルに入るとき、たまに胸の裡でちいさく溜息をつく。ここに警察庁という役所がある。敗戦前の内務省は警察力を握っていたから最強官庁だった側面がある。今の警察庁は同じビルにはいるが、総務省の一員ではない。「警察抜きなんだから、もはや内務省じゃなくて総務省なんだ」と知友の総務官僚は言うが、ではなぜ英文では内務省なのか。

しかし、ちいさな溜息の原因は他にある。内務省から出された警察庁は、ではどこに行ったのか。実はどこにも行かずに孤児でいる。だから担当大臣がいない。しかも手足をもがれたというか、逆に頭を失ったというか、妙な実情でいるのは自衛隊だけではなく警察もそうなのだ。

これを正確に知らされている日本国民はいない。

なぜ分かる。

日本国民を代表するはずの国会議員すら知らないからだ。

かつて有事法制という、自衛隊をどう活用するかという法律が国会で審議されたとき、わたしは衆議院で参考人として証言した。「問題は自衛隊だけじゃない。警察も国家の警察が無い」と証言すると、聞いていた代議士たちがざわめき、なかでも法務大臣経験者の鳩山邦夫さんが「あれ？　警察庁は国家警察じゃないのか？」と隣席の議員に尋ねているのが聞こえた。

わたしは「警察庁は、各都道府県の自治体警察を調整しているだけです。国家警察というのは国が自前の実力部隊を持っていなければなりません。敗戦で日本が喪（うしな）ったのは、国軍だけではなく国家警察もそうなのです」と議員たちに述べた。

同じ戦争で同じ相手に負けたドイツは、陸海空軍も国家警察も持っている。しかし日本は国軍が無くて自衛隊というだけではなく国家警察も無いために、たとえば特殊部隊も自治体毎にバラバラに訓練を受ける。重大テロともなれば各地の特殊部隊の力を統合せねばならないから、ふだんから国家の警察部隊も備えるのが世界の常識だ。

戦争に負けたのなら国軍も国家警察もやめてしまうのではなく、二度と負ける戦争をしない国軍、国民を弾圧しない国家警察をむしろ正しく持とうとするのが本来の人間だ。敗戦前の日本は国家警察を持っていた。それはいわゆる特高、特別高等警察だ。特高は法を逸脱した暴虐的な拷問を重ねた証拠が残っている。

それを糺すのではなく、敗戦後の日本は要は国家であることをやめようとしたから、主権国家の根幹の国軍も国家警察も放棄した。日本が独立をとっくに回復した今なお、それがそのままになっている。

だから警察は総務省から外し、見かけ上は、内閣府の外局という立場の国家公安委員会が管理することになっている。しかし国家公安委員会とは何者か、知っている国民がどれほど居るだろうか。実態は、五人しか委員がいなくて、うち一つの椅子は共同通信を含め特定のマスメディアが、いわば天下り先として確保したりしている。年収二〇〇〇万を超える高給を血税から頂いているが、ときおり集まって会議をするのが仕事であり、警察に対してほんとうの実権を持っているとはとても言えない。この五人の委員の上に立つ国家公安委員長は国務大臣が務めるから、それが警察担当の大臣だと国民は何となく思わされている。

しかし他のふつうの省庁の大臣とは違って、お飾りに近い。大不祥事でもあれば国民にお詫びするぐらいが実際の役割だ。

だから、ほんとうは担当閣僚はいないのだ。

なぜ、こんなことをするのか。ひとえに内務省と見られるのを避けるためだ。自衛隊も警察も、戦前とは違うという印象を持ってもらうことが金科玉条、何より大切なのだ。日本には軍隊も国の警察も無くなりました。それを占領軍と日本国民に強調するのが正しいという、国際法に反した思い込みをみずから糺すことをいまだ、やろうともしていない。

ここには、敗戦前の日本には民主主義は無かった、アメリカに負けて初めて教えてもらった、敗戦前の日本は悪者だったという思い込み、刷り込みが顕れている。

戦時中の歴史について「従軍慰安婦」や「南京事件」という存在しなかった歴史を、中国共産党やそれに寄り添う半島国家が捏造(ねつぞう)したまま信じようとする歩みと、根っこは見事なまでに共通している。

警察に担当大臣すらいない実態は、わたしも知らなかった。共同通信の記者をおよそ十九年のあいだ務め、事件記者から政治部の記者まで現場で警察を知り尽くしたはずが、よく知らなかった。

知ったのは、記者を辞めてからシンクタンクの社長・兼・首席研究員になり、こうやって総務省ビルの入口をくぐり、総務省ビルの中にあって総務省の一部ではない宙ぶらりんな警察庁の奥深くに入り、テロ対策をはじめ危機管理の実務をめぐって国民の立場から議論し、提案するということを始めてからだ。

わたしは、これを商売、ビジネスとして行ってはいない。「民が官を動かそう。お上(かみ)任せにするな」という信念で行っている。

社長・兼・首席研究員を務めるシンクタンクの独立総合研究所（独研）は株式会社だが、それは補助金などの類を受け取らず自分たちで食べ、自立し、自由にお上にも物を言うためだ。追求するのは国益であって私利益じゃない。

当然のように、これは日本社会でほとんど理解されない。

たまにテレビに顔を出すと、芸能事務所に属している「ジャーナリスト」と同じにされる。民間に、国民のあいだに、公のための実務を遂行する人間たちがいなければ何を口で言っても、要はお上任せ、官任せになる。

日本が古代から世界の例外として持っている「民こそが大切」という民主主義を現代の統治・行政システムに活かすには、理解されなくても、儲からなくても、たとえば自前資源のメタンハイドレートを官がやらないなら民が調査し研究し、採取する、そのために私費を投じて莫大な借金を背負っても、誰か国民がやらなきゃいけない。

わたしは無駄に死ぬ。

理解もされない、成果もさしてない、報われもしない、そのまま死ぬ。

それでも「民が遂行する公務」という現場を踏めば、こうした一冊も書ける。

そのなかから、わたしが知らないうちに「超国民」が育つかもしれない。

日本の凄(すご)いところは、どこにも必ず、良心派がいて、それもTVドラマや映画とまるで違ってちゃんとその良心派のなかに出世する人も居ることだ。もちろん数は少ない。しかし存在するから、厚くて高い壁を乗り越えて警察庁のキャリア官僚と議論を重ねるうち、そういう良心派とも出逢う。出逢っても、何かを委(ゆだ)ねることは一切せず、ただ連帯すべきだけを連帯する。

わたしが警察庁を代表するような優秀なキャリア官僚に「日本には国家警察がない。それをキャリアなら自ら国民に発信すべきだ」と問いかけると、それを認めつつ「皇宮警察がある。これは国家警察だ」と弁明したから、「皇族を護る警察力だけではなく、すべての国民を護る国家の警察力が必要でしょう」とあらためて問うと、がっくり頭（こうべ）を垂れるように「その通りだ」と仰った。

一民間人に言われて、こんなに謙虚に真っ直（す）ぐ認めるエリート官僚がちゃんと居るのだ。

敗戦前の内務省の再来ではなく、敗戦後の総務省と国家公安委員会・警察という中途半端なものに留まるのではなく、テロの世紀である二一世紀に国民をきちんと護れる機関になってもらうために、すなわち警察国家にしないでわれらの自由を護り、育てながら危機に強い国家にするために、わたしも私心を去って、はたらきたい。

それをこころにもう一度、刻みながら、現代の城のような総務省ビルの入り口をくぐった。

くぐりながら、右手に皇居の桜田門が眼に入った。先ほどの元外交官との会話が甦（よみがえ）った。天皇陛下に、アメリカにイスラーム世界に……わたしがみんなと一緒に考えねばならないことは複雑か。

いや違う。根っこを見つめれば、簡素な真実が見えてくる。

●イラク治安維持に加えられる自衛隊

その夜、信頼するイスラーム学者と食事をした。

堪能なアラビア語と精緻（せいち）なクルアーン（コーラン）分析を手に、イスラームへの新しい理解を深めているこのひとは「アメリカ軍がモスクを攻撃したのは、信じがたいこと。もはやイスラーム世界と関係の修復はできない」と、はっきりと言った。そのとき携帯電話が鳴った。

学者と会うまえ、警察庁で「イラクの未知のテロ組織が事件を起こした」とだけ聞いていた事件が、「サラヤ・ムジャヒディーン」（聖戦士軍団）が日本人三人を誘拐し、自衛隊が撤退しなければ焼き殺すと脅している事件だと、その電話で知った。

アメリカの当局者から聞かされていたことが最悪の形で現実になったと思った。

「先に襲われるのは自衛隊じゃないよ。民間人だ。それもジャーナリストじゃないね。二人の外交官がイラクで射殺されてから日本の（組織に属する）ジャーナリストも外交官も警戒して閉じこもりがちだから、彼らよりも、まさか襲われないと期待してるＮＧＯの人たちが危ない」。そう言っていた。

アメリカは防衛庁（現・防衛省）に同じことを伝えていた。わたしは防衛庁の幹部と議論したとき、それを聞いた。

しかし情報は、日本政府のなかで共有されなかった。これまでと同じく、邦人にいわば「言いっ放し」の退避勧告を出し続けてあとは知らん顔、それ以外の対応はなかった。

わたしはやがて、誘拐された三人を詳しく知って胸を突かれた。

劣化ウラン弾の悲惨に取り組んできた一八歳や、イラクの戦争孤児を慈しんできた女性がそのなかにいる。

三人はのちに、危険を自ら冒した責任も問われることになるが、劣化ウラン弾やイラクの戦争孤児の問題に、日本の政府がほとんど取り組むことができないでいる事実もある。

三人はおそらく、わたしとは考え方が違うだろうが、わたしはその違いこそを擁護する。考えの違うひとびとが共通の志へ向かって、それぞれのアプローチをすることが、わたしたちの民主主義だからだ。

散る桜を浴びながらわたしは劣化ウラン弾を思い、その悲惨を背負わされた子供を考え、偶然にアメリカ系日本人と言ってもおかしくない元外交官と再会し、イラクと日本とアメリカについて話し、イスラーム学者から「終わりのない復讐（ふくしゅう）」をアメリカが引き起こしていると聞き、イスラーム原理主義を含めたテロの脅威から国民をいかに護るかを警察庁で議論し、その日の最後に、劣化ウラン弾や子供の悲惨な現実に取り組んできた日本国民が人質となっている姿を知った。

そして自衛隊は撤退しないと語る、福田康夫官房長官（当時）を見た。

福田さんの父、福田赳夫総理（当時）は一九七七年に、日本赤軍がバングラデシュの首都ダッカで日航機をハイジャックしたとき、「人命は地球より重い」と発言してテロリストの要求通りに仲間のテロリストを獄から放ち、乗客を解放してもらった。

しかし今回は、テロリストの要求は聞かない。

日本は変わった。

そこに国民合意、民の意志はあるか。

わたしは自分を買いかぶらない。わたしの役割など、謙遜でもなんでもなく、たかが知れている。それでも正直、この二〇〇四年四月八日を小さな宿命の日のひとつとも思った。三人の命、日本国の運命、世界のこれから。

おまえよ、つとめを果たせ。

わたしは頭の中にカッと火がつくような思いで情報の収集を懸命に急ぎながら、その頭の隅で、こころを鎮めて根っこをいま考えようと必死で努めていた。

日本は、紀元前一世紀に「倭（わ）」とよばれ百を超える大小のクニが分立していた。紀元後一世紀半ばごろには、クニの中から「倭の奴国王（なこくおう）」が中国大陸の皇帝へ使いをおくり、金印を受け取った。それらクニを統合しつつ邪馬台国（やまたいこく）があらわれ、この準統一政権が大和朝廷の成立をうながし、その大和朝廷が現代の天皇家にほぼ真っ直ぐつながっている。

歴史家には諸説がある。しかし、おおまかに言えば、二〇〇〇年を超える永きにわたって日本国は根っこの姿を変えずに来た。

神はあいまいな存在に過ぎず、おなじ人間から最高権威者を出して定め、そのもとに実務的な為政者があり、民がある。だから為政者は独裁者に化けない。

先の大戦に敗れてなお、ここは変わることなく、現代のわたしたちがいる。

地上に稀なこの安定が、小さな列島を世界有数の経済大国へ押しあげている。

だが、わたしたちは気がついたら税を納めていた民であり、気がついたら天皇をいただいていた民である。自立した意思を、おのずから欠いてきた。

信頼する年下の友だちが、「国民が世の中を変える、ということはありえない。その無力感が、ぼくらにあるんです。それを打ち破ることを可能にするための視点、方法論、不屈の精神を、青山さんから聞きたい」と二日前に言った。

わたしには、そんな力はない。しかし一緒に考えることだけはできる。

やまとの国は、民衆の努力で造られた国ではあっても、民衆の意志で創られた国ではない。意志は、二〇〇〇年史の方にあった。

アメリカ合州国は、わずか二百数十年ほど前に「あの牧場の柵に誰が何ドルを出すか」と民の意志で税制をはじめ、「おまえは銃の腕が立ち人望もある」と民のなかからシェリフ（保安官）を選びはじめ、それを大統領制へ育てていった。すべて明瞭な意識とともに手作りする民である。

わたしたちは、二〇〇〇年史のなかでただ一度だけ、外国に占領され統治された。占領者は、まさしくそのアメリカである。アメリカは今、七〇〇〇年の歴史を持つメソポタミアを占領し、しかし統治できずにいる。それがために覇権に陰りがさし、世界にテロリズムが増殖している。

アメリカはかつて、世界を支配することに興味がなかった。血であがなった自らの新世界を守ることに、民衆もリーダーも意識が集中していたからだ。

遠くイラクに攻め込んだジョージ・ウォーカー・ブッシュ大統領（当時）にすら、その傾向は色濃く読み取れる。ブッシュ大統領は、就任するまでほとんど海外に出たことがなかった。

わたしはブッシュ初当選のあと、アメリカ国務省の戦略家に訊(たず)ねてみた。「アメリカは世界政府として振る舞いながら、世界どころかアメリカ国内もほとんど知らない男にすべてを託すのか。奇怪で、不思議な話だよ」

彼は「ああ、アメリカ人以外には確かに奇怪だろうね。しかし奇怪ではあっても、ちっとも不思議じゃないよ」とリラックスして応えた。

「テキサスの男こそは典型的なアメリカ人だよ。テキサスはすべてが揃ったこの世の天国だと本気で思っている。だから国内であれ海外であれ、テキサスの外へ出る必要を感じない。アメリカ人としてごく自然なことだから、多くの選挙民もそれを問題にしない。問題にするのは、東部の知識人だけだね」

アメリカは建国から一六五年を経た一九四一年一二月、日本に属州ハワイの真珠湾を襲われて血で染められ、初めてほんとうに世界に目覚めた。

日本は、アメリカから来た黒船に鎖国の夢を醒(さ)まされ、アメリカは日本に孤立主義の安らぎを破られた。日米は、実はそういう宿縁にある。

アメリカの民は、その本土は安全なままヨーロッパとアジアに出て戦い、血を流し、ヨーロッパ諸国を諸国民の手に返した。

アジアでは日本に一九四五年八月、原子爆弾を落として占領し、そして新しい憲法をつくらせ、ソ連を圧迫する最強の政治的、軍事的な拠点とした。

そこから半世紀超の長きを費やして、アメリカは一九九一年一二月、ソ連邦を消滅させた。ヨーロッパ諸国はその二年後、ＥＵ（欧州連合）を造りあげ、アメリカにそれなりに向かいあっている。

日本は二一世紀に入って、アメリカ製の古い眼鏡を外したりまた掛け直したりしながら、目をこすり、膨らみつつ壊れる中国をはじめ周囲を見回し、ようやくおのれを見つめ始めている。

そしてアメリカは「悪の帝国」と呼んだソ連を滅ぼした勝利に酔い、世界を自らの手ひとつで再編することを考えはじめたとき、初めて本土を侵された。

わずか十数人の異教テロリストに二〇〇一年九月一一日、アメリカン・ビジネスの栄華を象徴する超高層ビルを冷徹に爆砕され、アメリカが頼みとする力の本丸である国防総省の一角をも正確に破壊されたのである。

アメリカは、肥大する自己愛、自信と、突きつけられた否定、不安のいずれにも強く動かされて、世界再編も力で押し、血であがなうことを決意した。

その開始として、メソポタミアの大地を侵したのがイラク戦争の根っこであり、真実だ。イラク戦争の目的は石油市場の支配だけではなく、中東の国境線の引き直しにあるからだ。血の世界再編が、中東を出発点に始まっている。

米軍は、千夜一夜物語の都バグダッドを素早く占領し、独裁者の虚しい巨像を倒したが、砂アリのようなテロリストの群れにとり憑かれている。アメリカはその全身に、小さく深い嚙み傷を負って苦しんでいる。

日本は、まだ目覚めきれない脳と眼のまま、すでにこのアメリカの占領統治に加わった。敗戦後初めて、戦地に自衛官という兵を送ったのは、戦闘が目的でなくとも占領統治への参画そのものである。弁明も逃避も許されない。

それはイラク占領統治への参画にとどまらない。アメリカ兵の手になる世界の総再編への参画に、転化してゆく。アメリカはまず、イラクへ派遣されている陸上自衛隊の任務から、変えていきたい。アメリカ国防総省の関係者はわたしに「やがてイラク警察の武装部隊の訓練を自衛隊に任せたい」と明言している。それは見事な仕掛けと言ってよい。

自衛隊による海外での武力行使には全くあたらない。だが浄水・給水や医療支援、病院・学校の修復などとは本質的に異なる。警察の強化を担うことは、すなわち治安維持への参画だからだ。

これは入り口になる。

イラク警察の訓練は、すでにドイツやフランスが「やりたい」と手を挙げている。しかしアメリカは日本にやらせたい。なぜか。イラク戦争に反対した独仏への意趣返しもある。アメリカは、そうした幼稚な復讐を本気でやる国だ。しかし、それだけではない。

アメリカが軍事力の行使を基本に据えた世界再編を進めてゆくとき、占領に対する長く烈しい反抗が起きることを、アメリカはいまイラクで学んでいる。かつて日本やドイツを占領したときには起きなかったことだ。

その反抗の抑圧には、米軍よりむしろ被占領国につくる親米政権、すなわち傀儡政権の武装警察や治安軍に任せないと、いかに強大なアメリカ軍でも戦力が絶対的に不足する。

その傀儡治安部隊の訓練は、ＥＵという、アメリカに抗する勢力には任せたくないのだ。世界の再編が始まって、よりアメリカに傾倒している日本に、任せたい。

なかでも、いちばんアメリカらしいスター、エルヴィス・プレスリーが大好きで、ブッシュ大統領の自宅でサングラスを掛けプレスリーの真似をして歌うという狂態を演じた小泉純一郎総理にお任せしたいのだ。

このブッシュ＆コイズミによる再編に血で抵抗するテロリストの群れは、世界に広がり、すでに東京の下町にも潜んだ。数は、ごく少ない。だが市民の大量殺戮を犯すに必要なテロリストの数も驚くほど少なくて足りるのである。

永い歴史のなかで気がついたら税金を納め、気がついたら天皇がいらっしゃったわたしたち日本国民は、テロを阻むよう、これまで通りお上にお願いしたい。

だが世界テロという新しい脅威は、お上では防ぎきれない。軍服を付けず軍旗もなく、一市民の姿のまま市民の命を奪うテロリズムに対抗するには、市民の新しい自衛を欠かすことはできない。

その自衛は、たとえば市民が銃を持つなどという荒唐無稽なものではない。現代のわたしたちには、現代の自衛がある。

わたしは仕事柄、世界と国内の空港を頻繁に往き来している。そのなかで日本の空港でだけ、いまだに見る光景がある。警備員にカバンを開けられて「俺のどこが怪しい」と食ってかかる人の姿だ。その人が怪しいどころか立派な人であればあるほど、たとえばこんなテロがあり得る。

その人が空港の駐車場に入ると、たまたま混んでいて隅の柱の陰しか空いていなかった。そこに車を止めると、二人の男が現れ小型の拳銃を手にしている。アジア系の外国人らしい。男の一人は、その人の小学生の娘に銃を突きつけ、もう一人はタバコの箱を一箱とりだし「これ、おまえのカバンに入れろ」と、いくらかアクセントのおかしい、しかし正確な日本語で言う。

「飛行機に乗ったら、スチュワーデスに断って、座席に着くまえに、トイレに入れ。トイレに入ったら、このタバコの箱をごみ入れの中に落とせ。それからお腹が痛くなったと言え。飛行機から降りて、ここへ戻ってこい。子供を返す」

あなたが家族思いであればあるほど、この要求を聞き入れる可能性は高くなる。タバコの箱の中身は、C４プラスティック爆薬だ。世界中で今、実際にテロリストが常用している。タバコ大で充分に、ジャンボジェットに巨大な穴を開け、墜落させるだろう。空港の金属探知機は、ふつうのタイプのものではプラスティック爆薬を察知できない。空港によっては、このふつうの探知機しか置いていない。だから、あなたはカバンの中を開けられない限り、爆薬を持ったまま機中に入ることができる。

機中には、起爆装置を分散して持った犯人が複数、乗客として乗り込んでいる。起爆装置のうち、あるものは、ふつうの金属探知機でも反応することが期待できる。しかし、複数犯がバラバラに持っていれば、それが何であるか判断できない恐れも強い。

わたし自身は逆の体験をした。

ベルリンの空港で預けた荷物のなかで、パソコンと電話ジャックを繋ぐための線（モジュラー・ケーブル）と、大型の乾電池がたまたま絡まっていただけで、起爆装置のついた爆弾と誤認された。おかげでドイツ特殊部隊に一時、身柄を拘束された。

わたしは完全武装した特殊部隊に烈しく抗議し、飛行機に遅れそうだったから、この荷物を特殊部隊の小隊長に担いで走ってもらった。しかし、この特殊部隊だけが間違うのではない。繋がっている物は疑われるが、バラバラに分解された物は疑いを持たれにくいのだ。

機中の複数犯は、離陸後にトイレに入り、ごみ入れからプラスティック爆薬を取り出して起爆装置を付け、自爆用の爆弾として完成させてジャンボ機を墜落させる。

爆薬を犯人が持つよりも、ふつうの日本市民に持たせる方がカバンを開けられにくい。たとえばイスラーム原理主義テロ組織の犯行であっても、目立つアラブ人が直接、犯行に及ぶとは考えにくい。イスラーム原理主義の浸透しているアジア諸国のテロリストが使われる可能性が高い。ローカルな国内線では、それでも目立つから、日本市民に持たせる方が確実性が増す。

さらに、駐車場に戻ったあなたは、封書を持たされて娘さんとともに解放される。まじめな日本人だから、警察にすぐに駆け込むだろう。警察が封書を開くと、犯行声明、そして犯行の経緯が詳しく書かれている。やがて警察官もあなたも、ジャンボ機墜落のニュース速報を知る。

この犯行経緯を知った日本国民の衝撃は、単なる自爆テロよりもずっと深く烈しいだろう。

社会に心理的な打撃を与え、たとえばアメリカとの関係を見直せといった世論を作り出すことこそテロリズムの目的だから、この一連の犯行は、カバンを開けられないあなたの介在によって、テロ組織にとっては理想的な犯行となる。

この「悪の理想のテロリズム」を防ぐには、市民自らが、自らのカバンが開かれるような空港警備を積極的に求めるしかない。

乗客の合意、すなわち市民、国民の合意がなければ民間企業である航空会社も、そして民主国家の警察も十全の空港警備を実践することは難しい。

日本でもようやく靴を抜き打ちで脱がせて検査する態勢が導入されたが、あくまで抜き打ちであって、不徹底といわざるを得ない。

アメリカの空港は、靴を脱がせ、上着を脱がせ、ボディチェックも検査員が手を乗客の全身に密着させて行う。金属探知器をかざすだけでは不充分だからだ。さらに空港ビルの入口ですでに乗客の荷物をチェックすることもある。

わたし自身もアメリカで飛行機に乗るとき、苦痛と言えるほどの不快と不便を味わっているが、おかげでアメリカは9・11同時多発テロのあと、実に一〇〇件を超えるテロを未遂で終わらせることに成功している。

機中には、靴のかかと、子供の持つおもちゃなどに爆弾が仕込まれて持ち込まれようとした実例がある。そして、市民の合意によってここまで警備しているアメリカでも、靴のかかとにプラスティック爆弾を仕込んだテロリストが機中に乗り込んで、離陸してしまった例がある。

犯人が靴のかかとを外して起爆させようとしている動作をフライト・アテンダントの女性が怪しんで、秘かに同乗していた捜査官に知らせ、自爆の直前で取り押さえた。

お上に任せきりではなく、市民、国民が自らの判断と意思で不快や不便を承知で、備えの効果的な強化を求めることが、現代の自衛の一つなのだ。

●テロを克服するための意識革命

広島、長崎に原爆が投下されるとき、市民に自衛を訴えても意味がなかっただろう。しかし現代の大量虐殺には、逆に、市民の自衛を抜きに対抗策を考えても意味がない。

いま無差別殺戮とは第一にテロリズムであり、それはたとえば天然痘に感染した、たった一人のテロ工作員が何気なく歩き回ることから始まる。

これをお上にだけ阻んで欲しいなら、わたしたちは一人ひとりの生活を全てお上に差し出して監視してもらわねばならない。そうされたくない、この国を警察国家にしたくないなら、わたしたちが自ら、行動せねばならない。

これがわたしたちの時代である。

お上や上司や夫や教師に任せるだけでは、もはや命すら守りきれない。

アメリカに任せるだけでは、もはやわたしたち日本国民と祖国の運命を知ることすらできない。アメリカはイラクの占領統治さえも完遂できず、テロリズムに真に有効な対抗手段を持っていない。

二一世紀のテロリストがここまで力を持つのは、「一人一殺」を掲げたかつてのオールド・テロリストと違い、大量殺傷と大規模破壊の能力を、しかも普遍的に持つからだ。その技術は、アメリカとソ連をはじめとする大国が開発したのである。

アメリカがもっとも懸念し備えを急ぐ最悪のケースは、生物兵器あるいは化学兵器をテロリストが都市の人口密集地で使用するテロであるが、それらの開発はテロ組織ではできるはずもなかった。

生物兵器で言えば、ボツリヌス菌から毒素だけを取り出し、白い乾燥粉末にしてサリンの実に数百万倍の殺傷力を持たせる開発は、まさしく大国が行い、北朝鮮のような三流のテロ国家に流出し、そこから国際テロ組織に渡っている。

アメリカが今、「大量破壊兵器の拡散を阻むために戦う」と称しているのは、自らの尾を追う姿に等しい。

冷戦が終わり、それまでの主要な敵、ソ連が消え去ったあと、アメリカの軍需産業は深刻な縮小に見舞われた。他に転用できない巨大な生産ラインが宙に浮き、工場は茫然とする労働者とともに無惨な姿をさらしていた。

それが、新たな敵、テロリストが現れ、アフガン戦争、イラク戦争と続くうちに息を吹き返したどころか賑わいに賑わい、空前の好況である。日本でも報道されているチェイニー副大統領（当時）直系の軍需企業だけではない。日本の政府高官との深い関係を言われるミサイル・メーカー「レイセオン」なども史上最高の利益を上げている。

テロリストが大量破壊兵器を使いそうだという新しい事態に対処するために、新しい軍備が、諜報情報の収集も含めて必要となっているからだ。

わたしは、陰謀史観は採らない。

陰謀史観とは、何もかも陰謀のせい、とくにアメリカやイスラエルに近い人びとの陰謀のせいにする見方のことを言う。

この陰謀史観を好む知識人のなかには、たとえば、そもそも9・11米国同時多発テロが軍需復活を狙うアメリカ軍産複合体の陰謀によって行われたと主張する人もいる。

アメリカはCIA（中央情報局）とFBI（連邦捜査局）がそれぞれイスラーム原理主義者が航空機を用いたテロを準備していることに気づきながらブッシュ政権が有効な手を事前に打たなかったことを、この主張は出発点にしている。

そのこと自体は議会証言から事実と思われるから、出発点から真っ赤な嘘だとは言えない。しかし陰謀史観の特徴は、そこから出発すると際限なく陰謀で説明し、予測しようとすることだ。

だから、陰謀史観の知識人はイラク戦争開戦前には「開戦はない」と公然と説いた。何もかもがブッシュ政権深奥の陰謀から出ていると考えるために、政権の内部抗争で非戦派が優勢だと誤認すれば、すぐに「戦争回避」と思い込む。

わたしは二〇〇三年一月にホワイトハウス近くで国防関係者と情報関係者に会い、「国連の動きがどうなろうと三月一五日から二五日までの間に開戦する」と聞き、帰国して、一部で陰謀史観による「開戦なし」の予測がまともな議論としてメディアに現れていることとに胸のうちで嘆息した。

そして開戦となったが、陰謀史観の知識人は前言を翻して恥じることがなかった。批判はしない。それぞれに奮闘する他者を批判することは不肖ながらわたしの人生観と違っている。しかし生き方と考え方が違うのは事実である。

冷戦終結で打ちひしがれていた軍産複合体が、対テロ戦争で息を吹き返したことを、「仕組まれた陰謀」説で興味深く説明してしまうと、むしろ問題の根深さを国民が見誤ってしまう。

陰謀なら、それが仮にどれほど大がかりでも陰謀は陰謀、ちゃちなたくらみである。歴史を動かすきっかけになることは、確かにあっても、原動力ではない。陰謀の可能性を強調すればするほど、いちばん大きな力に国民が気づかずに終わってしまう。

軍需産業とは直接に関係しない国民まで含めて、アメリカの経済と市民生活が軍産複合体の繁栄なくしては成り立たなくなっている現実こそ、巨大で恐ろしいのだ。

アメリカは世界を五つに割っている。

たとえばアメリカ中央軍と言えば、ふつうの日本人なら「アメリカ合州国の真ん中か、あるいは首都周辺など枢要地域を守っている軍隊」と思うだろう。わたし自身が、防衛記者となる前は、そうだった。

だがこれは、イラクを含む中東や北アフリカに展開する米軍を指している。アメリカ軍は、北米、南米、太平洋、中央、欧州の五方面に分かれ、それぞれの司令官の実権は大統領も及ばない場合があるとされるほどに強大化している。

まさしくローマ帝国であり、日本国自衛隊は実質的にはアメリカ太平洋軍の隷下にある極めて優れた兵力である。

こんな壮大なスキームをいったん造ってしまえば、あとはそれを維持することに汲々とする。

わたしの属する独立総合研究所の研究員には、アメリカ育ちの帰国子女も多い。かれらにわたしがいつも話すのは「アメリカ人は、戦争をしていないとほんとうに、やりやすい人たちだ」ということだ。

そして、かれらの答えはいつも、「でもわたしの育ったアメリカはいつも戦争をしています」である。

なぜいつも戦争をしていなければならないか。この巨大なスキームを維持するには、それしかないからである。戦争以上に、人類が巨大なエネルギーを費やす場はない。

それは、デフレ経済を克服してきたのがいつも戦争だったことでも明らかだ。

だから、そのカラクリにアメリカ国民が気づき、しかも国家の奥深くに組み込まれた「大量破壊兵器によって繁栄する」というシステムを自己解体しない限り、アメリカはテロを克服することができない。勝者になれない。しかし、それは現実のアメリカ経済にとって少なくとも今は夢物語に過ぎない。

勝者ならざるアメリカに、日本を預けても、安全はもう手にできない。


わたしたちは、これまでと同じ国民でいることは、できない。

わたしたち国民の代わりに安全保障を担ってくれるお上も、そのお上の代わりに日本を守ってくれるアメリカも、もはやあやふやな存在に過ぎない。長い歴史のなかであやふやで来たわたしたち国民が、明瞭な存在に変わるときが到来した。

それが、超国民である。

超国民とは、自立した個人である。自ら引き受けて、おのれ自身で生きる。

一人ひとりが性別も職業も学歴も問わず、自分でものを考え、行動する国民だ。

国家の独立のまえに、個人の自立がある。それが現代の独立運動ではないだろうか。

かつて一九世紀のドイツに現れた、人類史上もっとも誠実な思想家のひとりニーチェは「神は死んだ」と説き「超人よ、出でよ」と訴えた。神に依存せず預けず、自ら荷を背負い、背負いつつ背筋を伸ばして生きる新しい人間を、超人と呼んだ。

その西洋の神はいまだ死なず、あやふやに世界を漂い、異教の神に襲われている。しかし超人と呼ぶべき自立した精神の人間には、わたしは職務を果たすために世界を歩きながら、何人も出逢ってきた。

神すら死ぬことを知ったから、彼らは自立したのである。

神なき民、あるいは神の呪縛から自由な民である日本人は、むしろそれだからこそ自立が難しかった。

しかし今、わたしたちはその自立に初めて取り組むことができる、わくわくするような時代に生きている。

それは、日本が晩年国家であることを脱して、自覚的に幼年国家となることをも意味する。個人の自立という意味では、日本国民はまだ幼年に過ぎない。国家は成熟し晩年の症状に苦しんでいても、国民一人ひとりに立ち返れば、そしてその国民の自画像を広い地球世界のなかに置いてみれば、はっとするほど幼いのだ。

世界をおのれの足で歩いて深く気づくことのひとつが、それである。

幼年者は弱く、世界を知らない。オランダ軍に守られてイラクの地に入った自衛隊員の姿は、この自画像の一つでもある。

だが幼年者には、ひろびろと可能性が開かれている。やがて青春期を迎え、輝きと苦悩を手にすることを準備する時期でもある。

わたしたちが超国民であろうとすることは、幼年国家としての自覚を、国民合意に基づく思想として持つことでもある。

それは二〇〇〇年国家に青春が迫ることを考えることでもある。

日本は幕末期に、維新を実現した。わたし自身、これを長く「日本という国家の青春だった」と考えてきた。

しかし、それは国家としての視点であり、自立した国民は、いまだ生まれてもいなかったのだ。

だから、超国民になることは「超維新」を行うことでもある。

国家はやがて裁きを受ける。一九四五年、アメリカに敗れてから、自前の憲法を創ること、国民国家としての新しい理念を打ち立てること、拉致被害者を取り返せる安全保障を確立すること、それら取り組むべきを取り組まずに放置してきたからである。しかし、だからこそわたしたちに役割がある。

超国民とは、復活の民である。

超国民一人ひとりのちいさな冒険が、わたしたちの独立記念日、インディペンデンス・デイをつくる。

二の章　アメリカと中国と統一朝鮮連邦、この三国とどう付き合うか

●人質解放が難航した真の理由

このつたない書物を書き始めたのは、西暦二〇〇三年の五月初めだった。ブッシュ大統領が飛行服を着込んで海軍機からペルシャ湾の空母艦上に降り立ち、見ているこちらが恥ずかしくなるような演出で「イラクの主な戦闘は終わった」と宣言したころだ。

それからほぼ一年、書いては消し、消しては書き、今夜ようやく最後の仕上げに入っている。

冒頭の部分を、最後に書くという、ちょっと変わった本になった。人間の歴史に残る激しい呼吸の動きの一年を、そのまま踏まえた本になった。

二〇〇四年四月一一日の今夜は、イラクで誘拐された三邦人の解放を待つ夜でもある。「解放する」と予告された時刻を過ぎ、アメリカ、イギリス、ヨルダンの情報源と電子メールを使って情報交換をしてみると、どうやら三人を誘拐したドレイミ族のなかで内紛が起きているようだった。

部族はいま、イラクの荒廃した都市ファッルージャで米軍の凄惨な虐殺作戦、女性や子供まで根絶やしに殺害する作戦に直面しているから「アメリカの同盟国の人質を帰すな」という突き上げはむしろ当然に起きる。

三人の人質が今どうなっているか、その直接情報をもっとも急いで探りつつ、わたしの脳裏には、いくつかの忘れがたい言葉が火を発するように蘇っていた。

ひとつは、イギリスの当局者が電子メールで伝えてきた言葉だ。

「アオヤマ、俺はもう、アメリカ軍が信じられない。あのカウボーイたちは対テロ戦が、われわれ（英軍）よりもっと苦手だからね。イラクでこれだけテロに毎日、アメリカ兵をやられれば、もう一回あえて大規模戦争に持ち込むしかないと考えているんじゃないか。そうでもないと、連中がモスクをミサイル攻撃したり、ファッルージャでジェノサイド（虐殺）をやっている理由が分からないよ」

わたしは、すぐに返信メールを送った。

「うん、そうかもしれない。軍事作戦だけのことじゃない。アメリカが傀儡の統治評議会に作らせた基本法（暫定憲法）に（イスラーム教）シーア派を激怒させる規定をわざわざ盛り込んでる。イラクの一八州のうち北の三州について『その州の有権者の三分の二が反対するなら、いかなる法律も、憲法もイラクでは成立しない』ということになった。クルド人が棲んでいるのは、その三州だよ。なんとも露骨だ。これじゃシーア派はイラクで六割を占めているのに、クルド人の言うことをいつも聞かなきゃいけない。

アメリカは、（イスラーム教スンニ派の独裁者だった）サッダーム・フセイン大統領と敵対するシーア派を最初は占領に利用しようと支援して、シーア派が民兵を育てて力を付けたら慌てて、クルド人を使って押さえ込もうとしている。アメリカはどうしてこう、同じ間違いを繰り返すのかな。

フセイン大統領もかつてはアメリカが、（イラクの隣国の）イランを抑えるために利用して、フセインが力をつけたら、戦争だ。（9・11同時多発テロを引き起こした）オサマ・ビンラーディンも、ソ連のアフガン侵略に対抗するためにかつてはアメリカが利用していた。今回も同じことだ。絶対多数のシーア派を敵に回しては、もはや統治は夢のまた夢じゃないかな」

一呼吸を置いただけで、イギリスから返信がやってきた。

「残念ながらアオヤマの言うとおりだね。われわれは、アメリカが大規模戦に持ち込むだけじゃなく、最終的には『あの坊や』を使う気なんじゃないかと実は懸念してるんだ」

わたしは驚いた。

あの坊やとは、小型核兵器を指している。電子メールが万一、覗（のぞ）かれることを恐れて隠語を使っているのだ。

アメリカは、北朝鮮の地下施設を攻撃することを大きな目的の一つにして地中貫通型核兵器をすでに一種類、実験も済ませている。

B61-11がそれだ。

これを使えば、たとえばファッルージャ一都市だけを地上から消滅させることが可能だとされている。

わたしは、しばらく返信を送ることができなかった。軍事評論家の言葉ではない。アメリカと一緒にイラク戦争を戦ってきたイギリスの当局者の言葉だ。

邦人三人の救出を待ちながら、わたしの頭をもう一つ駆けめぐっている言葉は、日本の防衛庁首脳の言葉だ。

「青山さん、外務省のトップと二人きりで協議したときにね、聞いたんですよ。外務省はなぜ、ODA（政府開発援助）も充分に活用した復興支援の全体計画を示してくれないんですか。それがあればイラク人にも、日本人にも、自衛隊の派遣が理解されやすくなるのにって。そしたらね……」

彼は言い淀んだ。実際は、外務省トップが誰であるか実名を出して、彼は話している。

「答えは、どうだったんですか」

わたしは言い淀む彼の立場を考えて、聞くのをやめようかと思った。しかし、やはり聞かないわけにいかなかった。聞かなければ、こうやって防衛庁首脳と二人で話している成果を、国民に渡せない。わたしに何かの特権があって、防衛庁首脳と会っているのじゃない。国民にお返しするために、国民からアクセス権を借りているのだ。これは記者時代に、自分なりに身につけた小さな基本モラルのつもりである。

「答えはね、イラク経済の実権は部族長が握っているけど、数が多すぎて、部族長にいちいちルートを作ってられない。だから復興の全体計画なんて立てられませんと、こう言ったんだよ」

わたしはまさしく耳を疑った。

「政府は、国費で四回も文民調査団をイラクに送ったじゃないですか。あの優秀な岡本行夫総理補佐官（当時）が率いていて、そんなことがあり得ますか」

「わたしもおなじことを思ったよ。岡本さんがいたでしょうに、とも聞いた。でもまったく同じ返事が戻ってきたよ」

部族長とダイレクトなルートを作らない。どうしたことか。なぜこんな怠慢が許されているのか、この外務省トップに直に確認することはしていない。そこは公平に述べておかねばならない。

だが、三邦人が人質になったときに、このツケがほんとうは回ってきたのだ。

日本政府は、ファッルージャ周辺の部族長と直接、水面下で交渉したのではなく、アメリカや中立国に頼んで伝えてもらう間接交渉しかできなかった。少なくとも交渉の主な場面では、そうだった。

そのアメリカは、ファッルージャで虐殺作戦を遂行している最中なのだ。

いったん「解放」声明が出ながら交渉がこじれた真の理由はここにある。

いくら部族長の言葉でも、いくら民衆が「イラク戦争に反対している日本の民間人を誘拐するのはおかしい」と思っていても、いくら被害者の母の涙にイスラーム教徒たちが深く同情しても、日本の思いがアメリカ軍から伝えられて来るのでは、話がこじれたり、揺り戻しがあって当然なのだ。

日本から警察庁の「国際テロ緊急展開チーム」（ＴＲＴ）がすぐさま派遣された。「展開」というのだから、だれでもふつうは「救出作戦に当たるのだろう」と思う。わたしが参加したテレビでの討論でも、ふだん実にしっかり勉強されているひとが「日本人を救い出す作戦をやる」と誤解されていた。

しかし実際は、情報を収集しているだけだ。これは警察権が海外に及ばないことから、やむを得ない。しかし問題は、急に行った日本の警察官が、どれほど優秀でも、実際に素晴らしく優秀なのだが、事前にルートがなく、しかも凄惨な戦地で、部族長や宗教指導者から直接に人質の居場所や犯人像について聞き出すような手品など、できないのだ。

これがよけいに解決を遅らせた。

公平に見て、警察のせいではない。責任は、事前に「部族長の数が多いから」とルートを作らなかったひとびとにある。

では外務官僚が馬鹿なのか。

賢かったとは言えない。しかし、わたしは思う。責任を外務官僚だけに押しつけるなら、日本はちっとも変わらない。

わたしたち国民、主権者、有権者、納税者こそが「自分の力で直接、交渉できるルートを作れ」と要求してこなかったのだ。

なぜ要求しなかったか。安全保障は、インテリジェンス（情報活動）も含めてすべてアメリカにお任せしてきたからだ。

冷戦時代はそれで良かった。いやむしろ、それが良かったのだろう。だが冷戦が終わって、アメリカは一人勝ちしたからこそ変わってしまった。すべてお任せでは、この誘拐事件のようなことになる。

それを、わたしたち日本国民はたった今、身を切られながら学んでいる。

この「人質解放」を待つ夜から半年近くまえの二〇〇三年一一月二九日土曜日、朝の五時半ごろ、わたしは東京・汐留（しおどめ）の独立総合研究所（独研）の社長室で、すこし考え込んでいた。この書物の原稿を、四〇〇字詰め原稿用紙に換算して五〇〇枚近くを書きためていたが、仕上げてしまうべきか、それともイラクから帰国してからにするか。

朝の小雨のふる、穏やかな晩秋の浜離宮が見えている。

戦火のイラクと、その戦争を起こしたアメリカへの出発が、あと三時間に迫っていた。イラクを生きて出国できるかどうか分からない。もし帰れなければ、この五〇〇枚近くが未定稿のまま埋もれてしまう。そのためには、あと三時間と、それから成田空港へ向かうバスの中、そして成田空港での待ち時間を使えば「完」の一字は打てる。

いや、やはりイラクから生きて帰ってからにしようと、わたしは決めた。

この本は、イラクと北朝鮮を大きな手がかりにして、わたしたち日本国民のかつてない新しい生き方を、ささやかながら考えようと試みる書だ。イラクの現場で触ること、考えることを読者に伝えることが、どうしても必要だ。

わたしがイラクへ入ろうとしているルートは、その半年近くあとに邦人三人が誘拐されるまでたどったルートとまったく同じであった。この二〇〇三年一一月末の時点ですでに、テロが戦況をリードする二一世紀型の新しい戦争が果てもなく炎上していた。

●ある在日アメリカ軍人と交わした会話

わたしは、この日の前日、防衛庁（当時）を訪れた。

わたしたちの自衛隊をイラクへ派遣することをめぐって、文民の幹部や制服組の将校たちと互いに胸の奥を開いて意見を交わし、その帰り、夕暮れの庁舎から正門へ下る長い坂道で、在日アメリカ軍の知友と偶然に出逢った。

ほっそりと長身の彼はわたしに「これは一体なんだろうな」と呟（つぶや）くように言った。そして黙りこくった。

彼の丸い眼は『あの奇妙な神、姿もない神をいだくアラブ人が、わがアメリカ軍の精強部隊を苦しめ抜くなんて、何がどうなってんだ』と無言で語っている。

このひとはカトリックこそ宗教であると信じている。具体的な顔と姿を持つ神が、なまの言葉を聖書に残した。それを受け取り実践することが人間の生きる悦(よろこ)びだと、わたしに話したことがある。

『ちょっと待て。あの頼るものもない砂漠で、厳格に偶像崇拝を禁じて祈りだけで信仰を保つのは、むしろ奇跡のような精神の所業だと思うよ、ぼくは。きみたちアメリカ人が実は馬鹿にしている、あの一日四回の礼拝も、過酷な環境で生活のリズムをつくるみごとな智恵(ちえ)だと考えている。たかだか二百数十年のアメリカの歴史のなかから兵を出して、七〇〇〇年のメソポタミアの歴史に銃を突き入れれば抵抗運動が起きるに決まっている。世界のムスリム（イスラーム教徒）一〇億人は、ほとんどがごく普通の生活者だ。イスラーム原理主義とはほど遠い。きみたちは、その生活者にテロリストへの黙許をつくってしまった。軍需産業、石油産業、それも極めて少数の企業グループと不明朗に結んで起こしたイラク戦争こそが、凶悪なテロリストに絶好の場を提供したのだ』

わたしの頭のなかを、こんな言葉が駆けめぐった。しかし来る日も来る日も若い米兵と、子供たちを含めたイラクの庶民が無惨な死を遂げていることを思えば、口にできなかった。これはきっとわたしの弱さだろう。

わたしたち二人は東京・市ヶ谷の高台にある防衛庁で、しばらく無言で突っ立っていた。赤黒いような残照が、遠い空にあった。

「ぼくは明日の朝に出発して、イラク入りを目指すんだよ」と、やっと声を出すと、彼は丸い眼をよけいに丸くして「へぇ」と短く答え、「防衛庁の支援を受けるんだろ」と言った。

「いや、受けない。外務省の支援も受けない。政府の助けは受けずに、ひとりで行くよ」

「なぜ。どうしてだよ。それじゃ入れるかどうかも分からないよ。第一、命の保証が、あ、それは自衛隊と一緒にいない方がマシかな」

彼はいつものユーモアを言おうとしたのだが、おたがいに笑えなかった。笑えるはずがない。

「防衛庁は、まだ調査隊が入っただけだ。自衛隊の本隊は派遣されてもいないから、それどころじゃないよ。外務省もイラクの日本人に退避勧告を出しているのだから、これから入ろうとするぼくをサポートできるはずがない。いずれも頼むわけにいかないよ。それに何よりも、今回はとくに公平に現実、事実を見て政府にも意見を言うことが大切だ。だから支援は受けない」

彼はじっとわたしの眼を見ている。

「心配するなよ。ぼくも今のイラクを甘く考えているわけじゃない。それほど傲慢でもない。助けは必要さ。幸いに、民間から、ぼくの古巣の共同通信があくまで友情で、バグダッド支局も含めて助けてくれる」

彼は深く、二度うなづき、わたしの両肩を両手でポンと叩いた。ふだんの、いかにもアメリカ人らしいフランクな付き合いやすい表情に戻ったようにみえた。おそらく防衛庁での仕事を思いだしたのだろう。

互いにあっさりと別れを交わし、彼は防衛庁の庁舎へ坂を上がり、わたしは正門を抜けて街を歩いた。不思議にこころの奥が高ぶってタクシーを止める気がしない。急ぎ足で、また急ぎ足を繰り出し、駄馬がむやみに駆けるように歩く。

市ケ谷から迎賓館の横を抜け、神宮外苑をかすめて六本木ヒルズのあたりまで二〇分ほど歩いてやっと、わたしはタクシーに乗った。独研に戻って、若い主任研究員に「アメリカ人は戦争さえしていなければ、ほんとうに親しみやすい連中だよね」と、いつもの口癖をまた漏らした。

二五歳の彼女は、アメリカ西海岸のシアトルで育ちロンドンで学んだ帰国子女だ。

「でも、いつも戦争してます」と、彼女はいつもと同じ答えと微笑を返した。

●北朝鮮崩壊後に誕生する「反日連邦」に備えよ

二〇〇三年一一月二九日朝、ここまで執筆したところで、イラクとアメリカへの出発まで、あとちょうど一時間になった。

わたしの思いは、自分を離れて自衛官たちの姿に移っている。わたしは共同通信の記者をおよそ一九年、務めてから、三菱総合研究所に移り四年三か月を研究員として過ごした。その時代から、テロリストの手を国民に触らせない仕事に一緒に取り組んでいる自衛隊将校のうち、ひとりは地下鉄サリン事件のときに化学テロ対策部隊を率いて地下へ最初に入った経験も活かして、イラクへ派遣されることが決まっている。

ひとりは、陸上幕僚監部に泊まり込み、ほとんど家族の元へ帰らずにイラク派遣の計画と作戦を練っては壊し、壊しては練っている。

自衛隊は、宮澤内閣でカンボジアに派遣されたのを皮切りに、これまでも海外派遣を重ねてきた。しかしそれは全て、国連の平和維持活動（ＰＫＯ）のためであり、戦火の果てに生まれた平和を維持するという任務の通り、派遣地はもはや戦地ではなかった。

戦場へ日本の兵士が往くのは、敗戦後およそ六〇年を経て初めてのことだ。

小泉純一郎総理は「自衛隊の行くところは戦場じゃない」と愚かにして自己満足だけがあふれる国会答弁をしているが、まごうことなき戦場だ。

自衛隊は、戦闘が任務ではない。しかし自らを護るために戦闘となる可能性がある。自衛官がブーツをチグリス川、ユーフラテス川のかつての肥沃な大地に踏み降ろした瞬間が、日本の歴史を変えるときであることは間違いない。

そして、新しいネットワーク型の世界組織を持つ古いイスラーム原理主義者たち、「アルカーイダ」をはじめテロリストたちは、その瞬間が東京へのテロ攻撃の始まりであると警告している。彼らの企（たくら）みが実行できるとは限らない。しかし警告は単なる脅しではない。本気は本気である。そして果てもなく永く続く。

アルカーイダの名称の前半分アルは、アラビア語の定冠詞、後ろ半分カーイダは英語で言えばＢＡＳＥ（拠点）、つまりＴＨＥ　ＢＡＳＥという意味である。その名の通り、世界中に拠点をつくってテロのネットワークを増殖してゆく。インターネットと同じで、始まりが何なのかは関係が無くなっていく。やがてアルカーイダは忘れられる日が来ても、テロリストの拠点とネットワークは広がる。この東京でも、下町を中心にすでに拠点作りを行っているとみられる。

日本の政府関係者、そして海外の公的な関係者の情報や見方を総合すると、一〇人以上二〇人未満ほどのアルカーイダ・メンバーを含むテロリストないしシンパが日本に入っている怖れが高い。

その一方で、アルカーイダとも連携している北朝鮮に対しては、アメリカのブッシュ政権が「北朝鮮の安全を文書で保証しても良い」と公式に言い始めている。

「イラクに大量破壊兵器がなくとも、民主主義もないから戦争を継続する」と主張するアメリカが、人口の一割五分以上を餓死させつつ豪奢（ごうしゃ）に暮らす北朝鮮の独裁者を守ってやっても良いと言っている。

もちろん、独裁者が核開発を完璧に断念することがその条件だ。「断念しました」と宣言するだけでは済まず、北朝鮮の全土を自由に査察させることもその条件に入っている。

これがもしも実現するのなら、北朝鮮がすでに保有していることが間違いない細菌兵器、毒ガス兵器もアメリカが見つけ、無力化することになる。

軍事力だけが頼みで、しかも明らかに劣勢の通常兵力をカバーするために生物・化学兵器や核だけが支えの金正日政権（当時）にとっては、アメリカに降伏するに等しい。ブッシュ提案を聞く振りはしても、実際には実行するはずもない。

だが日本人には、このアメリカの動きをどう受け止めればいいのか、混乱と迷いも出ている。

「アメリカは、北朝鮮がこのままでいいと実は思っているのですか？　それじゃ、日本はほとんどの拉致被害者を北朝鮮に囚(とら)われ続けたまま、一体どうしたらいいんですか」とわたしに電子メールで聞いてきた大学院生もいる。

わたしたち日本の主権者は今こそ、自分たちの目と頭でこの錯綜(さくそう)する現実に立ち向かいたい。

まず、アメリカによって「北朝鮮の安全を保障する」ということが、ほんとうは何であるかを考える。

テロから人々を護る仕事を通じて信頼関係にあるアメリカ政府高官は「あ、あれは時間稼ぎだよ」と、迷いなく真っすぐにわたしに言った。

日本だけでなく韓国をはじめアジア諸国では、アメリカの真意をめぐって強い関心、期待、不安をもって見つめているのだから、わたしが思わずうつむきがちに黙り込むと、彼は不思議そうにわたしの顔を覗き込んで「アオヤマさん、あなたがよく知っているように、われわれはこれから相当ながいあいだ、中東で忙しい。一度に何もかもはできないよ」と続けた。

アメリカ人は、シンプルなことを複雑に言う心理習慣がない。

アメリカは本気で固い意志で世界政府になろうとしている。その第一段階が中東、第二段階がアジア、第三段階がアフリカだ。

ヨーロッパに対しては全段階を通じて、力を弱める戦略でいるし、中南米は「すでにアメリカの保有する裏庭」(国務省高官)だと思っている。

アメリカは、この世界戦略の順番をもはや変えられない。

イラクで想像を絶する抵抗に遭い、アメリカ、イスラーム原理主義テロ組織の双方が絶対に後に引けない戦いになっている。それだから余計に変えられない。

アメリカ軍が撤退すれば、石油の世界マーケットを支配する本来の目的を失うだけでなくて、イラクというオイル・マネーを生み出す地が、テロリストの最高の拠点になってしまう。

サッダーム・フセイン政権の時代は実は、イスラーム原理主義者はイラクで極めて活動しにくかった。サッダームはリアリズムに基づく世俗主義者であり、女性を家に閉じこめるような原理主義を排斥していたからだ。

アメリカ軍がそのサッダーム・フセイン大統領を殺してしまい、この地が丸ごと、イスラーム原理主義テロリストの手に渡ると、核兵器でも使わない限り一〇〇年はテロの巨大な拠点と化してしまうだろう。

「テロの世紀」そのものの二一世紀は、イスラーム原理主義と西洋型民主主義の戦いが主たる戦いになると言わざるを得ない。

アメリカがその戦場へ最優先に力を投入しているのは、だから「ただ一つのやり方」（国防総省筋）であり、ほかに選択肢はない。

しかし同時にアメリカは、イスラーム原理主義と北朝鮮が裏でつながっていることをよく知っている。具体的にいうと、たとえばアルカーイダを含むイスラミック・テロリストをピョンヤン（平壌）近郊で訓練した積み重ねがある。北朝鮮からテロリストにノウハウや訓練を提供し、テロリストが北朝鮮から武器・弾薬・爆薬を買い、テロリストを養う国家群、すなわちイランやシリアは北朝鮮から弾道ミサイルを買いつけている。

表面的な繋がりではなく、根っこの利害が絡まりあっている。だから、アメリカもいつまでも北朝鮮問題の解決を後ろに延ばすことはできない。


そこでまずは中国に圧力をかけ、あるいは働きかけ、北朝鮮への裏支援をいくぶんかは細らせている。日本の朝鮮総連や左翼陣営からの資金や物資の流れも、ゆっくりではあるが確実に細り、北朝鮮の内部崩壊はいずれ現実のものになるとアメリカは読んでいる。

そうだからこそ、国防総省の新しい対北朝鮮作戦計画『ＯＰＬＡＮ（オウ・プラン）５０３０』は、これまでの作戦とは明確に思想が違い、北朝鮮全土の制圧よりも独裁者の打倒に焦点を絞り切ったものとなっている。

アメリカは中東での戦いにまず勝たねばならないから、いったん時間を稼いではいる。しかし、やがて必ず北朝鮮問題の「最終的な解決」を実行しようとするだろう。

そのとき、わたしたち日本の主権者がとくに心しておかねばならないことが二つある。

一つは、『中東が終わってから北朝鮮だろう』と思いこむのではなく、複雑な様相の同時進行で事態が進展する可能性があることだ。そして、もう一つは、アメリカは北朝鮮について、イラクのように全土を直接支配するのではなく、独裁者を倒して新政権を作ることから始めるであろうということだ。アメリカにとって最大の魅力的なマーケットである中国への、配慮あるいは恩を売ることがそこには含まれる。

そのとき、ゆるやかな連邦政府であっても、朝鮮半島に統一国家に近いものが姿を現す。したがって統一を確保する、ないし進めるために朝鮮半島に新たなスローガンが必ず掲げられる。

それはたった一つしかない。

「反日」である。

韓国にとって、北朝鮮を吸収して生まれる困難は、西ドイツが東ドイツを呑み込んだ時のそれと比較にならないほど大きい。

北朝鮮は人民を三五〇万人も飢え死にさせた最悪の劣等生だが、東ドイツは国産車も生産し、共産圏ではトップの成績の優等生だった。その東ドイツを併合しただけで、ドイツはいまだ後遺症に苦しみ抜いている。あの強かったマルクを捨てて統一通貨ユーロに身を投げ入れたのも、高邁（こうまい）な理想もあるが、東ドイツという不良債権を財布に入れただけでマルクが腐り始めた事情も背景にあった。

韓国政府で経済を担当する高官はわたしに「北朝鮮との統一でこの国がどうなるかを考える以前に、ドイツで何が起きたかを考えるだけで胸苦しくなるんですよ」と、実際に苦悶の表情を浮かべた。

経済だけではない。

北朝鮮全土を覆い尽くすように建てられている独裁者父子の像を破壊することから始まって、大戦後ずっと独裁者によって脳を頭蓋から取り出され洗われていた人々の精神をいったいどうするのか。

生まれてからこのかた、独裁体制しか知らない世代が大半を占める北朝鮮の人々にすべての考え方を変えさせ、統一朝鮮のアイデンティティを獲得するのは「絶望的なまでに困難な作業」(前出の韓国高官)である。

ところが『反日』とひとこと言えば、北も南もすっと気持ちが一つになる、意見がぴたりと合う。

わたしは、韓国政府、あるいはやがて現れる朝鮮連邦政府に悪意を語っているのではない。彼らの国家を守り育てるために、反日を掲げる以外に手段はないという現実を語っている。

そして、「反日」という言葉が、日本国民にとってはおどろおどろしくとも、朝鮮半島の人びと、そして中国大陸の人びとにとっては、むしろ耳になじんだ言葉である現実を、わたしたちはきちんと知らねばならない。

わたしたちはその朝鮮連邦政府に敵意を持つよりも、あらかじめ、人口六〇〇〇万人の「反日国家」が核付きで朝鮮半島に姿を見せることを知り、よく備え、冷静に堂々と対処しなければならない。

そうすると、日本はこれから先、アメリカと中国と反日統一国家、この三国とどうつきあっていくかが課題となる。すなわち、旧来からの狭い視点とその場しのぎの無哲学では世界の動き、アジアの動きに対抗できるわけがないと、ありあり分かるのだ。

わたしたちの祖国は、広い視野と、穏やかながら明晰（めいせき）な哲学の国にどうしても生まれ変わらねばならない。

「そうなりたいなぁ」という願いの話ではなく、現実的なただ一つの解決策が、視野を拡げ理念を思索することなのだ。

広い視野に立てば、経済についても、ほんとうには何が起きているかが見えてくる。経済は、世界デフレが進行する。

中国とインドが世界の生産工場を務める以上は、日本やアメリカやヨーロッパが物を生産してきた時代よりも必ず物の値段は下がる。想像を超えて、これから広範に下がってゆく。日本でなお物をつくるなら、想定しなかったほどの低コスト体質に変わらざるを得ないし、ナノ・テクノロジー（微細分野の高度技術）をはじめ新しい世界分業にふさわしい超技術で生産するほかない。

経済学者は数式に置き換えるのが好きだ。好きというより、それを最大の方法論にしている。しかし数学はそもそも、複雑な世界に耐えきれないで、現実には存在しない美しい世界に書き換えて心の平安を得ることなのだ。人間の高尚ならざる欲の動きでしかない経済を、数式で説明し切ろうとする、このマクロ経済学の立場は、もはやわたしたちに充分な解決策を与えない。

まずは大きな視野で、世界を簡潔に、そして正確にとらえ直すことから再出発しよう。

ここまで書き進んだところで、出発時間ぎりぎりとなった。

いざ単身、イラクとアメリカへ。

三の章　イラク入国

●機中から見えた「黒い月」

西暦二〇〇三年一一月二九日、激しい雨のなかを成田からまず、フランクフルトへ向かった。

信頼している日本の航空会社が初歩的なミスを重ねて機体交換となり、六時間遅れで飛び立った機中で、H2Aロケットが無惨に発射失敗に終わったニュースを知った。補助エンジンが外れませんでしたというのは、ロケット燃料の代わりに軽油を積み込んじゃいましたというのと変わらないほど愚かで初歩的なミスである。

確かに、日本の技術力は揺らいでいる。しかし、その揺らぎを新しい力へのバネに変える以外に道はない。わたしたちに迷っている暇はない。

フランクフルトに入った直後、出版社系の週刊誌から国際携帯電話に電話がかかり、イラクのタクリート（ティクリート）で日本の外交官二人が惨殺されたことを知った。

かねて知友の記者は「青山さんも、イラク行きは中止するんでしょう？」と聞いた。その電話のあと、独立総合研究所（独研）の女性の主任研究員から電話が入った。
「岡本行夫総理補佐官（当時）もイラク入りを中止されました。社長も中止ですね」と、緊張した声が届いた。

わたしには気負いなく、ありのままに二人に応えた。「何も変えません。衝撃的で無惨な事件だけど、予想はしていたから」

これより先に、南部ナーシリーヤでイタリア軍が襲われたとき、知り合いのアメリカ政府当局者は「実はね、イタリア軍が目的ではなくて、日本に自衛隊を派遣させない警告というか、脅しのようだ」とわたしに語った。

アラブ系の二つのテレビ局、アル・ジャッジーラとアル・アラビアがそろって「日本がナーシリーヤに自衛隊を派兵する」という誤報を伝えた直後に、この事件は起きた。それまでは、ナーシリーヤにテロリストが入った形跡はなく、イタリア軍に対する部族長や地元民衆の感情も良好で、なんらの危険な兆候もなかった。それが状況証拠で、もう少し直接的な諜報（ちょうほう）情報もあると、この米政府高官は言った。

それであるなら、次はイラクにいる日本の文民が警告として襲われるだろうとわたしは考えていた。

それを記者に語りつつ、次第にわたしの胸には怒りが込みあげた。テロリストは許さない。そして、二人の外交官はなぜ、適切なテロ防護プログラムのもとで動かなかったのか。

わたしは「二人は偶発的に狙われたのではなく、計画的に殺された」と考えていた。証拠はない。調べもまだしていない。直感だけだ。しかし確信に近かった。

犠牲者のひとり、奥参事官は現地でとても豊かな存在感があった。もうひとりの井ノ上書記官も、地元で知られたアラビスト（現地語のできるアラブ専門家）だった。その名前、その役割を狙い撃ちしたのだろう。

文民がイラクで動くとき、武装の護衛をつける内規になっていた。それが守られなかったのは、二人が地元事情とアラブに精通していたからだろう。しかし二人は対テロの専門家ではない。その精通ぶりがまさしく今、イスラーム原理主義テロリストには狙われていることへの自覚は充分だったと思えない。

これは個人の責任や問題ではなく、組織が対処すべきことだ。それを怠ったために、二人は死んだのではないか。

わたしは電話を切り、フランクフルトから次の中継点、ヨルダンのアンマンへ向かう準備をしつつ、無念で胸が潰れた。

フランクフルトを夜に飛び立った飛行機は、旧ユーゴスラビアの上を超えていく。暗い内海を白い月が照らし、わたしは「人間この無惨なるもの」と胸の内でつぶやいた。

この空の下でかつて、サラエボのサッカー場が土盛りの墓場に変わった場所を訪れた。親戚や隣家が殺しあった旧ユーゴ紛争である。その悲劇がようやく静まれば、こんどはイラクだ。どこまで悲劇を演じれば気が済むのか、わたしたちは。

キプロス島を超え、中東に近づくころ、月の色が変わった。黄色に血の色が混じり込んだような、その色に、わたしは小さな窓から眼を凝らした。バグダッドでわたしを待つ危険をすこし思った。

ほんの一瞬だろうか、うとうとと首を垂れて、まるで誰かに肩を突かれたような気がして眼を醒ますと、窓の外の光景に目を見張った。

月が黒い。

わたしは、わけが分からず海を見た。海は黒い。その照り返しか？　いや、いくら海が黒くても月が黒くなるはずはない。少なくとも見たことはない。眼の異変か。機内を振り返った。ほのかな明かりのなかで乗客が眠っている。いつもと変わりがない。眼をぱちぱちと瞬（またた）いてみたが、なにも異常はない。

眼を月に戻すと、黒い海に黒い月が浮かんでいる。これは「おまえはイラクで死ぬ」という予言なのか。なんだか、ありありとそんな感じだぞ。

ふうむ。わたしは胸のなかで、一回だけ、ためいきをついた。後悔はない。

「武士道といふは死ぬことと見付けたり」

江戸時代に若くして隠遁（いんとん）した武士、山本常朝さんの奇書「葉隠」にあるこの言葉を、わたしはふだんから、ときどき胸のなかで反芻（はんすう）する。

在日米軍にいたことのある、知日派のアメリカ海軍将校が「ハガクレはおもしろい。興味深いね。しかし、あの言葉は死の讃美じゃないか？　特攻隊を生んだ言葉か」と、ワシントンDCのホワイトハウス近くのレストランで食事しながら、わたしに聞いた。

「違う。侍も、特攻隊の若者も、命を大切に思っていたよ。ぼくらと違わない」と答えた。

なんだか疑わしそうな顔をしているので、「だいたいね、『葉隠』を読むぐらい日本が好きなら、アオヤマサン以外の日本語が言えるように勉強してほしいな。英訳のしかも要約版で読むから、誤解もするんだ」と言うと、人柄のよい彼は顔を赤らめた。しまったと思い、ていねいに説明した。

「命あるものは必ず死ぬと知っていれば、私心を去って生きることができる。その生き方はなんと清々しく、気持ちの良いことだろうか。そういう考えを後世に伝える言葉だと、ぼくはぼくなりに解釈してる。ただし、ぼくは解説書を読んだことがないんで、学問的に研究している人はまったく違う解釈かも知れないよ」

わたしが「葉隠」の真意をこう考える理由は実は、もうひとつある。

それはなぜ、この武士道の書が江戸時代に著されるとすぐ、禁書にされたかということと繋がる。アメリカ海軍士官には、それは言わなかったから、ここでも記さない。別の機会に詳しく話しましょう。

イラクは、人類の夜が明けて文明が七〇〇〇年前に開かれたメソポタミアの地だ。

侍を気取るきもちは全くない。わたしは現代の日本国民で、侍じゃない。それでも、男子が死すに不足な地とは思わない。

わたしが死ねば、創立まだ一年半（当時）の独研は、解散かもしれない。しかしスタッフはみな若い。厳しい経験ほど、よいトレーニングになるし、英語力も、戦う意志もありあまる。世界中に勤め口はあるさ。

　そう考えて、もう月も見ずに、わたしはぐっすりと眠りに落ちた。

●危険地域では群れてはいけない

　アンマン国際空港に午前二時ちょうどに到着。イミグレーション（入国手続き）をくぐり抜けて、夜中でも出迎えと客引きのアラブ人がいつも溢(あふ)れている到着ロビーに出ると、わたしは顔を動かさずに目玉だけを動かして人を探した。

　顔を動かせば、怪しい客引き連中にあっという間に窒息しそうなほど取り囲まれるか、下手をするといきなり強盗に拉致される。

　目玉の端っこに、丸い樽(たる)から手足が出て歩いているような中年男が、こちらを見ながら出口へゆっくり歩いているのが見えた。

　あ、きっとこの男だ。

　東京からアンマンのタクシー会社へ電話し、バグダッドへ危険なルートを疾走してくれる運転手さんと車を予約していた。だが、ほんとうに現れるかどうか、まずは、それが問題だった。

アンマンから真っ直ぐ東のバグダッドまでざっと一〇〇〇キロ近くを往く。わたしがイラクに向かったときは、アメリカの民間輸送会社ＤＨＬの飛行機が地対空ミサイルで撃たれた直後だったから、空路はすべて封鎖されていた。陸路しかない。

この半年あとに誘拐された邦人三人と同じルートである。

丸い男に追いつき、わたしは「ドライバー？」と聞いた。下手に英語らしい英語で聞くと、通じない。男は「ヤパーニ（日本人）？　バグダッド？」と答えた。わたしが頷くと、「ア、ア、アオ、アオ」と懸命に言う。

「アオヤマ？」と水を向けると、嬉しそうに笑った。眼はまったく笑っていない。このひとだ。その眼でむしろ、わたしは確信した。強盗なら、眼までもっとくしゃくしゃに笑ってみせる。眼が笑っていないのは、この男もわたしに警戒している証拠で、たいへんに健全な反応だ。

そこでこの運転手さんにまず、「イラクに入ってからは名高いバグダッド街道が今もおおむねは健在」という情報がほんとうかどうかを聞いた。運転手さんは「ところどころトラブルはあるけど、だいたいは走れる」と答えた。

わたしは、ハイウェイが存在していることと、運転手さんが、聞き取りにくい英語ではあるがとにかく英語を話すことに、すこしホッとした。

そして、手洗いのために停止すればテロリストか強盗に襲撃されるという情報も真実かどうかを聞いた。「もちろん、イエス」

わたしは運転手さんと駐車場へ向かった。やれやれ、ほんとうに車もある。白い大型のGMC（アメリカの四輪駆動車）だ。タクシーらしい表示や色はどこにもない。これも良い。狙われにくくなる。

そして運転手さんは、もう一つ重大なことを言った。

「いちばん危いのは給油のときだ。人はトイレを我慢する。だけど車はノー・オイルを我慢しない。だから私はラマーディにコネをつくってある。ラマーディで給油できる」

ラマーディは、その東隣のファッルージャと並んでもっとも危険な街だ。そこで給油のできるコネがある。

ここでわたしは、この男の車に命を託すことを最終的に決めた。そして、あの三邦人はのちに、まさしく給油中に誘拐された。

手洗いを済ませておくために、荷物を車に入れたいとは思ったが、車ごと消える恐れがあるから、そのまま重い荷物といっしょに空港ビルへ戻る。運転手さんは怪訝な顔をしているが、それでよい。この客は騙せないと思わせることが肝心だ。

中東に来るといつも、手洗いが現実を教えてくれる。紙がなく、水洗がなく、男がいる。それは、個室を出て手を洗うとトイレットペーパーを手拭き用に差し出しカネを求める男だ。かつてはアジアでも常識だった、この三拍子で、あぁ中東に来たんだなぁと実感できる。

わたしは中東が好きだ。にんげんの現実がすべて覆い隠されている日本と欧米の社会とは逆に、すべてが剥き出しだ。平気で嘘もつくわりに何でも晒しているから、立腹もするが、妙な親しみも感じてしまう。

手洗いから駐車場へ戻ろうとすると、運転手さんがビルの中の通路にふいに現れ、「駐車場へ来るな。このまま出口からビルを出て、右へ歩いてくれ。するとロータリーがある。そこで待ってて、わたしの車が近づいたら飛び乗ってくれ」と言う。

運転手さんは焦りの表情で、つっかえ、つっかえ説明しようとしている。どうやら警官に「おまえ誰かを乗せてイラクへ走るつもりなんじゃないか。あそこはまだ戦争だ。なんのために、そんなところへ行くんだ。調べるから、その誰かと警察署へ来い」と言われて、「いや、俺一人で家に帰るんだ」と答えたらしい。

いきなり怪しい展開だが、ここは信じ続けるしかないと即断し、黄色い空港ビルを出て、暗いなかを右へ普通に歩いていった。急げばきっと、警官かテロリストか強盗が近寄ってくる。危ない順に並べると、こうなる。警官がいちばん危ない。

しかし闇の中を歩いても歩いても、何もない。二〇分ほど歩くとやっとロータリーらしいところがある。そこへ近づくと、猛スピードで白いGMCが疾駆してくる。冗談じゃない、速すぎるぞとこちらも疾駆する。重量のある荷物ごとだ。かろうじてドアを叩く。連打して急停車させ、飛び乗ると樽男がニンマリと全身で笑い、グッドと叫び、急発進する。ノーグッドと叫び返そうかと思ったが、確かにグッドだ、とにかく戦火のバグダッドへ出発したのだと、思わずこちらもニンマリしていた。

アンマン発、一二月一日午前三時二八分。

夜明けが近づくにしたがって、車内の二人に異様な緊張感が漂ってきた。

ふだんなら夜間走行こそがいくらか緊張し、夜明けとともに和らぐものだが、きょうばかりは逆だ。夜が明けていく真東に、イラクとの国境が待っているからだ。そもそも国境を通過できるかどうかも分からない。午前六時四〇分を過ぎると砂漠の地平線が、くっきりと三六〇度、見えてきた。水平線はあっても地平線のない国から来たわたしは、嬉しくなってしまう。

樽男の顔もよく見えるようになってくる。樽の上に首は抜きで黄土色のスイカが載り、丸い黄色い眼が開いている。樽男もまじまじと、その眼でわたしを見る。この時期にイラクへ入る日本人、いったい何者なんだろう、こいつ。

「ミスター、日本人、日本の外交官が二人、タクリート（ティクリート）で殺された。知っているのか、殺されたんだよ」

「ああ、知ってる。日本とアラブと世界のために死んだ、ぼくらの立派な外交官だ。その二人のためにも、ぼくはイラクへ行くんだよ。それより、あなたの名前を教えてくれ」

「名前？　俺の？」

「ああ、そうだよ。あなたの名前。ぼくの名前は言いにくいだろうが、練習すると言えるよ。ア・オ・ヤ・マ」

樽男は嬉しそうに笑う。今度は眼も笑っているが、無邪気な笑いではない。海千山千の笑いだ。

夜明け前のバグダッド街道を疾駆する車を緊張した表情で運転するイラク人、サラ

樽男はサラだと名乗った。

ヨルダン人ではなく、イラク人である。ここも肝心なところで、ヨルダンの車は、ヨルダン・ナンバーを付けているだけでイラクへ入ってから危険が高まる。バグダッドから客を探してヨルダンへ入ってきた車なら、イラクでは地元の車だし、運転手さんは家族の待つイラクへ必死で戻ろうとするし、しかもイラク国内の最新情勢に明るい。

ついでに言えば、危険地域に入るとき、日本人は決して群れてはいけない。怖くても単身で行動する。連れが欲しいなら、現地で利害が合うか、信頼できる地元の人を見つける。

群れた日本人が、しかも本人たちは質素な衣服のつもりでも小ざっぱりしたものを着ていればターゲットになる。ひとりで、あるいは地元の人と、地元そっくりの衣服で歩いていれば危険は格段に下がる。その衣服はもちろん日本でふつうに売っているものでよい。現地と似たような雰囲気に着崩れしていればいいのだ。現に、海外でわたしは日本人と思われることが少ない。

イラクで誘拐された三邦人は、残念ながら三人で固まったことがまず間違いだった。三人集まれば、心強そうに感じるだろうが、実は自分で危険を招き寄せている。

それが見るからにタクシーと分かる車（イラクでは、真ん中が白、前後がオレンジ色に塗り分けられた車と決まっている）に乗っていれば、襲われる恐れは高まる。

特に、三人のなかでジャーナリストである人は、帰国後の記者会見で、「危険なところへ行くのがジャーナリスト」だと述べたが、間違っている。「危険なところへ、プロとしての備えを尽くして入り、しかも一般の人を巻き込まずに職務を果たす」のがジャーナリストだ。この人はジャーナリストとして胸を張るならまず、二人のジャーナリストでない人と一緒に行動したことを恥じねばならない。

今回の事件は公平に見て、備えがあれば襲われなかったとは言えない。ファッルージャの民兵組織が外国人を誘拐するために検問を張っていれば、バグダッドへ向かう人は誰でも車から引きずり出されただろう。現に、襲った側は、通る車をほとんど見境なく襲ったようだ。しかし、危機に備える基礎知識がないまま、もっとも危ない形で三人がバグダッドへ向かったことも、また事実である。

わたしは危険地域に赴くときの必須の手続きとして外務省に電話し、単身でイラクに入ることと出入国の日程を告げ、同時に「退避勧告を承知で入りますから、何かがあったときは、わたしの責任です」と明言した。

何かが起きたときに政府が事態を把握しやすいようにしておくこと、主権者として自立した責任を明確にしておくこと、いずれも当然のことだ。

●軽装甲車を断った理由

さて、わが運転手さんのサラは、バグダッドに二人の奥さん、一〇人の子供と棲んでいる。親戚も友人も多くが米軍の爆弾とトマホーク巡航ミサイルで死んだが、自分と家族は犠牲を出さずに生き残ったという。

「欲しいのは自由なんだ。サッダーム（フセイン大統領）は嫌いだ。みんなを殺し、捕まえた。アメリカは、われわれを自由にすると言った。だけどみんなを殺し、捕まえてる。サッダームと、おんなじじゃないか」

　サラは熱中してハンドルから両手を離し「アメリカは毎日、今も三〇人以上のイラク人、普通のイラク人を殺してる。アメリカ兵が毎日、二人ほど死ぬ？　へっ、それが何だ。殺されたくないなら勝手にアメリカへ帰ればいい」と大声で繰り返す。下手くそな英語が興奮するとなぜか、妙にスムーズになる。逞（たくま）しいものだ。

　と思うと、「アリババ！　テロリスト！」と叫び、あんたはシートの下へ潜れ、隠れろと運転しながら手足を激しくばたつかせる。アリババつまり強盗か、テロリストが出そうだ、あんたの顔が見えると刺激していきなり撃たれるというのだ。神経過敏かとも思ったが、時速一六〇キロメートル前後で走りながら、砂漠の雰囲気を読んでいるらしい。

　確かに、そう頻繁ではないが、ときどき窓ガラスを黒く潰した車が併走したり、追尾したりする。時間が経つと違う車になるから、地域ごとに強盗かテロリストの車が流している恐れが強いなと、わたしは考えた。

　実は、わたしがかつて属した共同通信のバグダッド支局からはアンマンで民間業者の装甲車を契約するよう勧められた。しかし片道で八〇万円から九〇万円ほどかかるし、そんな軽装甲では実は意味がない。

この普通の車は片道二万四〇〇〇円だ。誘拐された三人の車は一万円ほどだったという。一万四〇〇〇円分、わたしのときより危険がさらに増して、需要が減って、安くなっているわけだ。逆に言うと、わたしの行ったときが、非武装の民間人がどうにか入って良いデッドラインだった、最後のチャンスだったと思う。

共同通信バグダッド支局長からは、軽装甲車の使用を繰り返し、電話や電子メールで強く勧められた。それでも、わたしは軽装甲車が信用できなかった。現地を誰よりも知る支局長の言葉は重かったが、重装甲ならともかく、軽装甲ならテロリストの常用するＡＫ47カラシニコフ銃の銃弾を防ぐことはできない。それでいて、お金持ちが乗っていると見せつけることになる。

フランクフルトで「日本の外交官は軽装甲の車に乗っていて殺された」と聞き、ああ、やはりと思った。しかし現実に、妙な併走や追尾があると怖くないわけではない。

それにしても、サラの叫び声には、どこかぞっとするような異様な響きがある。戦争とテロの日々でいくらか参っているのか。

「サラ、日本の自衛隊がイラクに行く。知ってるか？」（この時まだ自衛隊は派遣されていない）

サラは深く何度も頷き、「日本から来て欲しいのは、会社だ、民間企業だ。兵隊はもう要らない。われわれは戦争がもしも終われば復興したい。まともな国を造りたい。総選挙を、自分たちでやりたい。だから日本は民間企業がわれわれに教えてくれ。戦争が終わったあとでいい。技術、経営、人の使い方。兵隊は要らない。日本の兵隊が来るとテロリストが、そこへ来る。もう殺し合いは要らない」

サラは、ある程度の高等教育を受けているようだった。荒廃したイラクで、こんな米国車を持って商売しているのだから、もともと資産や何かのコネクションを持っているのかも知れない。

「日本はね、兵隊と言っても、戦うのじゃない。水を河から汲みあげ、浄め、みんなに配ったり、病人の面倒を見たり、学校や病院を修理したり、そんなことだけやるんだよ」

こう反論してみたが、サラは即座に「関係ない。テロリスト、来る」と答えた。

やがて到着したイラクへの国境は、不思議な空間だった。こんな国境は初めてだ。国家というものが宙に浮いている感覚と言うべきか、とらえどころがない。

ヨルダン王国の側をあっさり出国すると、一種の非武装地帯のような何もない荒れたコンクリートが続き、やがて難民キャンプが右側に広がる。

イラク戦争で難民は少なかったと伝えられているが、それでも、国連の青いマークの泥に汚れたテントが一面に続き、幼い子供たちが泥のうえにしゃがんでいる。ヨルダン王国が入国を拒んでいるのだ。

そしてイラク側の国境エリアに入ってゆく。建物も塀も車両検査場もすべてが半壊しているようななかで、アメリカ兵もイラク兵もいない。国家が死滅している気配だ。

窓も椅子も破壊された建物へひとり入り、無表情の若いイラク人係官にパスポートを渡したが、係官はポイと自分の前に投げ出し、アラブ人たちのパスポートに、何も調べないままスタンプを押す仕事を無言で続けている。時間だけが果てもなくじりじりと流れた。

そして突然、係官がわたしのパスポートを手に取った。調べるのではなく、表紙の菊のご紋とわたしの顔をしげしげと長いあいだ眺めたあと、ひょいと開いてスタンプを押した。

つまりわたしは、この瞬間、イラクへ入った。

かつては窓だった穴の外から、驚くほどたくさんのアラブ人が、わたしを見つめている。内側でもアラブ人たちがひしめくようにわたしを眺める。すこし笑いかけるひと、口をぽかんと開けてわたしの眼を見るひと、係官と違ってその表情が豊かなことに、わたしはいくらか、ほっとした。

そして、こうしたことの一つひとつに意味があると考えていた。この国境は外務副大臣も、岡本行夫総理補佐官（当時）も通った。しかし「ご一行様」であり、こんな手続きなど一切、経験することなくあっという間に通過していく。それで一体、何が分かるのか。

わたしは政府調査団の眼には見えないものを見るために、イラクに入る。じかにこの手で触ることこそ大切だ。

砂漠の砂にも触れたいなと、敷地のはずれへ歩き出すと、どこかへ姿を隠して様子をうかがっていたらしいサラがノー、ノーと叫びながら駆け寄ってきた。係官の気が変わらないうちに早く、早くという眼でわたしの腕を摑んだ。

四の章　最初の目的地、共同通信バグダッド支局へ

●「葉隠」のあの一節が頭をよぎる

ハイウェイは、メソポタミア七〇〇〇年の大地に入ると、爆撃の影響なのだろう、縦にうねり始めた。阪神大震災のときの高速道路によく似ている。

そこを高速で突っ走ろうとするから、内臓が口から飛び出そうになる。それがようやくおさまると、完璧に破壊されて途切れている。脇に造られたむやみに深い砂利道を車がのろのろと進み、やっとハイウェイに戻ると、険しい眼のアメリカ兵がつくる阻止線で長い時間ただ止められる。これらが順番を変えて何度も現れる。

ヨルダンであれほど饒舌（じょうぜつ）だったサラも、もう七時間ほど、ただのひと言も発しない。

無理もないと、わたしは思っていた。車は、危険なイラクでも最も危険と言われる「スンニ・トライアングル」、すなわちサッダーム・フセイン大統領を支えてきたイスラーム教スンニ派の支配地域に、ひたすら近づいている。

サッダームとは、闘う人を意味する。フセイン大統領が自らに冠した称号のようなもの

ファッルージャと並ぶ危険地域ラマーディ入り口で、情報収集のためあえて給油。サラはこの給油所にコネを持つ。フロントガラスには弾痕がある

だ。彼はなんのために闘ったのか。アラブの大義のためか。いや違う。公平に見て、自らの欲のために闘った。そうであるから身内を重用して、闘いの体制を固めた。その構造と利権がスンニ派地域には、まだ残っている。

やがて、わたしたちはシリア砂漠を越え、砂漠の果ての最初の町、そしてフセイン派残党の牙城（がじょう）として知られるラマーディに入った。

ハイウェイ沿いの、サラのコネがあるスタンドで給油すると、車はそれまでよりさらに猛速で走り始めた。助手席からスピードメーターを覗き込むと、時速一七〇キロを超えている。

「コネ、あっても、違うアリババが見てる」
サラは前を見たまま、こう話した。その違うアリババの車に追いつかれないように駆け抜ける作戦だ。

誘拐された三人の乗ったタクシーは、このあたりがアメリカ軍に封鎖されていたためにハイウェイを降り、迂回路に出て、武装組織の検問に引っかかってしまった。

わたしはシートから前方に体を投げ出し、体を隠した。これだと、ちらりと見ただけではイラク人のサラ一人が乗っている車に見える。サラは「シートの下に入れ」と何度も叫ぶが、それではラマーディやファッルージャが見えない。わたしは眼から上だけを出して、人影の少ない街を眼で追った。

そして、わたしはなぜか穏やかにサラの苦闘を見ていた。「武士道といふは死ぬことと見付けたり」。「葉隠」のあの一節が、いつものようにふと頭をよぎる。わたしはこころの中心で、天が俺を生かそうと思うなら生きるし、天がもう役割は終わったと思うなら、爆弾だか地雷だかロケット砲だか携帯ロケット弾RPG7だかで死ぬのだと思っていた。

世界が滅んでも自分だけは生きたいアラブ人のサラにとっては、迷惑な話である。ときどき無言のまま、ちらちらとわたしの顔を盗み見る。俺を売るかどうするか考えているのかなぁ、とわたしは思った。

しかし車はそのまま猛速で突っ走り、ファッルージャを無事に抜けたあたりで、わたしはシートの下でうとうとと眠り込んでしまった。体が自然に本番に備えている。これもいつもの癖だ。大きな事や危険のまえにはいつも、まず眠くなる。そして快適に、すこし眠る。

目を覚ますと、そこはもう、バグダッドの喧噪(けんそう)と渋滞の真ん中だった。

だが、健康な都市の渋滞ではない。動かない車の列が二重、三重に道路の多くを占めているために、まともに走ることができない。やがて、その奇妙な車列はすべて、ガソリンスタンドから並んで延びていることが分かった。

産油国のイラクにガソリンがなく、タクシーの運転手を含めて、とにかく車のある者はみな、スタンドに終日並んでいるのだ。久しぶりに口を開いたサラは「パイプラインはテロリストに破壊されるし、何よりオイルを米軍が押さえているから」と言う。それが理由のすべてとはわたしは考えないが、イラク経済の実情をこの車列が語っていることは間違いない。

車で埋まった道の、わずかな隙を縫ってじりじりと進み、この最後の行程は不意に終

イラク全土と中東

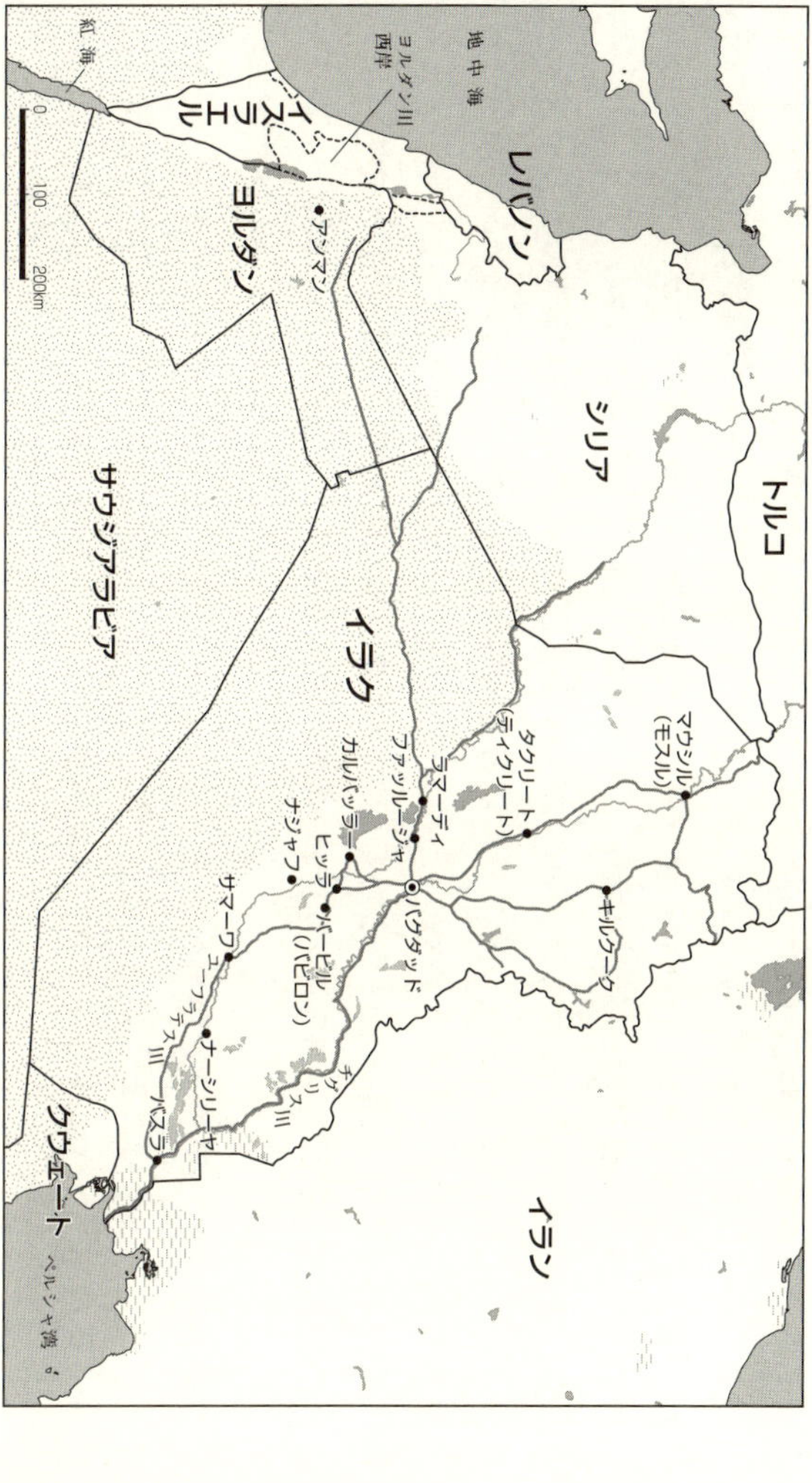
紅海
地中海
ヨルダン川西岸
イスラエル
レバノン
ヨルダン
アンマン
0
100
200km
シリア
トルコ
サウジアラビア
イラク
マウシル（モスル）
タクリート（ティクリート）
ラマーディ
ファッルージャ
カルバッラー
ナジャフ
ヒッラ
バグダッド
キルクーク
バービル（バビロン）
サマーワ
ユーフラテス川
ナーシリーヤ
チグリス川
バスラ
クウェート
イラン
ペルシャ湾

わった。

サラは、武器を手にした民兵が固める一角で車を止め「エンド」と言った。そこが、わたしの最初の目的地、共同通信バグダッド支局へ通じる路地の入り口だった。

バグダッド着、一二月一日午後三時ちょうど。アンマンとの時差一時間、一三時間半の行路はとにかく生きて完了した。

車を降り、縮こまって曲がった腰をギリギリと音を立てて伸ばすと、向かって左側に黄色い巨大なビルがそびえ、重火器で攻撃されたらしい穴がいくつも開いている。パレスティナ・ホテルだ。世界中のジャーナリストが、ここなら安全と集まったが、まず米軍が戦車砲を撃ち込み、次にサッダーム殉教者軍団の残党がロケット砲を発射した。

「ミスター、あなたの立っている、その場所でテロリストがロケット砲を構えて撃った」とサラは言った。RPG7（旧ソ連製の携帯ロケット弾）の命中した箇所は最上階に近く、大きな噴火口のなかに中小の噴火口が重なったようにみえる。RPG7が「実戦」で命中した現場は初めて見るから、わたしはしばらく、しげしげと見あげていた。そのわたしを、民兵がカラシニコフ小銃を構えて睨(にら)んでいる。逃げ出せば、当然に撃たれる。ふつうにしていれば、こうしたときはまず撃たれない。

噴火口から左下へ目を移していくと、アメリカ軍戦車がロイターTVのクルーを砲撃して殺傷した部屋の跡が黒く焦げている。

パレスティナ・ホテルと通りを挟んだ向かい側には、ショッピング・モールが半壊で続いている。共同通信は、攻撃を避ける智恵として、目立たないその場所に支局を構えているということだった。

モールの一番奥まで歩き、黒いガラスのドアを押すと、そこには小さな白い空間が意外なほど静かに残されていた。アパート形式のホテルのロビーである。

両手を出して、約束の支払いよりも多くを要求するサラに、ある程度だけを上積みして渡し、別れを告げた。

この男はきっと二人の奥さん、一〇人の子供と一緒にこれからも生き残り、やがては日本人ともビジネスをするだろう、そのときを考えれば多くを渡しすぎてはいけないと考えた。サラは黄色い両目と大きな口で不満を訴えたが、わたしの意志が変わらないのを見ると、あっさりと丸い背中を向けて去っていった。アラブ人は切り替えも立ち直りも早い。

さぁ、共同通信の支局を探そうとロビーの奥へ歩き出すと、乾いた音がしてロビーが薄暗く変わった。停電だ。

友情支援してくれた共同通信バグダッド支局の面々と。右から二人目が及川支局長

暗い館内の階段を登ると、ドアの開いた一室があった。きっとここだろう。テロを避けるために電話番号も公開していないし、日本で出版されるこの本にも何階の何号室かを記すことができないが、ペルー日本大使公邸人質事件でリマに支局を構えたときも、共同通信はドアを開いていた。わたしを育ててくれた古巣のこの体質が好きである。

一歩入ると、イラク人が六人、狭い空間に詰めている。驚きの眼で一斉にわたしを見た。あ、これは通訳や助手だな。親戚や兄弟もついでに押しかけているのかも知れない。

その奥の部屋を覗き込むと、及川仁支局長が穏やかな表情で、壁に貼った地図の前に立っていた。凄惨な民族紛争で黒煙のあがっていたボスニア・ヘルツェゴビナのサラエボを、当時は政治部の記者だったわたしが訪れ、外信部のサラエボ支局長だった及川さんと出逢って以来の再会である。

「あ、青山さん、いや、よくぞご無事に」

及川さんは、はにかんで微笑した。地獄に仏、わたしの疲弊した頭にはそんな古い言葉が明滅した。

五の章　ファッルージャでテロリストに会う

●予告した以上は東京テロを実行する

その日の夜、わたしは再び、車で疾走していた。

もう車は見たくもない気分ではあったが、運転するのは、元サッダーム・フセイン大統領警護官、ネビル・アル・フェイヤードである。フセイン独裁体制の内幕を間近に見てきた人物の車となると、乗らないわけにいかない。

このネビルは最初、大統領の運転手として雇われ、やがて射撃と柔道、空手の訓練を施されて、大統領警護官となった。そして大統領の二人の息子、ウダイとクサイに気に入られ、息子たちの警護官となった。

わたしは共同通信の友情支援を最初のきっかけに、この三六歳の男に偶然、たどり着いた。熊のように分厚い体格に、笑顔が不思議なほど人なつこい。サッダームやウダイ、クサイの警護官だったと分かったとき、わたしはこの男をがっちり捕まえようと思った。イラク入りを成功させられるかどうかのキー・パーソンになる。

「きみを信頼して、ボディガードに雇う」と、仲介者を通訳代わりに告げると、ネビルは嬉しそうに笑った。

フセイン政権が崩壊してから懸命に隠してきた経歴を、むしろ評価されたことが嬉しいのだ。そしてネビルは武装したいといった。わたしは即座に「それはできない」と応えた。「俺を守るためにイラクの人を殺すのは許さない」

ネビルは、こころの底から不思議そうな顔をしたが、わたしの語気に押されてか、そのまま黙った。

フセイン大統領は数え切れないほどの人びとを虐殺した。ネビルは「わたしは殺される代わりに、無理に警護官にされました。サッダームとウダイ、クサイの残虐な行為は確かにたくさん見ましたが、わたしは手を貸していません」と言った。ネビルの兄の元イラク軍医に聞くと「弟は嘘をつけません」と言う。さらに南部サマーワでテレビ局のトップだった父に聞くと、「ネビルは勉強のできた兄と違って、躰（からだ）だけが取り柄で、酒好き女好き遊び好きの困った息子ですが、嘘だけはつきません」と言う。

それでもわたしは、この家族の言い分を全て信じたわけではない。しかし、少なくともわたしといるあいだにネビルが裏切ることはないと、信じることにした。

そしてネビルはフセイン大統領派の人脈を持つだけではなく、フセイン大統領に虐殺され続けたイスラーム教シーア派の街、サマーワにも人脈を持つだろうと考えた。ネビルの一族は、サマーワの旧家だ。だから父は地元テレビのトップだったし、フセイン大統領にもサマーワ支配のために目を付けられた。

ボディガードとして雇うと言ったのは、ネビルに誇りをすこしでも取り戻させるためである。いまの彼は武装していないし、ネビルに言った通り、させるつもりもないから実際にはわたしを護れない。空手ならいくらかわたしも嗜(たしな)んでいるが、このイラクで素朴にも素手で襲ってくるテロリストも強盗もいない。そして米軍にも、占領軍の一部となったイラク軍にも空手道は無力だ。

ほんとうに期待したのは、彼の証言、それにバグダッドにも南部サマーワにもあるらしい、彼の人脈だった。

ネビルは英語を聞くことは、いくらかできるが、話すのはアラビア語だけだ。そこで通訳をもうひとり雇った。元英語教師のアドナン・フセイン・ムハンマド、五六歳。ある意味でネビルより陰の深い人物だが、サッダーム時代に追放され、家族と別れてイエメン、スーダン、ヨルダン、エジプトと転々としながら生きてきた経歴を買った。

いや、ほんとうは「サッダームがやっと倒れて、バグダッドに帰ってきたら、妻に、なぜ仕事もないイラクに帰ってきた、わたしたちをスーダンでもどこでも連れ出してくれれば良かったのにと責められて、辛かったです」と言った言葉を買った。欧米社会に憧れて英語を学んだだけに、その言動は、理解しやすい面がなくはない。

英語教師だったから、やたら難しい単語は知っているが、発音は彼の母国語（イラク訛りのアラビア語）のそれに近く聴きとりにくい。日本の平均的な英語教師の発音に申し訳ないが似ている。わたしは内心ですこし噴き出しながら、親しみを感じた。ネビルと肌が合いそうなのも、良い。

よし、このチームでいこうとわたしは決めた。イラク少年探偵団だ。

ネビルは運転手を兼ねるために車を自分で調達せねばならないから、一日、五〇ドル。アドナンは一日、三〇ドルを支払うことにした。

ネビルは、泥まみれで古びてはいるがメルツェデス・ベンツを持ち込んできた。フロントガラスに銃痕がある。実は、フセイン大統領一族の車だったという。ネビルはバグダッド空港の攻防戦の最中に、この車を盗んで逃げ出したというのが、ずっと後になって分かった真実だった。

サマーワ市内のレストランで食事。左が元フセイン大統領警護官ネビル。右が元英語教師アドナン

さっそく夜のバグダッドを流してもらう。雰囲気と全体像を早く摑む必要があった。

もちろん走るだけでも危険だが、わたしは「今回は縮こまってしまうと、むしろ危ない。周りが驚くほど積極的な攻めの姿勢の方がよい」と確信していた。それは自らのささやかな天命を信じることでもある。

脱私即的。

わたしは長い年月の果てに創りだした拙い成句を、胸の内に呟いた。私心を脱し、命のほんらいの目的に即く。

たとえばノー・サイド（終了）真

際のラグビーの試合で、これでトライすれば大逆転というボールを選手がつかんだ。成功すれば俺はヒーローと考えれば私心で体が固くなり自在の動きを失うだろう。しかし「みなのために成功させる」と思うのでも、まだ本来の目的には遠い。逆転ボールをしっかり抱えて突進し、ゴールに倒れ込めばゲームがすべて引っくり返る、その面白さを生きることが本来の目的なのだ。

バグダッドは、たとえばCNNの報道で見てきたよりも徹底的に破壊されていた。大統領官邸や空軍省、情報省といったあたりはもちろんのこと、ただのスーパーマーケットや住宅も、空爆や砲撃で無秩序な断片に変わり果てている。その石の下で流れた人血、飛び出した脳髄や内臓が変わり果てて、一部はまだこびり付いていた。

バグダッドを流すうち、わたしたちのあいだに早くも不思議な、ほのかな連帯感めいたものが芽生えてきた。

そこで、わたしはネビルに「ファッルージャへ行きたい」と告げた。

運転するネビルも、助手席のアドナンも驚いて振り返り、わたしを見つめた。「ファッルージャは、昼間に通ってきたけど、夜にもう一度、行きたいんだ」

ネビルは英語を話せないが、聞くことはできる。ハンドルから両手を離して広げ、アラビア語で叫び、アドナンがそれを英語に通訳する。「そんな馬鹿な」

わたしは後席から身を乗り出して言った。

「ネビル、きみは大統領やその息子たちの警護官だったんだから、サッダーム・フェダイーン(殉教者軍団)にも友だちがいるだろう。その友だちは、ファッルージャに夜に行けば会えるだろう。内緒で会わせてくれ」

ネビルは無言で、顔いっぱいに「なぜ、そんな危ないことを」と問いかけている。

「アルマスリ旅団(アルカーイダ系のイスラーム原理主義テロ組織。ただし実体は不明)がロンドンのアラビア語新聞に、自衛隊がイラクの地を踏めば東京テロをやると宣言した。日本政府はこのイラクに四度、調査団を派遣したけど、まさか政府調査団がテロをやる側と会うわけにいかない。しかし国民も自衛隊も、その東京テロ宣言が本物かどうか知りたい。わたしはテロリストと会わなきゃいけない。サッダーム・フェダイーンはあくまでフセイン大統領派で、アルカーイダ系じゃない。しかし、水面下で繋がっているだろう?」

わたしの長い話を聞いて、ネビルはアドナンに通訳を促した。長い英語は無理らしい。

そして考え込む表情のまま、メルツェデスのスピードを上げた。地獄の一丁目のように荒廃した夜のバグダッドを、わたしたちは疾駆している。

そしてネビルはハンドルを三度ほど切り、街道のようなところへ出た。アドナンがわたしに「ファッルージャへの道だよ」と言った。

ネビルは、わたしに約束させた。

ひとつ、ファッルージャのどこで誰と会ったかを、日本に帰っても具体的には言わないこと、書かないこと。しかし、日本とアメリカの政府当局者に、彼らの真実は伝えること。

「会った人間との話の中身、それもポイントは日本でみなに話すし、本にも書く。だけど、どこで誰と会ったかの具体的なことは棺桶に持ってゆく」

わたしがこう答えると、ネビルもアドナンも深く頷いた。わたしは重ねて、「日本とアメリカの政府当局者に彼らの言い分、真実を伝えることは、きみに言われなくとも、必ず行うつもりだった。わたしは日本国民をテロから防ぐ実務のために、ここへ来ているからね」と言った。

そして、わたしはテロリズムを遂行する側の組織、その人間と会った。組織、人間とも複数である。

　複数に会っても、話の中核はほぼ同じだった。

「日本の客人よ、ネビルの友よ。われわれは重要な任務を予告し、それをほんとうに遂行したときだけ、資金が手に入ってくる。カネが回る。東京テロのように重大なことを予告した以上は、それをやらなければ、われわれが滅ぶ、活動できなくなる」

「われわれと、その友はすでに、もしも日本の自衛隊の兵が一人でも、イラクの大地を踏めば、東京でテロを行うと予告した。東京はアラブで有名だ。これで実行しなければ、われわれの首が絞まる。年が明けて自衛隊がもしもほんとうに来たならば、われわれは準備し実行するだろう」

　わたしは反論した。

「東京がアラブで有名なのは知っている。もっとはっきり言えば、あなた方の憧れの地だ。その地を血で汚すのか」

「メソポタミアの地を汚すのは、あなたがた日本人だ」。彼らは予想通り、怒りを含んで言い返した。

「自衛隊は、兵とはいえ戦いに来るのじゃない。戦う手足を自ら縛って、平和な手で水を供給し、学校や病院を直し、医者に協力するのだ。それがなぜ、テロに結びつくのか」

「おまえは分かっていて聞いている。アメリカの友は、われわれの敵だ。アメリカのための復興を支援するなら、それはわれわれの敵だ」


夜明け前に、わたしは宿へ戻った。

停電で明かりはつかない。砂漠性気候で、未明から朝は震えるほど寒く、暖房も止まっているなかで、わたしは古びた小さなソファのうえに体を縮めて眠ろうとした。昂奮（こうふん）より寒さで眠れない。

わたしは、読書用の携行ランプの明りに手をあててみた。手は、こごえたままだ。共同通信バグダッド支局が貸してくれた懐中電灯を思い出した。それを灯して頬にあてると、ほんのり、あったかい。バグダッド市民もみな、朝の寒さに震えているのだろうか。家の天井も壁も壊された家が多いのだ。わたしは友情の懐中電灯を手に、狭いベランダに出てみた。

すると、遠くに爆音が聞こえ、あっという間に夜を切り裂いて近づいてくる。一日の狩りを始めた、米軍の戦闘ヘリだ。こちらの、たった一つの小さな明かりを狙うように低空へ真っ直ぐ突き進んでくる。

撃つつもりだ。

ここで隠れれば撃たれる。咄嗟にそう考えてわたしはベランダに仁王立ちになり、両手を大きく広げた。顔を見ろ、この野郎。光輝ある天皇陛下の臣民だ。

戦闘ヘリは、じっとこちらを伺ってから、腹に響く轟音とともに旋回していった。日本人と分かったとは思えない。しかしテロリストではない気配を感じたのかもしれない。実際はわたしはこのとき一度、死に神に近づいて、天の差配のおかげでほぼ理由もなく逃れることができたのだった。

●自衛隊と国民を思う

わたしは夜明けの気配のなかで、このイラクへ来る自衛隊と、その自衛隊を養ってきた日本国民を思った。

自衛隊はほんとうは何ができて、何をできない組織なのか。

現在のイラクでもっとも大きな問題は、高度な攻撃力をもつテロ組織による戦闘行動であることは、あまりにもはっきりしている。

一方でアメリカ政府の要人たちは、自衛隊が海外で武力を行使できないことを、よく承知している。アメリカが日本占領政策の一環として定めた憲法が、その制約をつくっているからだ。憲法第九条には「武力による威嚇又は武力の行使は、国際紛争を解決する手段としては、永久にこれを放棄する」と書かれた部分がある。「海外では一切、武力を使えないということだ」と歴代内閣は説明してきた。

だからイラクへ派遣される自衛隊は、ふつうの市民と同じく、刑法に定められた「正当防衛」でしか武力を使えない。

分かりやすく言えば、テロリストに撃たれたり爆破されたりしてからでないと、反撃できない。その反撃も「相手を殺したりしないで、相手がもう撃ったり爆破したりをやめようかなと思う程度の必要最小限度」にとどめねばならない。

ふつうの戦争ではないのだから、テロリストは塹壕（ざんごう）にこもって長く射撃を続けたりは決してやらない。銃で撃つことすら少ない。

イラクにも入っているイスラーム原理主義テロリストは資金が潤沢で高価な武器も大量に持っているから、迫撃砲かロケット砲か携行ミサイルを撃つか、道路や橋あるいは外国軍の車両に仕掛けた強力な高性能爆弾を破裂させるかを繰り返している。

撃たれてから、爆破されてから、初めて反撃できるというのは、自衛官は自らが死体となってから反撃しろと言うに似ている。

イラクに派遣されることが内示されていた陸上自衛官はわたしに「マンガよりマンガ的ですね。だけど紙の上のマンガじゃないですから、血が出ますよね」と呟いた。

わたしたちの祖国は、正確に言えば小泉純一郎総理は自衛隊のこの現状を放置したまま、毎日必ずと言って良いほど兵士が死ぬイラクへ、送り出す。わたしは、それを考え続けた。

自衛隊のイラク派遣をめぐって「自衛官は武人という仕事を選んだ以上、命令に従うのは当然だし、死を覚悟するのも当然だ」と主張するひとも、主に男性に少なくない。

だがわたしは二つの理由で、こうした立場に賛成できない。第一に、軍人を市民とは別人種にしてしまうのは間違いだ。「お国のために死を覚悟しているんだから」と何でも許されることになり、ほんらいは謙虚な日本の武人のなかに尊大で愚かな軍人も登場して市民権を蹂躙（じゅうりん）したり、あるいは、もともとは誠実な青年将校が一種の選民意識を抱いてしまい五・一五事件や二・二六事件を世直しのつもりで引き起こした歴史を繰り返すことに、やがて繋がるだろう。

第二に、装備だけは世界屈指の軍事力でありながら法的には国軍でも国家警察軍でもない、なんとも奇妙な存在に自衛隊をとどめたまま半世紀を経たことには、国民にも有権者として責任の一端がある。

ふだんは自衛官を中途半端に扱っておいて、こうしたときだけ急に武人としての振る舞いを求めるのはアンフェアに過ぎる。

わたしは、防衛庁の高級幹部（文民）に、正直たまりかねて聞いた。

「刑法が定めている正当防衛というのは、相手が高度に訓練された組織テロリストである場合など想定していない。自然権（生まれながらに備わる権利）として自らの命を守る正当防衛と考えても、あくまで組織で動く自衛隊に当てはめるには無理がありすぎる。殺されて初めて自分たちが守れるなどという状況で、自衛官はどうやって命を守るんですか」

文民幹部は「正当防衛は、相手が明らかに自分に攻撃を仕掛けてくると予測できる場合にも発動できるから、イラクで相手が間違いなくテロリストだと思えば自衛官は攻撃できる」と声を強めて答えた。

しかし、これは二つの意味で嘘である。

ひとつには、自衛官自身は「あの男はテロリストに違いない」と感じた、ないし判断しただけで相手を撃つことができるとは夢にも考えていない。そんなことができるぐらいなら、そもそも自衛官は悩みはしないのだ。

もうひとつには、イラクで市民とテロリストをその見かけだけで区別することなど、ほとんど不可能だ。

テロリストは正規軍兵士と違い、軍服を着ていない。女性にすら化ける。米軍はいま、掃討作戦と称して住宅地や農村を爆撃しミサイルを撃ち込んでいるが、テロリストが好き勝手に攻撃してくる現状に耐えきれず、民衆ごと皆殺しにしているに近い。

こうしたことを総合すると、自衛隊にいま来てもらっても米軍にとってはあまり役に立たないことを、アメリカは知っている。

それでなぜ、ブッシュ大統領やラムズフェルド国防長官が次々に来日し「早く自衛隊を出してくれ」と小泉純一郎首相に直接、求めたのだろうか。

大統領も国防長官も、新聞やテレビの報道では「首相にきついことを言わなかった」とされているが、それは小泉政権を守りたいブッシュ政権の演出であって、来日したことそのもので圧力をかけている。

アメリカが自衛隊のイラク派遣にこだわる、そのわけは、国際社会の強い反対を押し切ってアメリカがイラク戦争を引き起こした、そのほんとうの理由のひとつに繋がっている。

イラクには、コストを安く抑えて採掘できる良質の油田が多く未開発で残っている。これを武力で完全に握れば、単にその油田からオイルを採るだけではなく、安価で高品質のオイルがアメリカの手から世界の市場へどっと出て行き、世界の原油価格を実質的にアメリカが仕切ることもできるようになる。

これまではサウジアラビアをはじめアラブ産油国によって原油価格が左右されてきたのだから、それがもしも実現すれば極めて影響の大きな変化となる。

その視点で日本を見れば、日本が自ら消費する石油の大半を中東に依存している事実が、真っ先に浮かび上がる。

独立総合研究所（独研）と、テロ対策の確立などをめぐって協力関係にある米政府機関の高官はわたしにこう語った。

「これからも中東のオイルを頼みとするなら、日本もアメリカの新しい中東政策に自衛隊を使って手を貸すべきだよ。貸さないならば、日本は、石油支配にしがみつくアラブ諸国の独裁政権の味方ということになってしまう」

アメリカの中東政策がどう転んでも日本はついてくるということを、自衛隊派遣で世界に見せたいのだ。

自衛隊のイラク派遣が、わたしたちに投げかける問いかけは数多く、いずれも敗戦後日本の根っこに繋がっている。

遠いイラクの話、あるいは自衛官とその家族だけの問題とは考えずに、わたしたちみんなの問題であることを、胸に刻みたい。


夜が、はっきりと明けてきた。

しらずしらずに、自分がなぜここにいるかを考えた。

わたしはこれまで、むごたらしい民族紛争のボスニア・ヘルツェゴビナを訪れ、人質テロ事件のペルーに半年近く滞在し、キリスト生誕教会占拠戦のさなかにベツレヘム（パレスティナ自治区）を訪れて猫一匹いなくなったようなエルサレムを歩いた。

しかし、ここは、それらと比べても比較にならないほどに危険で、凄惨な場所だ。

わたしの属する独研のスタッフ全員も、いわば心を込めて、強く反対していた。

それでもなぜ、行かねばならなかったのかな。

歯噛（が）みするような寒さのなかでわたしは、ベランダの周りを見た。正面に立つパレスティナ・ホテルの黄色い壁にはロケット弾の撃ち込まれた穴が生々しく、足元のベランダの縁にも弾痕がある。

第一には、イラクの問題をめぐって、また自衛隊派遣について発言する以上は、自らの足で現場を踏み、おのれの手で触ることが、わたしなりのモラルだと考えた。

テレビや雑誌で少なからぬ知識人が、連日のように見てきたかのようにコメントすることに、視聴者や読者、そうした受け手の人びとが胸の奥でどれほど疲れているか、嫌悪しているか、そのことを考えたかった。

ただ、自分で直接に見たこと以外は評論できないと主張するなら、大きな間違いだ。想像力、すなわち経験していないことについて深く思いを致すのは、人間の大切な知の力であって、経験を過度に重視するのはむしろ傲慢だと考える。

わたしが述べているのは、あくまで自分自身のモラルであり、人がどのようなプロセスで発言されるかについて批評することはしない。

わたし個人の場合は、自衛隊をイラクに派遣すべきかどうか、アメリカのイラク戦争は正しいのか正しくないのか、それらのことは現場を踏まないで述べるには重すぎると思った。

それに、たとえば、砂漠の夜明けは素晴らしい。

わたしたち日本人は、地平線をほとんど見ずに育つ。しかしバグダッド街道をサラの車で疾駆したときシリア砂漠、ハジャラ砂漠と抜けていくうちに、三六〇度の地平線から茫洋と丸い朝が立ち昇っていった。

誠にまことに汝（なんじ）らに告ぐ。一粒の麦、地に落ちて死なずば、唯一つにて在らん。もし死なば、多くの果を結ぶべし。（ヨハネ伝福音書）

わたしはキリスト教徒ではない。イエスを深く敬愛しているが、アッラーも正直、アクバール（アラビア語で、偉大なり）だと思うし、なにより仏さまの宇宙観が限りなく好きだ。

しかし一粒の麦の一節に、こころを打たれない青春があるだろうか。年齢の話ではない。そんなものは勝手に移ろってゆく。誰にもひっそり志がある。そこに永遠の青春が息づく。

そして、ほんとうはこの一節は「葉隠」に隠された精神とつながっている。武士道といふは死ぬことと見付けたり、とはこの一粒の麦のごとく、ひとのために死ぬことではないだろうか。

六の章　亡命イラク人による傀儡政権の行方

●「ヘルプ！」とは絶対に叫びたくない

バグダッドの二日目、まずはもう一度情報省へ出かけた。

情報省のビルはごく一部が焦げて壊されているだけだ。広い道路を挟んだ向かい側のスーパーマーケットが、徹底的に爆撃されて廃墟となっている。明らかな誤爆である。

ネビルは「市民がたくさん買い物に来ているときにアメリカ軍に攻撃されたから、女性や子供が何人か分からないぐらい死んだ」と、うつむきながらも淡々と語った。

原爆を投下された広島、長崎の市民がそうだったように、東京大空襲を受けた都民がそうだったように、この声なき死者たちは、勝者であるアメリカに何の償いも求められないでいる。

しかし、この誤爆跡はそれが誤爆であるだけ、まだマシであった。

バグダッドの郊外を訪れると、ＲＰＧ７を持った男が休憩していた疑いがあるというだけでアメリカの戦闘機にミサイルを撃ち込まれ、人間ごと戦車に押し潰された民家の跡が現れた。

国道脇で野宿しながら闇ガソリンを売っていた住民は、ネビルの車の中にいるわたしに「アメリカ軍はイスラエルの奴らと同じだ」と泣きながら窓ごしに叫んだ。元英語教師アドナンは同じアラビア語の叫びを何度でも繰り返し、訳した。

これは驚くほど正確な言葉である。実はアメリカ軍は、イスラエル軍にパレスティナ・ゲリラの掃討のやり方を組織的に聞き、真似（まね）ているのだ。

イスラエル軍は、パレスティナ解放運動に手を焼き、「疑わしきは罰せず」という民主主義の原則の逆を行っている。すなわち、イスラエル軍が一方的に「テロリストないしテロ協力者が住んでいるか、出入りしている」と決めつけたパレスティナ人の住居を、空対地ミサイルと戦車砲で住人ごと破壊し、ブルドーザーで更地（さらち）にしてしまう。

イスラエル政府はもちろん、「全て根拠のある、正当な攻撃だ」と主張してやまないが、このやり方がテロリズムという火に充分すぎる油を注いでいることは間違いない。

アメリカ軍がイスラエル軍の真似を始めたことは、最悪の選択である。

テロリストは軍服も付けず軍旗も持たず、市民の中に深く紛れ込んでいる。アメリカ軍は対処しきれず市民を無差別攻撃するようになった。それが市民の憎しみを増幅し、テロリストはますます活動しやすくなる。この悪循環が起きていることは、イラク現地にいる誰の目にも明らかなのに、アメリカはこの悪循環をさらに決定づける挙に出てしまった。

誤爆であれば、アメリカは言い訳を試みることができても、イスラエル軍を真似ての「確信犯」となれば、それすらできない。しかもアラブの現在と未来を考えてのイラク戦争ではなく、イスラエルの思惑に与（くみ）した戦争であることを自ら証明してしまった。

やはり国道脇で闇ガソリンを売る四〇歳代後半の男が、一五歳ぐらいの男の子を指さしながらアラビア語で何かを懸命に叫ぶ。アドナンの通訳によると、戦争までは野菜を売っていたというこの親子は深夜、自宅へ乱入したアメリカ兵に拘束され、この近くのアブグレイブ刑務所に放り込まれたという。奥さんと三人の娘は自宅に取り残された。

刑務所では、逮捕の理由を「テロリストの疑いがある」と根拠も示さず告げられただけで、親子とも裸にされ、繰り返し殴打され蹴られ、さらにイスラーム教徒として口にはできない辱（はずかし）めを受けたという。性的なものだとすぐ分かる。

わたしは、ほんとうに驚いた。それまでは警戒して車のなかにいたが、砂塵の舞う国道に降り立ち、男の話をもう一度、聞いた。

ただの刑務所ではなく、アブグレイブだったからだ。アブグレイブ刑務所は、フセイン政権下のイラクではいわばアウシュビッツ収容所だった。と言っても異民族ではなく、自国民を閉じ込め、拷問し、虐殺した場所だ。

その圧政からイラク国民を解放するために来たはずのアメリカ軍が、わざわざイラク人なら誰でも知っているそのアブグレイブに民衆を閉じ込め、拷問する。

にわかには、信じられない。

詳しく経緯を聞こうとするが、男は昂奮がつのり、口に泡をためるだけで細部が分からない。アドナンは「イスラーム教徒は裸にされるだけで、神経がおかしくなる。わかってやってくれ」と言う。

細部が分からず、親子の長衣を路上でめくるわけにもいかないから傷も確認できなかったことは公平に記さねばならない。だから証拠はないとも言える。だが、わたしは記者としての経験からまず、この男の話に基本的には嘘がないと感じた。

そして、もっとありありと身近に感じたのは、アメリカ軍の意図だ。

おそらく証拠があって拘束したのではなく、いや証拠をもとに拘束するつもりはもともとなく、反米勢力が根強いこの地域、バグダッドの西方へファッルージャ、ラマーディと続くスンニ派地域の男子をとにかく拘束し、アブグレイブへぶち込み、拷問してから放す。民衆は地域や家庭に戻って、アメリカ兵への反感も話すだろうが、言いしれぬ恐怖やアメリカ軍の圧倒的な力も話すだろう。それによって圧迫する作戦なのだ。

それなら組織的に行われている情報戦である。『おそらく間違いない。拷問や、場合によっては殺害も伴う最悪の情報戦だろう』と、わたしは考えた。

このときから四か月半ほどあと、二〇〇四年四月末に突如として、この事実はアメリカ国民と世界の人びとに広く知らされることになる。「お楽しみ用」に撮影されたCD－ROMに保存された拷問や、その果ての遺体の写真が、米兵の内部告発によってマスメディアに持ち込まれたのだ。

これらのことはいずれも、アメリカ軍が、想像以上に追い詰められていることをも物語る。わたしは、その米軍の苦況を身をもって体験することになった。

わが「イラク少年探偵団」はバグダッド中心部に戻り、「サッダーム・タワー」に向かった。

このタワーは東京タワーと同じように首都のシンボルとしてフセイン大統領がつくり、激しい攻防戦の末に米軍が占拠した。イラク戦争の激戦地の一つとして、訪れてみた。

車を降りるとほぼ同時に、わたしたち三人は「新生イラク軍」の兵士に包囲された。新生と言えば聞こえがいいが、要はアメリカに寝返ったイラク兵である。どこに隠れていたのか、突然に四人ほどが現れた。

そのイラク兵たちは険悪な表情で包囲を狭め、突撃銃（旧ソ連製ＡＫ47）の狙いをわたしたちに定めて何かを叫んだ。

見ると、ネビルが屈強な身体を小刻みに震わせ、顔から血の気を失っている。耳まで白くなっている。元英語教師に通訳を求めたが、彼も言葉を失って立ち尽くしている。「ほら、しっかり。早く訳してくれ」と強い口調の英語で促すとようやく、「おまえらはテロリストだ、逮捕すると言ってます」と元英語教師が口を開いた。

「わたしは日本国民だ。テロリストじゃない。そう訳してくれ」とわたしが何度か大声を出すと、元英語教師はアラビア語で兵士に短く叫び、兵士が即座に叫び返した。「サッダーム・タワーは危険地域だ、こんなところに近づくのはテロリストしかいないと言っています」と、元英語教師がわたしに伝えた。

わたしは正直、そのとき「やはりイラクに来たのは間違いだったかなぁ」と考えた。ネビルは、フセイン大統領の警護官だった。逮捕されて、いずれそれが分かる。ネビルは拷問と虐殺を予感して震えているのだ。そのネビルと行動を共にしているわたしたちも、同じ運命をたどるのだろう。

背中を冷たいものが走るという使い古された表現がどれほど正しい表現か、思い知った。ほんとうに冷や汗が背中に噴き出している。

と、イラク兵の肩越しに遠く、違うヘルメットが見えた。米軍だ。半壊しているサッダーム・タワーの一角から、米軍の迷彩ヘルメットと機関銃が見えている。

わたしは、ほとんど反射的に、半生でもっとも大きな声を出していた。

幸いにわたしの英語は、いわゆる米語だ。アメリカ人は、米語を喋（しゃべ）る人間には強い親近感を示す。アメリカには仕事で通うだけで、住んだことも留学したこともないが、なぜか耳がさまざまな言葉に馴染（なじ）みやすく、そのためか発音は自然にネイティブに似る。米語だけではなく、スペイン語や中国語や、それからたとえば東北の言葉なども音だけは、そこで生まれた人のように発することができる。

わたしは米語で「君たちは今すぐここへ来い。このイラク兵からわたしたちを解放せよ。それが君たちの義務だ」と全身を振り絞って叫んだ。

何も反応がない。もう一度、まったく同じように叫んだ。ヘルプとは絶対に叫びたくない。反応がない。また「君たちは、今すぐここへ来い。義務を果たせ」と叫んだ。

わたしには、きっと反応があるという確信があった。だがイラク兵は、よけいに目を吊り上げて、今にも発砲しそうだ。

そのときアメリカ軍が姿を現した。四人の歩兵が近づいてくる。しかしM16自動小銃の照準をわたしたちに合わせて、攻撃態勢だ。イラクでは実はアメリカ軍がいちばん怖い。毎日のように戦友を殺されて、怪しい者は未確認でも何でもとにかく殺害する傾向が強い。

近づいてくるアメリカ兵に眼を凝らしていると、階級章から軍曹と分かる若者に、冷静さがあるような気がした。そこで彼に集中的に話しかける。「わたしは日本国民だ。この二人はガイドと通訳のイラク人だ。誰もテロリストじゃない。君の権限で、この間違った逮捕を解いてくれ」

軍曹は、部下の兵三人に手で合図して散開させ、新生イラク軍の人の壁を割って、わたしに近づいた。

　そして「何をしに、ここへ?」と静謐（せいひつ）な口調で聞いた。「わたしは日本で安全保障の仕事をしている。イラクの現実を確かめに来た」。軍曹は、「安全保障（Security Issues）?」と聞き返した。

「そう、だから今も安全が欲しいよ」と応えると、軍曹は、ふっと表情をゆるめ、それから短くハハハと笑った。ほんとうにアメリカ人は、いつでもどこでもユーモアが好きだ。わたしは思った。『ユーモアはやっぱり、多民族のなかで生きる知恵なんだ』。こんな時に、こんなことを思う自分がおかしくて、わたしもつい笑った。

　すると軍曹は三人の部下の銃を下ろさせ、自らはわたしに手を差し出した。強く握り返す。新生イラク軍は諦めたような無表情になり、後ろへ下がった。助かった。死なない。死なないついでに「軍曹、タワーの中、アメリカ軍の陣地を見せてくれないか」と頼んだ。軍曹はあっさり、うなづいた。

　軍曹は二七歳、ヘルメットの下の眼が薄い灰色に澄んでいる。タワーの敷地入り口を固める歩兵に合図をして、鉄条網の絡まるゲートを開けさせながら、「このタワーはね、テロリストが狙う重点目標という諜報情報があるんだ。独裁の象徴だった場所を彼らに奪われるわけにいかないだろ?」と言う。

タワー内の兵はみな、ケンタッキー出身で「二月には交代して国に帰れると聞いてるんだ」と、かすかに笑う。彼は、わたしの職業をもう一度、確認するように聞き、やがて重大なことを話し出した。「実はね、ぼくらは戦争をやる訓練こそ重ねてきたけど、対テロ戦の訓練はほとんど受けてないんだ」

そして兵をすべて二名づつに分けてタワーの要所要所に配置していると説明し、「どう思う?」と聞いてきた。見ると、確かに二人づつ機銃の銃座についている。わたしは驚いた。二名づつに分散したのでは、テロリストに各個撃破され全滅しかねない。「最低でも六名づつのユニットで配置しないと危ない」と答えると、表情を曇らせ、「やっぱりそうだよね。でも兵が足りないんだ」と下を向いた。

わたしは彼、そして下士官の彼よりもさらに若い兵卒たちと別れ際、「テイク・ケア(気をつけて)」と声をかけながら、彼らが生きて、四肢も失わずケンタッキーに帰れることを祈らずにはいられなかった。

軍曹は別れ際に、名前を書いてくれた。

『JESUS』。わたしは最初、ジョークかと思った。ジーザス、イエス・キリストの名だ。帰国してテレビ番組でこの話をしたあと、視聴者からの電子メールで、鈍いわたしもようやく気づいた。ヘスースと読む。スペイン系アメリカ人に多い名だ。わたしは、あらためて軍曹の眼を思い出した。

ここにイラクのアメリカ軍を占うカギがある。米軍は、ラムズフェルド国防長官らの言葉とは裏腹に、イラクで真の軍事的成功を収めることはできないだろう。

ラムズフェルド構想に基づく、少人数ハイテク主義の米軍では、テロリストに完全には打ち克つことができない。

サッダーム・タワーの例はあくまで一例だが、わたしは主戦場のバグダッド市内、その西に広がる最危険地帯ファッルージャ、ラマーディ周辺、あるいはバグダッドから車で一時間ほど南下したカルバッラー、ヒッラ、バビロンの周辺、さらに南下して自衛隊の派遣地サマーワなどを見た結論として、そう考えている。

全体に「点」に籠城しているだけの状況で、ハイウェイなどに米軍車列を激しく走らせて「線」を何とか確保しようとしているが、それも達成できていない。それどころか、「線」にこだわるために、繰り返し車列を攻撃され、多くのアメリカ兵が死んでいる。「面」を押さえるなど、夢物語に近い。兵がまず、それを実感している。

したがって、軍事的にテロリストを壊滅させる、それが無理でも押さえ込みに成功して二〇〇四年六月に傀儡イラク人政権を樹立し、米英の占領軍を「永久駐留軍」に切り替えることを始めたいブッシュ政権の構想は、必要な軍事的条件を欠いている。

　チェイニー副大統領や国防長官は、その傀儡政権の首脳陣はあくまで亡命イラク人を中心にしたいと考えている。亡命イラク人には、副大統領や国防長官の関連企業も含めてアメリカの息が充分にかかっているからだ。

　しかし、この亡命イラク人たちは、祖国にとどまって苦しみ抜いてきたイラク人たちに憎悪されている。米軍が軍事的勝利を未完成のまま彼ら主体の政権に委譲すれば、喜ぶのはサッダーム・フセインの残党、そしてアルカーイダをはじめ国際テロ組織だろう。

（以下は、この書を新書版「壊れた地球儀の直し方――ぼくらの出番」として再生させる作業中に書く。イラク戦争でわたしが直面したことのすべてはここで記してはいない。限られたことだけ記している。アメリカ軍兵士との出逢い（であ）いについても、たとえばさらに若い士官との邂逅（かいこう）もあった。共に戦場を行った。士官は死した。実際は出逢った人のほとんどは、その後に死した。誰にも、いかなる形でも、あれは書くなと言われてはいない。しかし、まだ書けない。それは死者への哀悼であり、そしてまだ生きている関係者へのわたしなりの気遣いだ。わたしの命がたまたま続けば、いつか別の形で書くことはあるだろう。

二〇一六年五月三日、記す）

●宗教指導者と知事に直談判

わたしは共に逮捕、拷問から免れたネビル、アドナンとバグダッドから南下し、カルバッラー、バビロンを抜けて、サマーワに入った。

あのとき解放されて気づいたのは、ふたりの股間から湯気が出ていたことだ。にんげんは、ほんとうに恐ろしいとこうなる。それはかつて共同通信の若い記者時代に、暴力団取材をしていて見たことがあるから、なんだか懐かしかった。わたし自身は、そうならないが別段、度胸があるとかそんなことではない。たぶん膀胱(ぼうこう)にたまたま水分が少なかった。ただ、実は怖くはなかった。冷や汗が流れて覚悟しただけである。これは閑話休題(かんわきゅうだい)。

自衛隊は「南部が比較的に安定」という政府調査団報告によってサマーワに送られたのだが、このサマーワの指導層と市民にも、亡命イラク人への敵意がある。

そこで、イスラーム教シーア派の宗教指導者、アリ・マハディ・シマーウィ師、さらに反フセイン政党「イラク・イスラーム革命最高評議会（ＳＣＩＲＩ）」からムサンナ州

サマーワの宗教指導者シマーウィ師と、彼の書斎で。師は身長190センチメートル近くほどの長身で実は英語も話す

（州都サマーワ）の知事に就任したムハンマド・アリ・ハッサン氏にそれぞれ単独で会い、時間をかけて議論した。

師は、その名「シマーウィ」にサマーワの地名が含まれている。代々、サマーワの宗教指導者である家系だ。

先代の師、すなわち父はフセイン大統領によって右目に釘を打ち込まれたうえ銃殺されたという。

師は「あのフセインと戦わなかった亡命者たちをわたしは信用しない。米英の占領継続も駐留も許さないから、亡命者らが米英に取り立てられて権力の座に就くなら、なお許さない」とあくまで静かな口調で、しかし凄まじい気迫を込めてわたしに語った。

そして知事も「米英の占領継続は認めない。その追随者も認めない」と明言した（この知事はその後、かなりの期間、権力を握り続けて暗殺された）。

自衛隊の派遣について、防衛庁高級幹部（文民）は「いったん陸上部隊を出したら、もはや撤収させるのは難しい」とわたしに言った。

誇張とは思えない。たとえばゴラン高原への自衛隊派遣は、国民がほとんど知らないいま二〇〇四年時点で八年が過ぎている。わたしはサマーワでの調査のあと、ナジャフやヒッラ、バビロンなどを回り、ポーランド軍に狙撃されそうになったり、チグリス河の橋の上で米軍、新生イラク軍の双方から攻撃予告を受けたり、何度か死に神の顔を拝みながら、かろうじて生きてバグダッドへ戻った。

そして、ネビルとアドナンに別れを告げ、サラではない新しい運転手を雇い、バグダッド街道を今度は西へ走ってイラクからヨルダンへ戻ろうとした。

最後の、そして最大の危機がそこに待っていた。

ヨルダン王国は、国家なきイラクからの入国をなかなか認めようとしない。そのうち、運転手はトイレに行くと言ったまま戻らず、代わりにテロリストかアリババらしい群れ、六人ほどが車を取り囲んでいることに気づいた。

わたしは、あえて車を降りた。その方が、彼らに車に乗り込まれて車ごと拉致される恐れが少ない。

日が落ちたばかりの砂漠に、冷たい雨が降っている。わたしたちは、それから実に四時間を超えて夜半まで、黙って睨みあった。気迫で押された方が負ける。誰も、警備兵すらも助けてはくれない。しかしテロリストも、人混みの中でいきなり襲うわけにはいかない。双方がみな雨に濡れ、全身が凍り、そして不意に運転手が車に戻った。敵は諦めたのだ。運転手が、しれっとした顔で車のエンジンをかけると、六人はあっという間に姿を消した。

●地獄のイラクから雪景色のアメリカへ

わたしはイラクから生きて脱出したあと、真っすぐにアメリカのワシントンＤＣに入った。

戦争を起こしたアメリカの頭脳であるワシントンは雪化粧していた。大雪のために交通被害なども出ているのだが、わたしが国防関係者と会った郊外はふだんに増して美しく、思わず「子供の頃に見たクリスマスカードみたいだ」と言うと、彼は笑い、「ほっとするかい？」と聞いた。

わたしは、ただの民間人だし、正直ほっとしたかった。しかし彼との議論はこのあと、長い付き合いでも初めてといえるほど険悪になった。

彼が「自衛隊をさっさと派遣しろ」と言ったのではない。「来るな。出すな」と言ったのだ。「自衛隊はこのままではきっと、イタリア軍を上回る犠牲を出す」と言い切る彼に、わたしは衝撃を受けた。ふだん慎重な人だ。こんな強い断定調で、しかもイライラと話す彼を見たことがない。

「三つ、問題があるよ。一つ、自衛隊がそんな状況になれば米軍が救出に向かわざるを得ず、われわれの兵が新たな危険に直面する。二つ、テロリストに大きな勝利を与えてしまう。三つ、これが青山さんをはじめ日本人には最大の問題だ。北朝鮮に、自衛隊はテロ攻撃や実戦にこんなに弱いぞというメッセージを送ってしまう」

わたしが「あなたはなぜ、それを国防総省の首脳に言わない。アメリカは自衛隊を出せと言っているじゃないか」と詰め寄ると、彼は「自衛隊が準備不足なのは、アメリカの責任か？　青山も含めて、君たちの責任だろうが」と鋭く怒気を含んで答えた。

この翌々日、ブッシュ政権が9・11テロのあとに創設した国土安全保障省（DHS）を訪ねた。その高官は、さらりと気負いもなく「イラク戦争は誤りだ」と言った。

そして「国防総省の戦略ミスだね。テロをなくすとイラクに攻め入って、よけいにテロを増やしてる。米国内でテロに対処する、われわれの仕事も増えてしまった」と言う。

わたしは「あなたの言った率直な言葉は、日米の『官』同士では、まず出ないだろう。だからDHS高官の言葉として日本政府に伝えていいか。あなたの名前は出さない」と聞いた。彼はすこし迷って、部下とも相談していたが「それは、ほんとうは必要なことだ。OK」と答えてくれた。わたしは帰国後、日本政府のいくつかの機関にこれを伝えた。


それから一か月ほどあとに、わたしはワシントンDCからニューヨークに向かうアムトラック（高速列車）のなかにいた。

二〇〇四年の正月に、再び日本を発ち、まずイギリスで政府のテロ対策専門官に会い、フランスに渡ってフランス革命の時代からテロと向かいあっている国家憲兵隊の本部を訪ね、そして、もう一度アメリカの土を踏んだ。

列車は先ほどから駅のないところで突然に停まって、動かない。

9・11テロからアフガン戦争、イラク戦争とテロリストとの戦いが泥沼に入り、多くのアメリカ人ビジネスマンと同じように、わたしも飛行機から列車に切り替えた。

再会した国防関係者は「9・11はアメリカの何もかもを変えたんだ。政治や軍事だけじゃない、経済や心も変えた。われわれは元へは戻れない」と今度は淡々と話した。

日本国民は「変容したアメリカ」とわたしたちは同盟を組んでいるのだと覚悟を決めて、国民と国が国際社会でどう生きるべきか、わたしたち自身を信じることこそを手がかりに、模索していくしかない。わたしは、アメリカらしく説明もなく木立のなかで長時間停止している列車に座って、そう考えていた。

冬枯れのアメリカ大陸の木立をみながら、日本の春の繊細な美しさをふと、思った。

この新年早々の再出張の主な目的は、日本に対テロ防護策を確立するために、諸国の政府機関や軍・治安当局と意見を交わすことにある。

列車の窓の外は、林のなかに教会や家々が雪を冠(かぶ)って穏やかに点在し、ここもクリスマス・カードのようだ。地獄のバクダッドとはかけ離れた、美しい光景である。だが、ここにも地獄が隠れている。アメリカで合流した独研の戸田淳子・主任研究員（当時）によると、イラクで戦闘ヘリを撃墜され戦死したアメリカ兵の家族がテレビでインタビューに答えていたという。それは極めて珍しい。

イラクで来る日も来る日も米兵が殺されながら、その遺体が母国に帰ってくる光景も、遺族の話も、ほとんどテレビで見ることができない。報道されない。

イラクの米兵の死は、戦死も自殺も増え続けている。いずれも二〇歳代前半が主体の若い悲惨な死である。それらを抽象的な数字では報道しても、具体的な痛苦をアメリカ国民に伝えることはない。

その珍しいインタビューに答えていた家族は、死んだ兵士の弟も妹も兵士という軍人一家だ。「われわれは国を愛するのだから犠牲も受け入れる」と胸を張って話していたという。その言葉をとやかく言うのではない。問題は、「家族を失って悲しい」という、ごく普通のインタビューが全くと言っていいほど報道されないことだ。報道の自由があるかに見せて、重大な報道規制が行われている。それはメディアの自主規制だが、その自主規制を呼び起こす米政府の実質的な統制が、たしかに存在する。

自由の国アメリカで、恐ろしい事態が進展していると言うほかない。戦前の日本の戦争報道と、深い部分で共通している。いちばん戦争を称揚した朝日新聞をはじめ自主規制していたのだ。報道の自由がないアメリカは、もはやアメリカではない。

わたしはイラクの戦場を歩いたとき、バグダッドで米軍の戦車がパレスティナ・ホテルを砲撃し、ベランダでムービー・カメラを構えていたロイターTV（英）のクルーを殺した現場に立ってみた。

米軍は「カメラがバズーカ砲にみえた。メディアは危険を承知でイラクにいるのだから、やむを得ない」としている。戦車のいた橋の上から、ホテルを見ると、米軍戦車のスコープの能力からして、とても見誤る距離ではない。

「奴ら（米兵）は確信犯だ」というロイター関係者の言葉が胸に迫ってくる。アメリカ軍は、中東カタールのテレビ局、アル・ジャジーラのバグダッド支局にはミサイルを撃ち込んで、意に沿わない記者を殺してしまった。

そのアメリカ軍はもちろん大問題だ。

そのうえで、もっと深刻なのは軍部の姿勢に怯（おび）えて自主規制しながら、あたかも自由に報道しているかのように見せかけているマスメディア、その記者の魂の荒廃なのだ。

これを無かったことにしたいから、敗戦後の朝日新聞は「戦前の日本は何もかも悪かった」とすべてを国家権力のせいにしている。自分たちを守るために、祖国を貶（おとし）める。

アメリカでの顕れ方は、これとは違うだろう。イラク戦争をはじめ「テロとの戦い」というやつの嘘がいずれ暴かれるとき、国を貶めるのではなく、ブッシュ政権の政治家や、国防総省や国務省の官僚らを悪者にして、新聞、テレビ、そしてハリウッドの映画界が「メディアは正しかった。残念ながら騙されただけだ」という演出をするだろう。

たとえば、そういう映画を日本の商業的批評家の大半は「鋭く矛盾を突いた映画」と評する。それが日本国民の眼を曇らせる。

（その後実際に、たとえば「グリーンゾーン」といった映画が現れた。グリーンゾーンとは、バクダッドに米軍が設（しつら）えた安全地域で、米軍やイラクの特権階級が守られている。マット・デイモン演じる良心派の米兵が、大量破壊兵器を探す任務に就くうち政府の嘘に気づいていくというストーリーになっている。二〇一六年五月三日、記す）

第二部

七の章　アメリカの新世界戦略の根源

●間接支配をやめて直接支配へ

アメリカはなぜ、二〇〇三年三月に北朝鮮ではなくイラクの攻撃に踏み切ったのか。

イラクが先であって、北朝鮮が後であることは偶然ではない。世界の潮の大きな流れと、アメリカのまったく新しい戦略、ほんとうの狙いと深く結びついている。

イラクが先に叩かれたのは、核兵器、生物兵器、化学兵器を大量に保有していたからか？

いや、逆だ。

ＣＩＡ（アメリカ中央情報局）はその前年二〇〇二年八月にすでに、イラクが核兵器開発を実質的に諦めていることを確認していた。わたしはアメリカの当局者から、イラク戦争前にそれを聞いている。

ＣＩＡがその二〇〇二年のうちに「北朝鮮はすでに、弾道ミサイルにも搭載できるプルトニウム型の核爆弾を二個ほど保有している」と判断したのとは、その判断の当否は別として、まさしく対照的である。

核ではなく、生物・化学兵器はどうか。

イラクの生物・化学兵器は、戦争が終わってアメリカ軍が捜索してもなかなか見つからず、最終的に見つかるかどうかが決着する前に、ブッシュ大統領自らが「大量破壊兵器が戦争の主な理由ではなかった」と世界に告げてしまった。

イラクに核兵器、生物・化学兵器を開発していた時期があるのは疑いなく事実である。たとえば化学兵器は、サッダーム・フセイン大統領が自国のクルド人の乱を抑えようと実際に使い、子供、老人、妊婦まで毒ガスに内臓を焼かれ虐殺された。

だが核兵器は、イスラエル空軍に一九八一年、オシラク原子炉を爆撃されて破壊され、さらに一九九一年の湾岸戦争でアメリカ空軍に原子力関連施設を徹底的に破壊され、開発を断念した。アメリカが誰よりもその事実を正確に知っている。

生物・化学兵器は、イスラエルの諜報（ちょうほう）機関で中東域内を専門とする「シャバク」によれば「イラク戦争の前に、シリアに移して隠した」という。いずれにせよ短期間に隠すか、破棄できるほどの量に過ぎない。

（これもその後実際に、シリアの内戦で独裁者アサド大統領が自国の民に化学兵器、すな

わち毒ガスを使って虐殺をおこなった。西暦二〇一六年五月三日、記す）

核であれ、ウイルス・細菌（生物）兵器であれ、毒ガス（化学）兵器であれ、イラクが大量殺戮兵器について世界最大級の保有国ではないことは、実はイラク戦争前からあまりにも明らかだった。

同じ中東で「反米」の立場を取ってきた国だけを見ても、核開発を諦めず執拗に取り組んでいるのがイラクではなくイランであること、シリアが化学兵器を熱心に開発していることのいずれも、ＣＩＡは早くから摑んでいる。

そしてアジアに目を移せば、北朝鮮が核開発に強烈な執念を持っていることは誰もが知っている。

生物・化学兵器をめぐっては、たとえば殺人能力が悪夢のように高いＶＸガスの「世界最大の保有国」は北朝鮮だと、国連の専門機関がすでに判断を下している。

ではブッシュ大統領が繰り返し発言しているように「独裁を倒し自由な民主国家をつくり民衆を救うため」に、北朝鮮を後回しにイラクへまず攻め入ったのか。

フセイン政権は確かに非道な独裁政権ではあったが、国民を飢えさせはしなかった。バグダッドは経済制裁の中にあってなお、中東でもっとも交易が盛んな、活きた都市であった。

　これに対し、イラクと奇しくも人口がほぼ同じ二三〇〇万人ほどだった北朝鮮は、同じ独裁でも三五〇万人規模という空前の餓死者（韓国へ亡命した大物、黄長燁・元労働党書記の証言）をすでに出している。

　わたしは二〇〇三年二月下旬、イラク戦争開戦のちょうど一か月前にワシントンDCに入り、アメリカ政府の高官に「大量破壊兵器の保有も、独裁による民衆の苦悩もイラクより北朝鮮がはるかに深刻だ。それなのになぜ、イラクへの攻撃を急ぐのか。あまりにもダブルスタンダードではないか」と尋ねた。

　ヨーロッパを回って、イラク戦争が引き起こすであろうテロ拡散への備えを、各国政府と話し合ったあとだった。それもわたしの仕事である。

　この高官は、ためらったあとに、ずばりと答えた。「北朝鮮に石油なく、イラクに良質の石油あり、だよ。それに、北朝鮮には中国やロシアの味方があり、イラクにはない」

　わたしは帰国し、イラク戦争の始まる八日前を発刊日として、拙いながら「世界政府アメリカの『嘘』と『正義』」という書物を世に問い、そのなかにこのやり取りを収めた。本人との約束通りに、高官の名前は伏せて。

ところがブッシュ大統領が「イラクの主要な戦闘は終わった」と宣言してから一か月あまりの二〇〇三年六月上旬、ブッシュ政権内部の最強硬派であるウォルフォウィッツ国防副長官（当時）がシンガポールで記者団に「イラクと北朝鮮への対応がなぜ違うのか」と聞かれ、「それは明らかだ。北朝鮮には石油がない。イラクには石油があるから戦争をしたんだ。大量破壊兵器があるからと説明してきたのは、官僚的な名分が戦争実行に必要だったからだ」と、ぶちまけてしまった。

本人に「ぶちまけた」という意識はなく、もう圧勝した後なんだからという、当時の油断であった。のちに「発言の真意が違って報道された」と釈明したが、その釈明でも「イラクは石油の中に浮かぶような国で、北朝鮮には現に資源がないじゃないか」と強調し、釈明になっているとは言い難い（ただし、拙著に登場するアメリカ政府高官が、このウォルフォウィッツ国防副長官だということではない）。

新聞やテレビが遠慮がちに報じるよりもっと露骨に、アメリカは政府中枢にいる高官が「石油がほんとうの狙いだよ」と告げているわけだが、ここで日本人にとって大切なことが一つある。

それは「ああ、やっぱりオイルなんだ。なぁんだ、そうか」と分かったような気になっては、世界でなにが進行しているか、日本のこれからの運命がどうなるかを見誤ることだ。

アメリカはこれまでも大量の石油を必要としてきた。もちろん、世界のどの国でもそうだったが、アメリカは、食事のたびにポテトフライを大量に食べ過ぎるだけではなく、同じくらい大量のポテトフライを皿からゴミ箱へただ捨てている国だ。中国と並んで、とくに石油を必要とする困った体質の国だと言える。

イラクの石油が欲しいからといって攻め込むならば、なぜ過去にはそうしなかったのか。

一九九一年にはアメリカは湾岸戦争で勝ちながら、バグダッドまでは攻め込まず、サッダーム・フセイン政権の存続を許し、その政権がアメリカをイラクの油田開発から完全に閉め出した。

それを一二年間、アメリカが容認してきたのである。「やっぱりオイルか、なんだ、そうか」と思うだけでは、この謎が解けない。

サウジの問題もカギになる。世界最大の産油国であるサウジアラビアが、テロリストに大量の裏資金を流していることを熟知しながら、アメリカは放置してきた。

サウジは、イスラーム教の聖地メッカ（正しくはマッカ）とメディナ（マディーナ）を抱える国でありながら、異教徒アメリカ軍の駐留を許している。イラク、イランの軍事力や国内の反乱軍の攻撃から専制王家の特権を守るためだ。アメリカ軍の駐留によってサウジは、イスラーム原理主義テロリストの憎悪を受けることになり、テロリストにオイル・マネーを渡して許してもらっている。

「こんな黒い円環を許すぐらいならサウジを攻撃して、すべてを正した方がよいぐらいだ」とブッシュ政権内の最強硬派は、イラク戦争のあと、わたしに語った。

サウジへの攻撃は聖地への攻撃となるから、さすがのアメリカもそれを実行することはないだろう。しかし、これまで不透明な間接支配によって中東に関与してきたことの根元的な見直しが、この最強硬派の述懐には表れている。

なぜ間接支配だったのか。

冷戦時代は、アフガンにもイラクにもソ連が軍事力を北から降ろしてきていた。そこへアメリカが直接入ろうとすれば、米ソの軍事衝突は避けられない。米ソ双方が長距離弾道核ミサイルで恐怖の均衡をつくって生きていたから、それを破るような冒険はできなかった。

冷戦が終わり、南下してくる軍事力が消えた。そのことの本当の意味に、アメリカも、しばらくは気づかなかった。

だから湾岸戦争でも、先代ブッシュ大統領はバグダッド占領を避けた。直接支配の発想がまだなかったから、フセイン政権を倒してしまえば力の空白が生じて、隣国のイランが入ってきてしまうと恐れたのである。その空白をアメリカ自らが埋めようとは、まだ考えなかった。結果は、フセイン反米政権の力の回復であった。

その次のクリントン政権は、中東政策が迷走し、それがイスラエルにシャロン政権という極端な強硬派政権を誕生させ、中東情勢の悪化を招いてアメリカを悩ませた。

これらの反省を踏まえて登場した現ブッシュ政権はようやく気づいたのである。もうソ連軍が降りてこないのだから、アメリカ軍が世界で何をやっても大丈夫なのだ、「世界の火薬庫」と呼ばれた中東でも同じなのだと。

アフガンとイラクを直接、占領し、イランを挟み打ちにして身動きが取れないようにする。イランの西隣がイラク、東隣がアフガンだ。そして中東の真ん中であるイラクに実質的な『アメリカ軍中東総司令部』を置くことによって、イスラエルにも、これまでにない強い影響力を直接、及ぼす。それをテコにパレスティナ問題を直接アメリカが動かし、『パックス・アメリカーナの中東』、アメリカに支配された中東の平和を築いてゆく。

それがブッシュ大統領の発表した「ロードマップ」（中東問題解決への道筋）である。中東の平和を望むと言うより中東の直接支配を望むのが、ロードマップ構想の本質だ。

この「道筋」を通じて、石油もアメリカが直接、握る。

ＯＰＥＣ（石油輸出国機構）を通じてアラブが世界の石油価格を決めてきたシステムを、決定的に破壊する。

そのためにはイラクの石油が何よりも肝要だ。なぜならサウジよりもさらに良質で採掘のコストが安いと言われ、ひょっとしたらサウジよりも埋蔵量が多いかも知れないからだ。

このイラクの石油をアメリカが一手に握れば、サウジをはじめ他の産油国がどうであれ、実質的にアメリカが石油価格を決められる。

世界の油田は掘り尽くされつつある。たとえばシリアの油田は実はもう枯渇したという説もある。イラクだけはこれからなのだ。独裁者サッダーム・フセインがろくに採掘できずにいたからだし、独裁者がアメリカのメジャー石油資本というもっとも貪欲な採掘者を受け入れなかったからである。

なんという世界のカラクリだろうか。

これではアメリカ人が「地球はわれわれのために回っている」と思い込んでも、無理はない。

実際、アメリカは、自分たちが嫌った独裁者のおかげで温存された最高品質のオイルを、自分たちが独占できることに昂奮している。戦争が終わってもイラク国民の生活が良くならず治安が悪化していくことをめぐって、わたしは二〇〇三年末の時点ですでに、アメリカの高官に「なぜアメリカの力を活かせないのか」と聞いた。

答えは例によって、率直であった。「文民はイラクの油田を独占するのにまず夢中だし、イラクに展開する一五万（当時）の兵士も、それを守るのにまず、忙しい」

この文民とは、アメリカ国際開発局（ＵＳＡＩＤ）を指している。このれっきとした政府機関は、イラク戦争が終わる前から、アメリカの石油企業だけにイラクの油田開発を発注し始めた。

しかし、この昂奮も、単純に「油がそこにあるから掘りに行く」のではない。イラクの油田を独占するのは、あくまでも、世界を直接支配するというアメリカの新しい戦略を遂行するためである。昂奮の裏に、怜悧な戦略が常にセットになっている。

それは、たとえば日本海軍の真珠湾攻撃を受けた直後のアメリカ政府と、そっくりだ。ルーズベルト大統領は、沸き立つように昂奮して報復を叫ぶ国民と表情を合わせて日本打倒を誓い、その裏の顔でチャーチル英国首相に向かいあい、日本の奇襲を利用して世界大戦へアメリカを丸ごと叩き入れることを約束し、戦勝後の世界ではアメリカが覇権を握ることを実質的にイギリスにはやばやと呑ませたのである。

アメリカの高官はイラク開戦まえ、「OPECに任せていると、原油価格は一バレル三〇ドルを日常的に超えている。それを戦争後は、われわれが一バレル二〇ドル台にかつてなく安定させられる。ほら、日本にとっても利益は大きいだろう。ただし、それ以上は下げないよ。ブッシュ大統領の基盤は、テキサスの中小油田の採掘業者だからね。あまり下げすぎると、彼らが食えなくなる」と満面の笑みで、わたしに語った。

そして確かに原油価格は、イラク戦争の「主要な戦闘」が終わってからしばらくは、一バレル二〇ドル台で、ぴたり安定した。マーケットがＯＰＥＣ体制の終焉を感じ取り、いわば先取りで新価格体系に移行しようとした時期だ。

ところが原油価格はやがて高騰に転じ、二〇〇四年五月七日にはついに、一三年七か月ぶりに一バレル四〇ドル台を記録した（註：ニューヨーク商業取引所の原油市場における、指標となる米国産ＷＴＩ〔West Texas Intermediate〕原油の先物価格）。

イラクのオイルは、北部からトルコへ繋がるパイプラインと、南部のペルシャ湾への積み出し港の二ルートだ。

パイプラインはテロで何度も破壊され、機能不全に近い。港も、アルカーイダの自爆テロで襲われている。ＯＰＥＣは、これを見透かすように二〇〇四年四月から、はっきり減産に転じた。さらにバブル成長に湧いた中国が原油をどんどん買い増し、他の産油国でもサウジでテロが続発するなどの異常事態が起き、こうした要因も取り込んでマーケットはガラリと姿勢を変えた。

原油価格にリスクに応じた「プレミアム（割り増し）」を乗っけている。

原油価格は高騰すると、逆に暴落の可能性も孕む。アメリカの意図が潰されたとは、まだまだ言えない。米政府の当局者もわたしに「長期戦になっただけで、まだ負けじゃない」と強調しているが、国際エネルギー機関（ＩＥＡ）の事務局長は「石油危機の再来だってある」と警告している。

前述したようにＵＳＡＩＤは、戦争が終わるまえからアメリカの石油資本にイラクの石油開発を次々と受注させたが、戦後は当然ながらピッチをあげた。なかでも、チェイニー副大統領と密接なハリバートン社とそのグループが明白に優先されている。「露骨」などという段階を通りこして、あまりにストレートで二の句が継げない。

戦争まえ、フセイン大統領は外国資本としてはフランス、ロシア、中国の三か国だけに油田採掘を許した。アメリカは、イラク戦争のあと一年が過ぎても英国のＢＰ社だけを例外として、すべて米国企業で独占し、他国にも、イラク人自身にもクルド人にも採掘を許していない。

ＵＳＡＩＤと軍部が油田にかかりきりなら、イラクの統治を預かっているＣＰＡ（占領暫定行政当局）は何をしてきたのか。

かつて日本の占領統治を行い新憲法を与えたＧＨＱ（連合国軍総司令部）と違い、ＣＰＡは終戦後かなりのあいだ、憲法をつくる気配も見せなかった。わたしは呆（あき）れた。「イラク内部の勢力争いが片づいていないから」と、米当局者は当時、わたしに弁明した。

　わたしが「いや、それは言い訳だ。アメリカがもし最初から、イスラーム世界にはクルアーン（コーラン）があるから憲法は要らないとでも言っていれば別だが、憲法をつくると言っていたではないですか。アメリカの方針が、クルアーンの尊重に変わった気配はない。憲法をつくりイラク人自身による民主国民政府をつくることに貢献する気がないだけでしょう」と指摘すると、不機嫌に黙り込んだ。

　この当局者は地位が高くとも親しみやすく正直で、アメリカ人本来の良さを持っているひとだから、わたしは言葉を続けにくかった。それでも自分を励まして「もしも、イラク人のイラク人によるイラク人のための民主国民政府をつくってしまうと、オイルをアメリカが独占することに反対するだろうから、油田の独占が完了するまで、つくらせない策略なんでしょう」と言うと、当局者は声を荒げた。このひとが、こんな尖った声を出すのは初めて聞いた。

「石油価格をね、われわれが安定させることは、世界に寄与するよ。日本だってメリットは大きいじゃないか。そうだろ。アメリカの利益が世界の利益に直結するんだから、正しいんだよ」

ところが彼の眼は、暗く翳っていた。こんな眼も初めて見たし、両手を固く握ったりパッと離したり、それをしきりに繰り返す。こんな仕草も見たことがない。

それでも彼は、次第にいつもの落ち着きを取り戻した。わたしが甘いせいもある。わたしは、それ以上は聞かず追及せず、ただ黙って彼の顔を見ていたのだ。

彼とわたしは黙って見合っているだけだったが、彼の表情と仕草が静まっていくのを見ながら、わたしはアメリカの為政者たちの胸の底にある、断固たる決意をありありと感じた。

アメリカが世界を直接支配する。

わたしが情に弱い「甘ちゃん」であるだけではなく、その決意の確かさと重さが、彼自身を静まらせたのだろう。

アメリカ合州国が、世界の直接支配という新しい戦略に転じていることには、わたしたち日本人は必ず気がつかねばならない。北朝鮮、中国を含むアジアにも間違いなく波及するからだ。

そして、この世界直接支配の試みは、おそらくは壮絶な失敗に終わる。

その失敗の始まりが、イラクの泥沼だ。

イラクの民衆も、イスラーム原理主義テロリストも甘く見ていたアメリカは、油田にうつつを抜かし憲法づくりもさぼっているあいだに、イラクでの「戦後の戦況」をあっという間に悪化させてしまった。

原油価格の反転高騰は、とうとうアメリカ国内のガソリン価格まで吊り上げて、車とガソリンなしでは暮らせないアメリカ国民をびっくりさせている。

それではというのでＣＰＡが動き、アメリカに都合のよいイラク人だけを集めて、統治評議会なる傀儡（かいらい）の機関をつくり、暫定憲法（基本法）をつくらせた。

ところが、この基本法が致命的な誤りだった。

基本法には、こんな定めがあった。「イラク一八州のうち、北の三州で有権者のうち三分の二以上が反対したら、いかなる法律も憲法もイラクで成立しない」

わたしも、これを知って驚いた。イラクのクルド人は、この三州に棲んでいる。つまり、人口の一割五分ほどしかいない少数派のクルド人が反対したら、いかなる法律も、憲法も成立しないことになる。

人口の六割を大きく超える最大多数派のイスラーム教シーア派の人びとは当然、火を吹いて怒った。それがシーア派内のサドル師グループの武装蜂起のきっかけである。

若い（当時）サドル師は、いまでは反米強硬派の頭目のように言われているが、もともとは声の小さな（たとえではなく、ほんとうに声が小さな）、どちらかと言えば慎重なほうだった。

基本法が変えたのである。そしていったん烈しい反米を掲げれば、引き返すのは難しい。アメリカは困惑し、ブッシュ大統領が「悪の枢軸」と名指しするイラン（シーア派の根拠地）に仲介を頼みつつ、サドル師派の民兵を殺害するという支離滅裂なことになってしまった。

（二〇一六年五月、このサドル師を崇める群衆が、バクダッド市内に米軍がつくった安全地帯「グリーンゾーン」を占拠する事件が起きた。イラクの悲劇は全く終わっていない。西暦二〇一六年五月三日、記す）

なぜアメリカは統治評議会に、こんな愚かな基本法をつくらせたか。

それは占領の初期には、多数派のシーア派を利用して占領を遂行しようとしたからだ。利用するために甘い顔をしてそのためにシーア派が力をつけ民兵組織も膨んだ。アメリカはそれに困り、今度はクルド人を使ってシーア派の頭を押さえ込もうとしたのだ。

アメリカは間違いを繰り返している。もとはと言えば、フセイン大統領も、イランを抑えるためにアメリカが利用して援護したために、力をつけた。フセイン大統領のイラクは力をつけ過ぎたから南のクウェートに侵攻して、アメリカは湾岸戦争、そしてイラク戦争で除去するしかなくなった。直接支配に転じる一方で、間接支配狙いだった時代のクセをまだ引きずっている。

日本でふつうに見ていると、イラク情勢の転変は不可思議にみえる。

政府の高官もおなじだ。経済産業省の局長はわたしにこう尋ねた。

「青山さん、イラクって、わけが分かんないよね。フセイン大統領を支えたイスラーム教スンニ派、あるいは大統領派の残党がアメリカと戦ってると思ったら突如、シーア派まで反米に転じた。そのシーア派は、フセイン大統領に長年、無惨に弾圧されていて、アメリカにフセインを倒してもらって感謝していたはずなのに、なんでこうなるのか。スンニ派もシーア派も騒いで、そこに国際テロ組織が絡む。そのあおりで、邦人誘拐事件も起きた。イラク人はいったい、どうしたいんだ」

わたしは「イラク人がわけも分からないのではなくて、公平にみて、アメリカ合州国政府が愚かなんです」と答えた。

そして基本法のカラクリを話し、「第二次世界大戦後のアメリカはもともと、自分たちの根っこにある孤立主義と、それでいて世界を支配したい欲を両立させるために、常に他国あるいは他者を利用する方法を採ってきました。そのひとつが日本です。最強の敵、ソ連を抑えるために、日本を使ってきた。ソ連が崩壊してひとり勝ちになり、世界の間接支配じゃなく直接支配に乗り出したけれど、実際に手を動かすときには昔の癖が出てしまう。それが他者の利用ですね。困ったときほど出る。アメリカはいま、イラクでほとほと手を焼いているから、きのうはシーア派、きょうはクルド人と、くるくる利用相手を変え、ついには宿敵イランにまで、仲介を頼んでしまった」と続けた。

局長は「ははぁ。イランに頼むとはびっくりしてたけど、そういうことか」とお茶を飲む手を止めた。

「そうです。最悪の禁じ手に手を出してしまったということです。確かに、イラクのシーア派は、イランと繋がっている。イランに頼めば当面は効果がある。事実、サドル師はアメリカといかなる交渉にも応じると、態度を変えた面もある。だけど、ほんとうはイラクのシーア派がイランと繋がっていることをこそ、アメリカは長年、警戒してきたんです」

すこし根っこを解説しておきたい。

イスラーム教は、七世紀にメッカ（現サウジアラビアの都市）で始まった。それがペルシャ（現イラン）へ入って変容したのが、シーア派だ。だからイスラーム教全体としては少数派にすぎない。

そのイランは、イラク南部と平野で繋がっているから、イラクの南半分にシーア派が浸透し、たとえばイラク・シーア派の最高宗教指導者シスターニ師（サドル師の上位に立つ）は、アラブ人ではなくペルシャ人と言われている。

「ブッシュ大統領は、二〇〇二年一月の一般教書演説で、北朝鮮、イラク、イランを悪の枢軸と名指ししました。その後、イランを外したわけじゃない。それなのに自らイランに仲介をお願いした。迷走と言わずして何と言うか、ということですよ」

「ブッシュさんはどうして……」

「一つにはブッシュ政権内部の、分裂と対立の激化があります。現に、国防総省サイドの高官はわたしに、イラクのシーア派を抑えるためにはイランへの攻撃、すくなくとも限定攻撃は開始した方がいいという超強硬意見を吐いています」

この高官はこう言ったのだ。「対テロ戦争では、こうしてアメリカ軍の実力を発揮できないでいるけど、大規模戦争ならわれわれは強い。イラン攻撃なら正規戦だ。戦線拡大にアメリカ国内の批判も強まるだろうけど、はっきりした分かりやすい戦時になるから、大統領選でブッシュ大統領が再選される確実性はむしろ高まる。同時に一気に、かねて懸案のシリアも叩いた方がいい。シリアはしつっこく、アラブ義勇軍とやらのテロリストをイラクへ送り込んでる。イランもシリアも爆撃とミサイル攻撃を主体にするなら、さほどわれわれの戦力に問題は生じない。アメリカ軍が消耗するのは、たった一つ、地上戦だけだし、その地上戦のなかでも対テロ戦だけが問題なんだからさ」

おなじ軍サイドでも、いまは国務長官（外相・当時）の立場のパウエル元アメリカ軍統合参謀本部議長は、こうした戦線拡大に反対だ。

陸軍出身のパウエルさんの原点は、戦場で数え切れない無惨な死を目前に見てきたことにある。空軍や海軍の出身者と違う感覚を持っている。

パウエル国務長官の側近はわたしに「彼はね、本音としてはもうブッシュ政権に愛想を尽かしてる。辞めたいんだよ」と語ったこともある。だが、自分が辞めればブッシュ政権が強硬派に完全に傾いてしまうから、少くとも一期目の政権にはとどまるのだろう。

ブッシュ政権内部の「軍事力ばかりに依存するより、なんとか外交力も使ってイラクを鎮めたい」という勢力が、イランへの仲介依頼を大統領に実行させた。

しかし、これが奏功すればするほど、ブッシュ政権内部の強硬派、一般的にはネオコン

（新保守主義派）と呼ばれている人びとが対抗する動きに出るだろう。ブッシュ大統領としては、彼ら強硬派の動きにも神経を使わざるを得ない。柔軟派の意見を入れてイランに仲介を頼んだ以上、バランスをとらないと政権が崩壊してしまうからだ。

そのネオコンは、イスラエルと非常に深く、強く結びついているから、ブッシュ大統領はイスラエルにますます甘い顔をすることになった。

イスラエルのシャロン政権（当時）は、これまでの約束、すなわち「イスラエルの占領地を縮小してパレスティナの独立国をつくる」というオスロ合意を一方的に破って、ヨルダン川の西岸に広がる不法占領地（いわゆる入植地。パレスティナ人の土地だと国際的に認められた地にイスラエル人が不法に住みつきイスラエル軍がそれを守る）を永遠に確保するために、高い壁まで造りあげてしまった。

かつてナチの手でゲットーという不法な地域に壁で閉じこめられた民族がこれをする。なんという歴史の悲惨と皮肉なのか。

わたしはアウシュビッツやビルケナウの強制収容所跡を訪れ、ユダヤ人の運命を身近に感じ胸に刻み、あの絶望から甦（よみがえ）る努力に敬意を払っていたから、あのパレスティナの新しい壁にはより深い絶望を感じてしまう。

イスラエルは、ブッシュ大統領のアメリカが最大限、甘やかしてくれる隙にとばかり、パレスティナ人の指導者をあからさまに殺害する作戦を展開し、国連がどれほど非難しようとも、アメリカに馬鹿にされている国連など気にする必要はないと言わんばかりだ。

ブッシュ大統領は、壁の建設も、パレスティナ人指導者の殺害も、すべて支持している。そしてイスラエルの核開発もずっとアメリカは容認してきた。イスラエルは実に約二〇〇個の核爆弾を持つ。英国とほぼ同じだ。

クルド人を利用してシーア派を抑えようとする動きにも、実は、イスラエルの影がある。クルド人は、フセイン政権と対抗するためにイスラエルと水面下で結んできたからだ。国際社会に必ずある、『挟み打ちの地政学』である。

クルド人ルートで、イスラエルは諜報部「シャバク」の要員をイラクに潜り込ませ、その諜報活動がアメリカ軍にも影響を与えている。イスラエル軍がパレスティナで繰り返してきた虐殺作戦とそっくりの作戦を、アメリカ軍がファッルージャで展開したほんとうの深い背景がここにある。

なんと愚かなことか。

わたしはアメリカの国防当局者に「イスラエル軍が成功してるとでも思いますか。虐殺がテロを呼び、そのテロへの報復虐殺がテロを呼ぶ無限の悪循環は、イスラエル軍の作戦に最大原因がありますよ、公平に考えて。なぜ、そんな作戦に学ぶんですか」と思わず怒声をあげたことがあるが、いつもはフランクに話す彼が無表情をつくって無言だった。

このイスラエルにヨルダン川西岸を占拠させたまま、アメリカがパレスティナ問題を解決しようとすれば、パレスティナとヨルダンの国境を東にずらして、パレスティナ人に独立のための土地を与えるほかなくなっていく。

すなわち中東の国境線の引き直しだ。

すでにシリアやヨルダンの知識人のなかには、「イラク戦争の本当の背景の一つは、この国境線引き直しにある」と断じている人びとがいる。

中東の国境線は自然発生ではない。かつてアメリカより強大だった大英帝国が、支配のために勝手に引いたと言っていい。

英国政府の高官がパイプを手に、わたしに話した。「クウェートもね、われわれの先輩がたが、油を積み出す港としてイラクからちょっと切り取って造った人工国家だ。フセインがクウェートはイラクのものだと叫んで侵攻したのは、その意味では正しいよね」

イギリスはイラク戦争でも、アメリカと一体となって戦線に加わったとされているが、わたしが直接、イギリス政府の内部から聞いている話は違う。
別の地位の高い人物は「植民地経営の経験豊かな、わが大英帝国ですら中東の経営には無惨に失敗した。カウボーイにやれるはずはない。われわれはアメリカに最後まで、イラク戦争なんてやめとけと言ったんだよ。いや攻め込む、支配するんだと言い張るからイラク南部のバスラ支配だけ、ちょこっと協力してるんだ。それも本心はもう、やめたいよ」と微苦笑しながら話した。

そして二〇〇四年四月、ブッシュ政権は、せっかく統治評議会に作らせた暫定憲法（基本法）を捨ててしまうことを決めた。

裏切られたと思うのは、基本法で特権を与えられていたクルド人だけではない。この基本法を根拠に、暫定政権で主導権を握ろうと画策していた亡命イラク人は、追い詰められている。なかでもチェイニー副大統領に近い政商チャラビ氏は、フセイン大統領の圧政をむしろ利用してヨルダンやヨーロッパ諸国で利権を漁（あさ）ってきた人物だから、アメリカの秘密も握っている立場も利用して、これから水面下で勢力の回復を図るだろう。

だからアメリカは、表だけではなく裏舞台でも不安定要因を抱え込んだと言える。

アメリカのイラクでの失敗ないし敗北は、こうした政治的なものだけではない。

たとえばファッルージャの虐殺作戦も、街を包囲し爆弾やミサイルで女性や子供まで殺戮したが、結局はやはり『面』を制圧することができなかった。

そのために、あろうことかフセイン大統領の側近として有名だった元イラク共和国防衛隊・サレハ将軍を使って「ファッルージャ防衛隊」なるものを作らせ、米軍は実質的に撤退した。国防当局者は電子メールでわたしに「これは敗北だ」と述べた。

さらにその将軍に反発が激しいと知ると、また慌てて、ファッルージャ防衛隊のトップを亡命軍人に差し替えた。利用しようとしてその利用が裏目に出る間違いを、際限なく繰り返している。

それが中東におけるアメリカの現実だ。

アブグレイブ刑務所での拷問について、アメリカ兵の中から内部告発者が出たのも、この現実と深い関係がある。「負け戦に、いつまでも駆り出されるのはかなわない」という心理が生まれている。

わたしは日本の経産省の局長に最後、こう話した。

「アメリカが中東に手足を絡め取られているあいだは、北朝鮮は安全です。そのあいだは、北朝鮮に行動の自由がある。だから金正日総書記は、二〇〇四年四月に突然、三年ぶりに中国を訪問し、中国の新しいリーダー、胡錦濤国家主席（当時）と握手し、軍事委員会を握る江沢民前国家主席（当時）と抱擁しました。わが北朝鮮が崩壊すれば、親米勢力があなた方、中国の喉元まで直に上がってきますよ、それでもいいんですか、中東から手を引けばアメリカの狙いは次はアジアですよ、わが北朝鮮を守った方がお得ですよと、言いに行ったのです」

「ははぁ」

「ただし中国の返事は、まァ考えとく、ぐらいだったようです。中国内部の知友によれば、胡錦濤さんはほんとうは金正日総書記が嫌いなんです。テレビ画面で映る首脳会談の姿ですら、冷たい目で金正日さんを見ている気がしました」

北朝鮮は、資源がなくとも中国の喉元に位置するという地政学がある。アメリカにとって、ここを抑えて中国を圧するメリットは大きい。

その中国には一四億人に迫ろうかという世界最大規模のマーケットがある。インドネシアには天然ガスをはじめ、まだ開発途上の資源がある。そして日本には世界最高水準の技術力、品質管理が完璧無比の生産力がある。

そして、北朝鮮にアメリカ軍が何をしようとも、もはや中国軍は北から降りてこない。

一九五〇年の朝鮮戦争のとき中国が人民義勇軍を送り、実質的には米中戦争となった歴史の再現は二度とない。

わたしが北京を訪れて、人民解放軍に強い影響力を持つ元将軍と会ったとき、彼はこう明言した。

「北朝鮮に何かあれば、中国が人民解放軍をいわば自動的に派兵するという中朝防衛協定（正式には中朝友好協力相互援助条約）は、かつて確かにあった。しかし、われわれ人民解放軍は、既にその協定は延長されないまま無効となったと考えている。人民解放軍は二度と中朝国境を越えないだろう」

この元将軍は、中国にとって朝鮮戦争の英雄の一人である。長身瘦軀（そうく）の背筋を真っ直ぐに伸ばしてわたしを見つめ、確信に満ちた口調だった。人民解放軍といえども時代の変化とは無縁でいられない、冷戦はアメリカの勝利に終わった、北朝鮮の極端な体制を支えられる時代は永遠に去ったのだという視点が、はっきりと感じられた。

アジアが現在の姿では、もう居られなくなる原因の一つは、ここにある。アメリカが新しいアジアをつくろうとするなら、それを阻もうとする者が、もはや誰もいないのである。

そして原因のもう一つは、アメリカのそうした意思すらも超えた、巨大な潮流にある。
それを次の章で考えよう。

八の章　アジアで民族問題が爆発する

●墓場と化したサラエボのサッカー場

日本人が子供の頃から眺めている世界地図、できれば地球儀をすこし眼を遠ざけて見直してみる。

すると、世界にもし真ん中があるとするならば、それは中東ではないかと考えるかもしれない。事実、イラクという人工国家の置かれたメソポタミアは、人間の歴史でもっとも古い七〇〇〇年の文化を湛えた土地である。

イラクは独裁者サッダーム・フセインがアメリカに倒された現在、三つに実質的に分解している。

アラビアン・ナイト（千夜一夜物語）の舞台となった首都バグダッドを擁する中央の地域、ここにはイスラーム教の多数派であるスンニ派の人びとが多く住んでいる。

古都バスラを核にした南部の地域には、イスラーム教の少数派、かつては新興宗派だったシーア派の人びとが暮らしている。サッダーム・フセインの軍隊が去ったあと、シーア派をもともと創り出したペルシャ人の国イランから、怒濤のように工作員や宗教活動家が流入している。その多さと激しさは、アメリカの想定をはるかに超えている。

そして北部には、地球上でもっとも人口の多い「国を持たざる民族」であるクルド人が生活している。フセイン政権のクルド圧迫政策によって他民族も流入しているが、主人公はやはりクルド人だ。

この三つに分解している現実は、実は異常事態ではない。実はむしろこうやって分かれている方が自然なのだ。

もともと一つではないものを、無理に独裁政権が一つにまとめ、一つにまとめるからこそ独裁政権が必要とされていた。それが、元の状態に戻りつつある。流れが止まらず、三つどころか細かな部族単位に散乱していく可能性もある。

イラク戦争とは、大きな流れで見ると、こうした「本来の姿を復元してゆく、戻っていく動き」の始まりなのだ。

中東の地図を、もう一度眺めてほしい。異様に直線的な国境線が多いことに気づくだろう。中東の地は、第一次世界大戦の前は大帝国オスマン・トルコに支配されていた。オスマン・トルコが第一次大戦でドイツと組み、共に敗れたために、アラブ人部族の独立運動が起きた。

欧米の列強は、それを利用して中東での権益確保を狙い、なかでも大英帝国は、現在のイスラエルとパレスティナの悲惨な殺し合いの原因をつくった。

どうやって。

まずアラブ人に独立を保証した。パレスティナを含めてアラブ人が暮らす土地はアラブ人の手に戻すという約束だ。映画で知られた「アラビアのロレンス」ことT・E・ロレンス英国陸軍士官の活動もそれである。ところがその一方で、ユダヤ人にパレスティナの地への建国を保証したのだ。

列強はこうして、中東の地に自分たちに都合の良い勝手な国境線を次々に引き、人工国家を生み出していった。

その一典型が、イラクであり、そしてクウェートである。イラクがペルシャ湾に接するのを阻むようにクウェートがある。その通り、列強がメソポタミア南部の油田を確保し、さらにその油をペルシャ湾の船に積み出して欧米に運ぶ場所を確保するために造った国がクウェートであると言っても、誇張にはならない。前述のイギリス政府高官が、わたしに語った通りだ。

だからイラク人にすれば、一九九〇年八月のクウェート侵攻は、父祖の地を取り戻す正当な戦争であった。このイラク軍に対し、アメリカ軍をはじめとする多国籍軍が一九九一年一月に攻撃を加えて、湾岸戦争が始まった。多国籍軍は国際社会の支持を得て、アラブ諸国すら参加した。

なぜか。

独裁下のイラクをみれば、イラクが正当な権利を主張するというよりは、クウェートを手に入れ、それをテコに周辺諸国を圧迫する、うまくすれば侵略する意図が明らかだったからだ。イラクのクウェート侵攻を正当化することはできない。しかし単にフセイン大統領が悪い奴で理由もなく隣国を侵略したというのでもない。

冷戦の終結、すなわち一九八九年一一月のベルリンの壁崩壊、九〇年一〇月の東西両ドイツ統合、九一年一二月のソ連邦消滅というプロセス進行につれて起きた、「元の状態に戻ろうする動き」の先駆だったと考えることが大切だ。

その視点からイラク戦争を見直してみれば、アメリカの思惑をも超えた大きな潮流として「人工国家イラク」が崩壊した戦争であったことが見えてくる。

そして戦後の「イラク復興」がアメリカの狙い通りに進まず治安は回復不能に陥り、そして長期でみればイラクの最終的解体、さらに中東全体が「元に戻る」動きが止まらないであろうことが予言できる。


これとそっくり同じ動きが、イラク戦争の前に起きている。

どこで何が起きたのだろうか。

それは、旧ユーゴスラビアの瓦解である。

民族も宗教も違う人びとが住む南東ヨーロッパの広大な地域が、チトーという独裁者（旧ユーゴスラビア大統領）の手によって一つにまとめられていた。

それが分解していくとき、サラエボ紛争やコソボ紛争をはじめ無惨な地域戦争が繰り返して起き、市民が隣家同士で銃や手斧（おの）、さらには包丁で殺しあった。

チトーは人工的な統合を維持するために、民族と宗教が異なる人びとを住む地域も血縁関係も混ぜ合わせる政策を採った。

だから、それを元の状態に戻そうとするとき、隣に住む、きのうまで仲良く食糧を分けあった人びとこそが銃や刃物で殺しあう悲惨を重ねたのだ。

わたしは、紛争の煙がまだ上がっている時期に、古都サラエボを訪れた。当時のわたしは、共同通信の政治部に属する記者だった。

文化の融合する美しい都で知られたサラエボは、市民の住宅に加えて、文化を集めた図書館がいちばんひどく破壊され、黒く焼け焦げた瓦礫（がれき）と深い銃痕の街だった。

サッカー場のピッチ（グラウンド）の一面に、死体が隙間なく置かれ、そのうえに薄く盛り土だけがされて墓場に変えられている。

墓穴を掘るひまもなく、ふつうの人びとが赤ちゃんや妊婦まで「戦死」していったのだ。

茶色い土の上を、たくましい雑草が覆いはじめている。木の切れ端のような小さな墓標の下から、炭化した腕や、乾いた足の骨らしいもの、割れた脳蓋が露出している「墓」もあった。

言葉を失ってそのサッカー場を出ると、かつて選手の入場ゲートだったらしい場所に、米軍の戦車が砲塔を高く上げて陣どっている。

若い米兵が機銃に片手を置いて、わたしに頭上から明るく笑いかけた。

わたしは彼を見あげて、詰まった喉から言葉を絞り出し、「誰か攻めてくるのかい」と

サラエボのサッカー場の入り口には米軍の装甲車が警備にあたっていた

墓場と化したサッカー場のピッチ。死体の上に土が薄く盛られているだけだ

米語で聞いた。

「三度かな、四度かな、この墓場がテロリストの爆弾で掘り返されたことがあるんだよ」

米兵は、気軽な口調で返事をよこした。わたしを米国人と思ったようだった。

殺したあとの死体にまで憎悪を執拗に注ぐ、その行為に、わたしは打ちのめされずにはいられなかった。

人工的に作られた巨大な人造人間がいて、その身体を自ら憎み、腕や足を自分で引きちぎり、腹や眼をえぐるような行為に思えた。

●なぜ胡錦濤は国家主席になれたのか

いま、このサッカー場から、こころの眼をバグダッドの破壊された民家に転じてみれば、ある大きな潮流が見えてくる。「本来の姿へ戻る動き」が、おびただしい流血を伴いながら東へ向かっているのだ。

ヨーロッパに端を発し、中東を呑み込み、アジアへ向かおうとしている。

アジアでは、ふたつの発火点が見え隠れしている。

ひとつは朝鮮半島である。

ここでは、もともとひとつであった民族がふたつに分断されている。その北部、北朝鮮では独裁政権が崩壊の気配を漂わせている。それは、無理に統合されたものが分解したヨーロッパや中東とはちょうど逆に、無理に分けられたものが、ひとつに戻る動きである。

そして、それだけではない。

ヨーロッパや中東と同じように、「無理に統合されたもの」がいずれ崩れ去る気配も漂っている。

中国だ。

中国は国連に届け出た人口で一三億人（その後の中国政府の発表によると二〇一五年末で一三億七五〇〇万人）、人口問題の専門家のなかには一四億をはるかに超えるとみるひともいる。その膨大な人口を抱えて、すでにエネルギー不足に陥っている。日本に伝わる中国の姿は沿海部が大半で、一人っ子のサラリーマン家庭が多いように見えているが、わたしが内陸部に入ってみると戸籍にも入れない子供が農家の庭先を走り回っている。

中国は、周辺民族の侵入を、こころの底から恐れてきた国である。「中国四〇〇〇年の歴史」と言い、それを誇りながら、実は途中でモンゴル人に滅ぼされ「元」という国に変わった。近代でも女真族に滅ぼされ「清」という国に変わった。歴史は何度も途切れているのだ。

わたしが中国を最初に訪れたとき、一九八〇年代前半の中国は、個人の富よりも国を思う若い人がほとんどであった。拝金主義にくまなく冒された現在からすれば嘘(うそ)のような夢のような話だ。

若手記者であるわたしには、監視役を兼ねて若い男性通訳が中国当局によって付けられた。

仕事の合間に、万里の長城に向かうことになり、車のなかで彼は「中国人は、少なくとも昔は戦争が好きだった日本人と違って、古代から崇高な平和主義者です。その証拠が万里の長城です」と大きな声で言った。

わたしはこの彼が好きだったが、「いや、ちょっと待ってください」と答えた。

「それは違うでしょう。平和主義者だったのじゃなくて、周辺民族より戦争が弱かったから、やむを得ず、あまり意味がないと分かっていても大変な労力を費やして長い砦(とりで)を築くしかなかったのがほんとうでしょう。愛国者でも嘘はいけない」

彼は長く沈黙し、「また今度、青山さんと一緒に考えましょう」と言った。この答えをわたしは好きだ。彼の誇りと愛国心と、そして素直さが自然に表れている。

漢民族は、周辺民族への恐れのために、かつては万里の長城を築いた。築いたが、その甲斐もなくモンゴルに征服されたために、現在ではそのモンゴルの一部やウイグル、さらにはチベットを呑み込んで「人民共和国」をつくり、彼ら異民族の反乱を「人民解放軍」の武力行使で抑えている。

江沢民体制のあとを継いだ胡錦濤国家主席は、穏やかな笑顔だけが印象に残り、一見すると何が優れていて巨大国家のリーダーなのか分からない。実はチベットで、反抗したチベット人の大量殺害を果断に指示、実行し、それをきっかけに頭角を現したのである。周辺民族の脅威を冷徹に抑えた実績は、中国漢民族にとって何よりも評価の対象になるのだ。

中国にとっては、北朝鮮も、実質的にこうした「周辺民族の併合」に近かった。中国からみても、自らを頭とするなら北朝鮮は喉であり、その下の大きなアメリカン・パワーの一群、韓国から日本そしてアメリカ本土から中国を隔ててくれる、貴重な「喉」である。

この喉を失うと中国は、やがてウイグルやチベットの反乱を抑え込めなくなる可能性がある。

ユーゴに始まりイラクを経て、東進する潮流がアジアに至り、朝鮮半島と中国大陸という日本の死命を左右する地域に、ユーゴよりもイラクよりも遙かに巨大な戦乱と「本来の姿に戻るための膨大な流血」が待っている。

それが日本に何をもたらすのか。

日本の同盟国アメリカ、主人アメリカは、これまでの潮流すべてに深く関与してきた。しかもブッシュ大統領は加速度を付けて、直接に手を下す度合いを高めている。

日本国民が、敗戦後からこれまでと同じようにアメリカの従属者として、すなわち曖昧な自立、曖昧な独立の姿でいるならば、アメリカの先兵として動くほかない。

イラクでは古い型の戦争こそ終わった。だが新しい型の戦争、すなわち市民の姿をしつつプロフェッショナルな軍事訓練を積んだテロリスト、ないしテロリストに似た兵士が自在に攻撃してくる戦争が続く。いや、これからむしろ激化するだろう。その戦場へ、「海外での武力行使」が禁じられ「武力による威嚇」すら禁じられた自衛隊が小泉総理によって送られるのは、まさしくその始まりである。

二〇〇三年六月に相次いで来日したアメリカのウォルフォウィッツ国防副長官、アーミテージ国務副長官（当時）はいずれも「自衛隊はとにかく来てくれればよい」と日本政府側との協議で強調した。記者発表では、輸送や医療に期待を表明したことになっているが、首相官邸で防衛庁で、この二人がほんとうに語ったのは「何もできずとも構わない。来てくれることが必要なのだ」であった。

ウォルフォウィッツさんが強硬派、アーミテージさんが穏健派だが言うことは見事に同じだった。「世界を直接支配するアメリカの新戦略」に日本を必ず組み入れるというブッシュ大統領の意思が明確だからだ。

しかし、アメリカに引きずられていくようなこの動きを、有権者が政治家や外務官僚、防衛官僚やマスメディアのせいだけにするなら、日本は自前の「自由と民主主義」をこれからも創ることができない。

それは主権者が、もっとも大切なことを相も変わらず、誰かほかの者、主権者自身以外に預けることを意味するからだ。

わたしたちは先の戦争で命を失った犠牲者のおかげで、自由も民主主義も手にしている。だがそれは、結果として天から、アメリカから降ってきた自由と民主主義である。

国が独立するまえに、わたしたち有権者一人ひとりがまず、自立しなければならない。

それがこの世紀の希望であることを、イラク戦争は予告し、そして米朝戦争の足音が教えている。

第三部

九の章　小型核兵器の拡散時代

●「実際に使える核兵器」が欲しい

メソポタミアと朝鮮半島、そして日本列島のカタストロフィ、悲劇的な破局が西暦二〇〇三年五月二二日に始まった。

アメリカのブッシュ大統領が空母の艦上で「イラクの主な戦いは終わった」と宣言してから、ひと月も経たないときだ。

いまだ知られざる悲劇、それもあまりに広く深く重い悲劇というものは、こんなふうに静かに落ち着いて始まるのだろうか。

始まりの舞台は、ピョンヤン（平壌）でもソウルでも、東京でもない。

北東アジア、極東から地球を突き抜けて裏側にある小さな丘が、その舞台である。

通称キャピトル・ヒル、アメリカの国会議事堂（キャピトル）が白亜にそびえる丘だ。

首都ワシントンＤＣの国防総省から、ポトマック川を挟んで反対側にある。

アメリカの田舎町にある州議会の議事堂、たとえばサクラメントのカリフォルニア州議会の議事堂とほとんど変わらない。それより、ほんの少し盛りあがった丘にある、ほんの少し手の込んだ石造りの建物にすぎない。

しかし、そのなかで決せられることは、恐ろしいほどに世界に響く。

当局のひとびとを訪ね歩く仕事を終えて、夕暮れどきに議事堂のバルコニーに立つと、赤い。

わたしは、回数を覚えられないほどワシントンＤＣに出張しているが、議事堂から見る夕刻の光景は、なぜか決まって血の色にも似て赤い。薄く黒の入った赤である。見るたびに前にここに立ったときもそうだったと、いくらか驚く。季節が違ってもいつも赤黒い。重い色だが、美しい。

議事堂の正面から西へ、長い芝生の道が伸びている。リンカーン記念堂へまっすぐに向かう「ザ・モール」である。このモールを寄り道しながらゆっくり歩いていくと、リンカーン大統領が南北の戦いで国論を統一したこのアメリカの、いま世界政府を目指す長い道は戦争の歩みであることが胸に迫ってくる。

ベトナム戦争で死んだアメリカ兵の名を、すべて刻んだ黒い壁の続く場所がある。

沖縄の摩文仁(まぶに)の丘に立つ慰霊碑には、敵兵もすべて死せる者の名は刻まれている。だが、ここに敵兵の名はない。アメリカが弔うのは、いつも味方だけだ。味方なら、人種や国籍が違っていても弔うが、敵の死を悼むことはない。

そしてこの壁に近い、まばらな林には、朝鮮戦争の雨の行軍を再現した青銅の群像が立つ。兵士一人ひとりの雨に濡れたまつげや、カッパから落ちる滴までありのままに再現して永遠に前のめりに、じっと立っている。

最後尾の兵の頬にわたしが手を触れて、その冷たさを味わっていたことがある。すると、小さな男の子を左胸に抱いた若い母親がすっと右手を伸ばして、兵士の高い鼻や、見開いた目玉を撫(な)で、そしてわたしの手にいくらか重なるのに構わず頬を撫でた。なぜか異様な行動とは思えなかった。

「冷たいよね」とわたしが思わず一言を口からこぼすと、白人のスリムなこの女性は黙ってかすかに笑った。世界とアメリカと日本を考えるとき、わたしはときどき、その、あるかなきかの微笑を思い出す。女性の唇には紅がなく乾いていた。日本の青年は、少なくとも自衛隊のイラク派遣までは六〇年近く一人の戦死者も出さずにきた。だが、アメリカの母の産んだ青年たちは第二次世界大戦後も千切られ穴をあけられ砕かれて、戦場の雨に打たれてきた。

大戦後のいくつもの戦争の、その始まりが朝鮮戦争である。

朝鮮戦争は、西暦一九五三年七月二七日に休戦が成立した。北朝鮮はこれを「戦勝」の記念日として、いまも独裁者が民衆を祝いのマスゲームに動員する。食べるものすらなくとも動員する。

この休戦からちょうど半世紀後の二〇〇三年五月二二日、アメリカの上下両院議会は、小型核兵器の研究を認める国防予算案を可決した。

それより一〇年前の一九九三年には、同じ両院議会が五キロトン以下（広島に投下した原爆の三分の一以下）の核兵器は研究・開発・保有を禁じる法案を可決していたから、一八〇度の転換である。

この当時、小型戦術核を禁じたのは、それが「使える核兵器」だからだ。アメリカが保有すれば世界の数多くの国が保有し、さらには使用に走って想像を絶する悪夢の核拡散が生じると懸念したのだ。一九八九年に東西冷戦が終わってから四年が過ぎていた。

大型核兵器、とくに大陸間弾道弾（ＩＣＢＭ）の恐怖の均衡が解けたことが逆作用して、小型核兵器が炸裂する時代が来かねないことを健康な感覚で見抜いていたと言える。それなりの英知を集めた法案であった。

ところがアメリカ議会は二〇〇三年五月に、それを放棄した。

なぜか。

可決した国防予算案にはもちろん、北朝鮮の文字はどこにもない。だが、この可決から間もなくに来日したアメリカの関係者はわたしに「バグダッドとピョンヤンが、われわれに決めさせたんだ」と語った。

わたしが「イラク戦争で地下施設に苦しんだから、それをいわば教訓にして、北朝鮮の地下軍事施設を確実に叩くために地中貫通型の小型戦術核を開発すると決めた、そういう意味だよね」と聞くと、無言で頷いてから「ま、一日中立ちっぱなしのあの人は、そうじゃないと言ってるけどね」と答えた。

これはラムズフェルド国防長官のことだ。海軍出身のこのひとは、ペンタゴン（アメリカ国防総省）で執務するとき、艦隊勤務の時代のままに終日、立ちっぱなしでいる。ラムズフェルド国防長官は記者会見で「議会が小型核をまた認めることにしたが」と聞かれて、みるみる不機嫌になり「認めたっても、研究だけじゃないか。開発はしないんだからっ」と怒鳴るように答えた。分かりやすいひとである。もちろん開発する気だし、保有する気だし、アメリカが小型戦術核を配備すれば世界に爆発的な核拡散を招きかねないと知っていることが態度に表れてしまっている。

しかも議会のうち上院は、追加承認さえあれば開発も認める決定を下している。

わたしは関係者に、「つまり、いま米軍が持っているB61-11を改良するんだ」と確認した。

「そう、その通り」と短い答えが返った。

アメリカ空軍は一九九七年、地中貫通型の小型戦術核B61-11を五〇発、配備した。冷戦が終わってから、新しい核兵器が配備されたのはこれが初めてだ。議会が小型核を禁じていた時代だが、爆発力を可変式として「五キロトン以下の核を禁じた法案には抵触しない」という理屈を立てた。もちろん違法としか言いようがない。米軍が「実際に使える核兵器」をどれほど欲しがっていたかが分かる。

ところが、このB61-11はアラスカの空軍実験場で、高度二〇〇〇メートル強を飛ぶステルス爆撃機B2Aから投下実験をすると、最大で三・一メートルしか地中へ潜らなかった。だから米軍内部では、試験配備に近い扱いになっている。これをより深く潜るよう改良して、実戦配備する秘密計画が、アメリカ軍の奥深くで動き出しているのだ。

この小型核配備を、北朝鮮の地下施設を破壊する目的で進めるというのは、アメリカはこれさえ完了すれば米朝戦争の戦端を開くという意味なのか、それとも単にオプション（選択肢）のひとつとして確保するだけなのか、わたしは思わずその場で考え込んでしまった。

ごく短い時間だったと思うが、関係者は「できれば地下一〇〇メートルぐらいまで潜らせたいね」と問わず語りに、言った。

わたしは内心で驚いた。相手が黙り込めば何かを言いたくなるのが、にんげんの常だろうが、新しい核兵器をどんな深さまで地下へ潜らせたいかというのは軍事機密だ。仕事で付き合いのある人だが、それはエネルギー施設へのテロに対する備えをつくる仕事であって、今のような会話はあくまで余談、雑談だという前提で交わしている。機密に属することがらは厳重なルールに基づいて情報交換するから、こんなときに直接的な機密がポロリとこぼれたことはない。

個人的な思いを言っただけなのか。それなら軍事機密ではない。それともと、わたしはまた考えて口をきかずにいた。ただし、これもごく短時間だったに違いない。

すると彼は、わたしの顔を下から覗きこむようにして「できると思うか」と聞いた。わたしはこの深刻な話題から一瞬、頭が外れてすこしだけ吹きだしてしまった。彼はまるで、迷える子羊ならぬ迷える熊のようだった。

そして、はっと気づいた。

彼は怖いのだ。

北朝鮮の地下軍事施設に、小型核兵器を撃ち込む。それが独裁者や、兵士を殺害するなら、アメリカ軍のひとびとは呆れるほどに恐れも疑いも持たない。

わたしには、想像を絶する感覚とも言えるが、世界大戦が終わったあとも現実の戦争を重ねてきた人間たちの感覚なのだろう。

だが、彼は恐れている。地下深くへ撃ち込んだはずの核兵器が、地上にも超高熱と、眼を焼く光と、暴風をもたらして民衆を殺戮する予感がしているのだろう。

彼の恐れには根拠がある。アメリカ軍は、爆発力二・三キロトン、すなわち広島に投下された原爆の約六分の一にあたる原子爆弾を、地下五二メートルという相当な深さで爆発させる実験を行っている。地上を焼き尽くすことはなかったが、ひとの背中を死へと押す高レベルの放射能汚染が、半径二・五キロメートル前後、約二〇平方キロメートルまで広がってしまった。東京なら、たとえば新宿に落とされると高田馬場にかけての一帯が死の街になる。

この関係者は、在日米軍の一員として日本に勤務した経験がある。そのとき休日を利用して広島の原爆記念館を訪れ、初めて眼にする惨禍に驚愕（きょうがく）し、おののいたという。アメリカは、広島で人類に対して初めて使われた原子爆弾が何をしたかを徹底的に調査し、記録しながら、それを軍の内部ですら核開発担当者以外には見せない。ましてや一般国民にはまったく知らせない。

なぜか。

アメリカ軍の戦力の根幹をあくまで核戦力とするために、核への抵抗感を軍にも国民にもつくらないためである。

別の当局者、これは外交にかかわるひとによると、国防総省と米軍はいま保有する小型戦術核B61-11について「潜った深度は浅くとも、そこから地下に向かって核爆発するわけだから、地下の相当深くまで完全に破壊する。また地表への影響は小さい」とホワイトハウスなどに報告しているという。

このひとは「誰ひとり、そんな報告を信じちゃいないよ。地下よりも、むしろ地表に重大な結果をもたらすんじゃないかとさえ、みな内心で思ってる」と、あっさりと言った。

そして実は、ジョージ・W・ブッシュ大統領は、この議会の決定よりはるかに早く、地中貫通型の小型核の本格開発と実戦配備を決断しているのだ。

それは、「小型戦術核こそを二一世紀の米軍の主力にせよ」との主張で有名な軍事アナリストのキース・ペイン博士を、ブッシュ大統領が国防次官補代理に任命して政権内部に招き入れていることでも分かる。

そしてペイン博士は、世界最大の軍需産業であるロッキード・マーティン社のチャールズ・カッパーマン副社長と関係が深い。つまり、地中貫通型の新しい小型戦術核をどこが生産して売るのかまで、ブッシュ大統領が決めているのと同じだと指摘しても言い過ぎではない。

クリントン前大統領は今、ブッシュ政権の安保政策を担うパール前国防政策委員に「有害な軟弱外交だった」と批判されている。だが、そのクリントン大統領ですら、北朝鮮の核施設のピンポイント空爆を現実に検討したのがアメリカの白人社会、既得権益である。

ブッシュ政権が、北朝鮮の核開発を阻むことを理由に、小型戦術核を研究するにとどまらず、開発から実戦配備に至ることはほぼ間違いないとわたしは考えている。

小型核は小型であるからこそむしろ、核実験が絶対不可欠である。小さな核弾頭を安定的に爆発させるのは技術的に複雑で難しいから、実際に爆発させる実験を経ないと危なくて使えない。

小型戦術核は、今のところミサイルに積むより、三沢基地にいるF16をはじめ戦闘爆撃機に積んで機動的に使われる可能性が強い。飛行機は当然、基地や空母から発進していくわけだから、不安定なまま使うと下手をすれば三沢基地が爆心地になったり、空母が洋上から消失したりしかねない。また想定通りの破壊力を確認するためにも実験がどうしても必要だ。したがってブッシュ大統領はやがて、アメリカ西部のネバダ核実験場で核実験を再開することを図るだろう。

これは、米ソがかつて大型核兵器のために核実験を繰り返していたときとは全く次元の違う、強烈な刺激を水面下で世界の諸国の首脳と軍部に与える。

大型核兵器は、米ソの超大国がやる他人事(ひとごと)だったが、小型核兵器は、自分たちのことである。小型核兵器を研究・開発し、保有に至る国が次から次へと現れる恐れが現実となるだろう。

イラク戦争のとき「アメリカ軍はこっちにも一気に来るんじゃないか」と怯(おび)えて地下に

隠れていた北朝鮮の金正日総書記は、米軍がイラクの地下施設を破壊できなかったから安堵して地上に出て、アメリカと激しい神経戦を展開している。だが、そうであるからこそアメリカは、地中貫通型の新しい小型戦術核を実戦配備することに踏み切り、それが未曾有の核拡散時代を人類にもたらすのだ。

冷戦時代には想像もしなかった、その恐怖の潮流からは被爆国の日本といえども無縁ではいられない。いますでに日本核武装論が驚くほどのスピードで頭をもたげている。小型核の拡散時代に入るか、あるいはその時代の兆しが表れるだけで、あっという間に日本核武装論は力を増すだろう。

冷戦の時代には、核ミサイルで睨み合う国は、米ソがそうであるように遠く離れていた。ところが、現在、そして近未来はそれとちょうど逆に、まさしく隣同士、目と鼻の先の国々が核で対決しようとする。

イスラエルと旧イラク（フセイン政権が核を一時期、開発していた頃のイラク）、イスラエルとイラン、旧イラクとイラン、パキスタンとインド、韓国と北朝鮮、そして日本と北朝鮮、日本と中国、みな額や背中を接するような位置にある。すなわち冷戦時代のような長距離・大型核ではなく、短距離・小型核が実戦に意味を持つ時代が到来している。

そして、その実戦が「想定としての実戦」ではなく現実に火を吹くのは、グアムのアメリカ空軍基地から飛びたつステルス爆撃機Ｂ２Ａか、在日米軍基地から飛びたつ戦闘機が、北朝鮮に発射する小型戦術核ミサイルになる可能性は、知られざるところで急速に膨らんでいるのだ。

後者の場合は、北朝鮮からみれば日本とアメリカが一体となって核攻撃を仕掛けてくることになる。当然、日本列島が核反撃ないし生物・化学兵器を使ったテロによる反撃の対象となる。

西暦二〇〇三年五月二二日のアメリカ議会による「小型核の解禁」がその始まりである。これは、実は議会に先んじてブッシュ政権が準備してきた小型核実戦配備の追認でもある。

その小型核が、前述したように、すでに保有する地中貫通型の小型核Ｂ61-11の改良型になるのは間違いないが、Ｂ61-11はステルス爆撃機Ｂ２Ａに搭載されるだけではなく、動きの素早い戦闘機のうちＦ16Ｃファルコン戦闘機にも搭載される。

そして、このＦ16Ｃファルコン戦闘機は、三沢のアメリカ空軍基地と在韓米軍に配備されている。

わたしはアメリカの国防関係者に「B61-11をF16Cにも搭載するのは、三沢と韓国から北朝鮮を核攻撃することを想定してのことか」と質問したことがある。この人物は、わたしの肩に手を置き、「アオヤマが知っているように、アメリカ軍は必ず、全てを合理的に配備する。ましてや核兵器を不合理に配備するなどあり得ない」と言った。すなわち答えはイエスなのだ。

日本では「米朝戦争のシミュレーション」が巷にあふれている。だが、この三沢から発火する核戦争に触れたものはない。米朝の核戦争は、勃発するとしたら、グアムの米軍基地よりも青森の三沢がいちばん決定的な役割を果たすのだ。もっとも現実的で、もっとも恐ろしい可能性が知られていない。

●イラク戦を打開するシナリオ

そしてイラクの「新しい二一世紀型の戦争」が、想像を超えて悲惨となったとき、この可能性は別なところへも飛び火した。

アメリカ軍がファッルージャのモスクをミサイル攻撃し、街を包囲して女性も子供も見境なく虐殺し始めたときがそれだ。

イスラーム教スンニ派の土地ファッルージャとラマーディだけではなく、イスラーム教シーア派の民兵と米軍を中心とする連合軍がイラク各地で衝突する現況は、「予想の範囲内の出来事であるが、もっとも悪い形で起き、その後も最悪のケースで経過をたどっている」と言うべき状況だ。

サマーワの自衛隊は二〇〇四年四月現在、「引きこもり」（自衛隊統幕会議の幹部の弁）となり活動を実質的にほぼ休止している状態だが、防衛庁最高幹部のひとりは「アメリカがイランとの限定戦争になりサマーワを含むイラク南部で戦争に呼応した反米武装闘争が起きた場合に、どう撤退するか、どう官邸と外務省とアメリカを説得するか、その内部検討を始めたよ」と語った。

イラクのシーア派との仲介役をイランに頼んだ。そのアメリカがイランと限定戦争とはいえ戦端を開く可能性があるというのは凄い話だが、米軍の最強硬派がわたしに伝えたのと同じように防衛庁の一部にも伝えたということだ。

こうしたアメリカに、イギリスはブレア政権（当時）内部でも不信感を強めつつある。

「アメリカは出口がないからこそ、騒乱をむしろ大きくして、大規模戦争に持ち込んで、戦時下にリーダーを変えるなどしてから、圧倒的な軍事力を行使する型の戦争で最後のカタをつけようという気ではないか。下手をすると、米軍がすでに実験を終わっている小型核兵器（B61-11）まで使うかも知れない」というのが、イギリスの国防関係者がわたしに語った最悪のケースのシナリオだ。

つまり、いったん開発を終えたB61-11を、それがさほど地に潜らなくとも良いからとイラクのスンニ派トライアングルに使う懸念なのだ。

このイギリス国防関係者は、こうも言った。「先の先まで考えるならB61-11をイランに使う恐れだってあるよ。始まりは限定戦争でも終わりは小型戦術核戦争かも知れない」

●金正日打倒のクーデター支援計画『OPLAN5030』

眼をアジアに戻そう。

アメリカが小型核兵器の開発に踏み出した二〇〇三年五月、ブッシュ大統領が「イラク戦争の主な戦闘は終わった」と空母艦上で宣言したこの月には、もうひとつ、米朝戦争へ向けて重大な転機があった。

それは、アメリカが「北朝鮮には国際合意が意味をなさないばかりか、かえって危険ですらある」というショッキングな現実を、いちばんリアルに考え、二〇〇三年八月に始まった「六か国協議」もむしろ合意をつくるのではなく、開戦に至るまでに必要な手順を踏むために開いているという真実と、関係がある。できれば先に述べたことを、思い起こしていただきたい。

もう一つの転機は、ラムズフェルド国防長官がこの月、ペンタゴン（国防総省）と太平洋軍司令部に対して、北朝鮮への新しい軍事作戦『OPLAN5030』を立案するよう命じたことである。

アメリカはすでに、第二次朝鮮戦争に備えて作戦計画『OPLAN5026』から『5029』までを持っている。しかし『5030』は、それらとは根っこの狙いが異なっている。

この『5030』は一般的な軍事論では「イラク戦争を正規戦では短期で勝利した作戦コンセプトを朝鮮半島にも適用するのが目的」とされている。

その側面は確かにある。イラク戦争と、その前のアフガン戦争で徹底的に多用した精密誘導爆撃を北朝鮮にも使う作戦が含まれているからだ。爆撃目標をヨンビョン（寧辺）をはじめとする核関連施設と、ピョンヤン（平壌）、さらには地下施設内の北朝鮮指導部・総司令部に絞って精密爆撃する。

　また、北朝鮮のミサイルによる反撃は、ミサイル防衛構想（ＭＤ）で阻止することが基本になっている。

　だからアメリカ軍の最先端の動きを取り込んだ強力作戦のはずなのだが、その具体的な軍事行動を精査すると、わたしは思わず「こりゃマンガだよ」と呟いてしまった。

　ひとつ、Ｒ１３５偵察機を北朝鮮の領空付近へ飛行させ、北朝鮮戦闘機の頻繁な出撃を招いて、そもそも不足している飛行機燃料をすっかり消耗させる。

　ひとつ、在韓米軍司令官が、予告なく一週間続く演習をＤＭＺ（非武装地帯、38度線で南北が睨み合っているあたり）で行い、北朝鮮軍を驚かせて地下の塹壕に送り込ませ、備蓄してきた食糧や飲み水などをすべて消費させてしまう。

　わたしはアメリカ軍関係者に「偵察機が飛んでも北朝鮮空軍はスクランブル（緊急発進）をかけないかもしれないし、演習をやっても、北朝鮮陸軍は塹壕に籠もらないかもしれない。いったいこれは何か。ほんとうの狙いは何だ」と、あえてストレートに問い合わせた。

　答えは、「たぶんアオヤマサンも気づいているのだろう、そのあたりは、作戦計画の真意を隠すための目くらましだ。作戦計画の後半を見てくれ」であった。

後半には、たとえば、サイバー攻撃によって北朝鮮の金融システムを攪乱することや、朝鮮人スパイを使って北朝鮮の都市部に虚報の流布することなどが含まれている。こうした作戦は、これまで整備されてきた『OPLAN5026』から『5029』までの対北朝鮮作戦計画には、まったく盛り込まれていなかった。

まさしく、これがヒントである。

ラムズフェルド国防長官は、「北朝鮮全域への侵攻」あるいは「軍事的には限定攻撃にとどまることを目指しても、とにかく北朝鮮という国全体を抑える作戦」を抜本的に切り替えることを狙っているのだ。

すなわち「北朝鮮の軍部に反乱を起こさせ、独裁者ただ一人だけを排除する」作戦への転換である。

だが独裁者は、保身にかけては天才的な嗅覚を持っている。

わたしは中国の関係者から「金正日総書記は、アメリカの新しい狙いが自分一人の殺害にあると疑って、日本に対して、これまでにないテロを計画している合理的疑いがある」との忠告を受けた。

それは何か、それによって米朝戦争が起きるとすれば、どんな姿が想定されるようになっているのか。

次の章でわたしたちは、それを具体的に追っていこう。

十の章　米朝戦争シミュレーション

●生物兵器テロ

西暦二〇XX年六月二日の夜、航空会社のフライト・アテンダントとなって四年目の立野清美（仮名）二七歳は、とうとう諦めて会社に電話を入れる決心をした。

せっかくの休日となった朝に、熱が出て頭痛がはじまり、すぐに背中の痛みも加わって、やがて激しい嘔吐（おうと）も繰り返し起きていった。

それがまったく治まらない。このまま明日の成田発北京行きのフライトに乗り込める自信は、もうなかった。

今の症状が始まったとき、迷わず近くの医院を訪れた。五〇歳代半ばの経験豊かなドクターはいつもの穏やかな表情で清美を診てくれた。

「うーん、風邪みたいだけどね、背中も痛いというのは、ちょっと疲れているのじゃないのかな」

風邪、清美もそう言われるような気がしていたが、どこか違う苦しさがあった。

「先生、風邪でこんなに吐くんですか」と聞くと、医師も小さく右に頭を傾けて、「そうだね、風邪だけじゃないかもしれない。胃も弱っているのかな。最近、とくにストレスの強いフライトとかあったのかな」と言った。

ストレスの強いフライト、そんなことあったかなと清美は考えて、「いいえ」と答えながら、ふと思い出した。一〇日、いや二週間ほど前の北京発成田行きの機内で、すこし変わった客がいた。

痩せて小柄なその男は、二〇代半ばにみえた。シートベルトのサインが消えてすぐ、通路際の席を立って、ジャンボジェット機エコノミー・クラスの通路を歩き始めた。まず最後尾まで歩き、そこで踵（きびす）を返し、そのまま機首に向かって歩いてゆく。ビジネス・クラスとの仕切りカーテンも突っ切りそうでいて、それはせず、また最後尾に向かっていく。

飛行機が嫌いで落ち着けない人もいるし、エコノミー・クラス症候群が知られるようになってから身体を積極的に動かす人も増えた。だから清美もとくに異常とは思わなかった。

ただ、いくらか気になったのは、男が始終、軽い咳（せき）をしていることだった。それに男は、歩きながら気のせいか顔を左右に振っているようにもみえる。

機内では食事のサービスを始めていたから、まるで嫌がらせのようにみえなくもない、その男の行動は次第に気になった。チェック柄の黒っぽいシャツを着て、薄茶のズボンをはいている。韓国の人かな、と清美は考えた。頬が削ぎ落としたように、こけているのが印象的だ。

男に声をかけるかどうか、男性チーフ・パーサーに相談しようと思ったそのとき、窓際に座っていた老女が大きくよろめきながら立ち上がろうとして、トレイの上の皿もカップもひっくり返した。通路際の中年女性が「熱いっ」と叫び声を上げて「なんなのぉっ」とまた叫んだ。

清美はもう、男どころではなくなり、同僚二人とその後始末に追われた。そして気が付くと、男は反対側の通路を、さっきと同じように歩いていた。

清美とチーフ・パーサーは、立ちはだかるような印象にならないよう気を遣いながら、男を待ち受けた。清美が英語で「お客さま、ご気分でも?」と声をかけると、男は、はっとしたように立ち止まり、眼を見開いて二人を見た。通じていない、そう清美が感じたとき、チーフ・パーサーが日本語で「お客さま、どこかお加減でも?」と聞いた。男は黙って首を振って、真っ直ぐ二人を見たまま軽く咳をした。手で口元を隠すようなことは何もしなかった。

そして男は急に俯いてうなだれ、席に戻って、どこか崩れるような動作で座った。

やはり身体の具合が悪いのかなと清美は思ったが、男には、それ以上は声をかけにくい、全身で拒んでいる気配があり、清美はチーフ・パーサーと顔を見合わせた。

食事サービスを準備するスペースに入り、清美が小声で「日本の方ですか」と聞くと、チーフ・パーサーは「いや、違うね。だけど日本語は分かったみたいだ」と答え、短く考えて「また何か変わったことがあったら、すぐにぼくに知らせて」と言った。

しかし、そのあと男は席を動かなかった。遅れてサーブされた食事はすべて、きれいに時間をかけて平らげた。

無事に成田に着いたあと、清美はもう男のことをあまり考えなかった。

休日の朝、ドクターの顔を見ながら、清美は「わたしは、あの人のことを忘れていなかったんだ。フライトのあとも、気になっていたのかな」と考えた。

「先生、もう二週間ぐらい前のフライトなんですけど……」

「うん、どうした」

「軽く咳をしながら通路をずっと歩いているお客様がいらっしゃって、様子をお聞きしたときに、その咳をちょっと」

「ああ、咳をかぶった」

「はい」

「それで風邪がうつったかな。ま、すこし様子を見よう。嘔吐もあるから辛いだろうけどね。風邪のお薬と、背中の痛み止め、それに胃を楽にする薬を出しておくから」

それから二日目の夜、症状はまったく良くならなかった。ふだん風邪を引かない体質なのになぁと、清美は入社後初めて病気でフライトを諦めることを、とても残念に思った。

翌朝、清美は全身が痒(かゆ)い感覚で目を覚ました。反射的に枕元の時計を見ると、まだ午前四時四〇分だ。何か今まで経験したことのない痒みのような気がした。

ゆうべは熱と頭痛と背中痛と、それに嘔吐でほとんど眠れず、ようやくうとうとしたばかりだった。浅い眠りに落ちるとき、遠く北海道にいる母の姿が、なぜかはっきりと目の前に浮かぶ気がした。

清美は、その浅い眠りがぼんやりと全身を覆うまま、洗面所に這(は)っていった。

明かりをつけ、中腰で広い鏡を見た瞬間、清美は叫んだ。あの男が通路をうろついていたとき、老女がトレイをひっくり返し、中年女性が叫んだ、その声に似ていると思った。

自分の顔、首、腕、とにかく外へ出ている肌のすべてに、紅い斑が浮かんでいる。痒みはこれなのか。これっていったい何なの。風邪なの、これが。

朝九時半に、通いつけの医院が開くのを待とうと思った。しかし痒みは全身くまなく勢いを増し、清美は自分が狂っていくのではないかと思った。それに紅い斑は水疱に変わっていくようにみえる。伝染病、その言葉が頭に浮かんだ。手が電話機に伸び、一一九番を押していた。

立野清美を収容した救急隊員は、その切れ目のない叫び声にも驚いたが、全身の紅斑と水疱にも吃驚しないではいられなかった。鮮やかな朱色に変色した皮膚に、小火山の噴火口のように白く水疱が盛りあがり、一面に広がっている。

救急車が走る間にも、その水疱が数を増すようにみえた。これはいったい何だろう。清美は全身を掻きむしりながら叫ぶから、救急隊員はその両腕をとりあえず押さえながら、戸惑うしかなかった。

これはどこの病院に連れて行けばいいのか。

天然痘。

その言葉が救急隊員の頭に浮かんだ。

清美を目の前にして、国立医療センターの医師も同じ言葉を思い浮かべた。しかし、天然痘は一九七七年の患者を最後としてWHO（世界保健機関）が一九八〇年に撲滅宣言を出して地球上から駆逐された伝染病だ。

日本の、この病院に、そのクランケ（患者）が現れるはずはない。第一、天然痘の症例を診たことのあるドクターなど、いない。「日本には外国で天然痘患者を診たことのある高齢の医師が三人だけいる」と、かつて聞いたことをこの国立医療センターの医師は思い出した。だが、その三人はどこにいるのか、どう連絡をとればいいのか。

医師は厚生労働省への連絡を看護師に命じながら、文献を取り寄せた。文献によって違いはあるが、症状がぴたりと一致している文献も確かにある。天然痘ウイルスから伝染して、一二日から一四日間ほどの潜伏期間を経て発熱、頭痛、背中痛、そして嘔吐を見る。その発症から二、三日で全身の皮膚に紅斑を生じ、次第に水疱に変化していく。

死亡率はウイルスの種類によって異なるが、種痘を受けていない世代で、しかも無治療なら厚労省によると三〇％ほどにものぼる。一方で種痘を受けた経験がある場合、その種痘の直接効果は失われていても対応によっては三％程度に留まるという見方もある。

この場合でも、たとえば人口一万人の町で、実に三〇〇人が亡くなるというのは大変なことだ。ましてや最悪のケースでは三〇〇〇人前後が亡くなって町が崩壊する。

しかも伝染力が非常に高く、患者の吐く息や咳を吸うだけで簡単に伝染し、患者一人につき三〇人ほどは感染させる。爆発的に患者が増えるから、死亡者も急カーブで増える。とくに、天然痘の撲滅後は、種痘を受ける人がいないから抗体を持つ人もいない。

そして医師は、最後の一文に眼を吸い付けられた。

「この天然痘がもしも生物兵器として使用されれば、それがアメリカや日本といった交通手段の発達した先進国であった場合、わずかな期間で死者は一〇〇万人を超えるだろう」

医師が宙を走るような思いで急患室に駆け戻ると、彼は自分の眼を疑った。

清美と同じように全身に紅斑と水疱を発し、身をよじって叫ぶ急患が、三人新たに搬入されていた。

清美の死後、ちょうど二四時間が経過したとき、日本政府は「生物兵器テロの疑いがある」との首相声明を発し、清美のフライトから成田で降り、どこかへ去った若い痩せた男の行方を全力で捜し始めた。

しかし見つからないまま、その一〇日後の六月二五日正午ごろ、大阪・梅田の地下街で突っ立って、エアゾールの容器から白っぽいガスのようなものを通行人に噴きつけた三〇歳代後半らしい男が、駆けつけた警官二人に取り押さえられた。

その男と警官の三人、そして通行人の四八人がやがて、激しく吐き、腹部を痙攣させ、早い人で数時間、遅い人で五日後にみな、死亡した。

日本政府は「ボツリヌス毒素が乾燥粉末にされ、水と混ぜ合わされてエアゾールで噴霧された生物兵器テロと思われる」と国民に知らせざるを得なかった。

いったい誰が犯したテロなのか。

同じ組織に属する犯人なのか。

政府も日本国民も、そして世界も、北朝鮮を疑った。しかし北朝鮮は「特別声明」を発して、全面否定した。

飛行機の男は行方が分からず、地下街の男は身元が分かるものが一切なかった。

誰もが北朝鮮を疑いつつ、誰も証拠を摑めない。

日本の国内から、「もう拉致被害者も帰ってこなくていい。北朝鮮を刺激するのだけはやめてくれ」という声が上がり始めた。

●北朝鮮の核実験

そして、その騒ぎの渦中の七月一九日、北朝鮮は地下核実験を行った。

アメリカ軍が、嘉手納(かでな)基地から飛びたった特殊偵察機WC135Wによって大気中の放射性物質をキャッチし、スパイ衛星などの情報も加えて核実験を確認すると、日本、アメリカ、イギリスは電話で緊急の首脳会談を行い、「核実験は、生物兵器テロに踏み切った北朝鮮独裁体制にとってはこれまでの核実験と性格が違う。使える核、使う核の緊急増産を意味するのだろう」との共通認識を確認した。

アメリカ合州国大統領は即座に行動を起こし、国連安全保障理事会で緊急決議3XXX号を一票の反対も棄権もなく決めさせた。

決議は、「北朝鮮は核開発に関わる一切と、生物・化学兵器に関わる一切を放棄することを、国連安保理事会に対して一〇日以内に文書で誓約せよ。その誓約から三〇日以内に、核施設廃棄のための技術チーム、生物・化学兵器廃棄のための専門チーム、それらの作業を監視するための武装部隊を国連から受け入れよ。そうでなければ国際社会は、人類を生存の危機から救う目的であれば、いかなる行動をも取る」と、うたっている。

中国に配慮して武力行使への直接の言及は決議にないが、国連事務総長が記者会見で「いかなる行動をも、というなかに、一般的に言って武力行使も含まれる」と明言して補完していた。

これに対しピョンヤン放送は「これまで人類を数千回、数万回も全滅させられる核兵器を開発し、細菌兵器も毒ガス兵器も開発してきた悪魔の国アメリカが、かような決議を主導するなど笑止千万である。共和国は共和国人民と人類をこの悪魔の手から守り、生存させるためにこそ、崇高にして偉大なる将軍様のもと、雄々しくも核実験を成功させ、共和国人民の歓呼のもと、人類解放のための最終兵器としてわれわれの新しい核弾頭を一〇〇号ミサイルに搭載した」という絶叫を繰り返し流した。

合州国大統領は、国連に緊急決議を働きかけるのと同時進行で、横須賀の第七艦隊の主力を日本海に入れ、本土西海岸のサンディエゴ海軍基地と地中海から空母二個群を東シナ海へ急派し、さらにグアムにステルス爆撃機Ｂ２Ａと長距離爆撃機Ｂ１を集結させ、海兵隊もアメリカ本土から沖縄と韓国へ増派した。さらに歩兵を一気に三個師団、韓国へ派兵する準備を急がせている。

北朝鮮の「誓約」期限である一〇日間が空しく過ぎるころには、この米軍にイギリス、フランス、ロシア、ドイツなど三八か国が加わる多国籍軍が結成に向けて準備に入った。

しかし一方で北朝鮮は、南北境界の38度線（板門店）でもとくに大きな動きは見せず、軍事的には核実験のあと奇妙な静けさを保った。国連を脱退する気配も見せない。

また、北朝鮮が弾道ミサイルの弾頭に搭載できる軽量小型のプルトニウム型原子爆弾を開発し終えたことは、確かにその核実験によって決定的となったが、米英両国あるいはフランスやロシアにも「実験は失敗に近かったのではないか」「核爆発を安定的に制御できる保証が得られなかった可能性がある」「弾道ミサイルへの搭載も実際には、まだではないか」との希望的観測が、未確認ながら出ていた。

それに、北朝鮮の主力弾道ミサイルはまだ固形燃料への転化を完成させられず、主として液体燃料とみられていたが、燃料を注入している様子はなかった。その他の実戦配備されている弾道ミサイルにも燃料注入の動きはない。

そうした情勢のなか、合州国大統領が国連事務総長に書簡を送り、北朝鮮の独裁者に対し亡命を公式に勧告することを表明した。

中国が、アメリカとの水面下の協議を経て北朝鮮の独裁者に亡命を促して安全を保証し、アメリカも中国に「北朝鮮の指導者が中国にいる限りは行方を追わない」と文書で確約したとの情報も、ほぼ同時に世界へ広まった。

合州国大統領は国連に書簡を送った直後にホワイトハウスの執務室からテレビ演説を行

い、北朝鮮の独裁者に「家族とともに国外に去れ。それだけがあなたの死を回避し、北朝鮮の兵や国民の犠牲を回避する道だ」とメッセージを送った。

ピョンヤン放送はそれに応えて「アメリカ大統領とその一味は死に値する侮辱と挑発を行った。まもなく、その結果を最悪の形で受け取るであろう」と叫んだ。

北朝鮮の中距離弾道核ミサイル・通称「ノドン一〇〇号」が在日米軍基地に照準を合わせて発射準備に入ることを、ピョンヤン放送が匂わせていることは、世界が知っていた。

しかし、そのあと北朝鮮は、ピョンヤン放送が亡命を否定する「重要放送」を一字一句同じに繰り返すだけで実質的に動きを止めた。そのまま三日が過ぎた。

日本をはじめ世界では、「北朝鮮の独裁者の最後の冒険は終わった。亡命による独裁の瓦解で、危機は終息する」との楽観的な見通しが主流となっていた。

それを受けて韓国は、「すぐさま統一に入る準備をせよ」「いや、韓国経済の崩壊につながる統一は避け、当面は北に民主国民政府を樹立するだけにとどめ、時期を見て緩やかな国家連合を目指すべきだ」という激論を早くも新聞やテレビで熱く交わしている。

●三沢基地からの核攻撃

北朝鮮が動きを止めて四日目の夜明けが近づくころ突然に、青森県のアメリカ空軍三沢基地に戦闘機の重いエンジン音が轟(とどろ)きはじめた。遠く八甲田山も眠りから揺り起こすような、腹にこたえる轟音であった。

基地の網フェンスにもたれて泥のような仮眠に沈んでいた記者たちのうち何人かが、顔を上げた。何が起きているのか分からず、さまよう眼に、丸いオレンジ色の輪が見えた。F16C／Dファイティング・ファルコン戦闘攻撃機の、尾翼の下に開く排気口が、炎の輪をつくっている。

いずれの在日米軍基地とも同じように、三沢基地も強く緊張はしている。だが、きのうまでと違う異常な緊張はない。基地の網に張り付く、日本と世界の取材陣はそう受け止めて仮眠をとっていたのだ。

アメリカ空軍第三五戦闘機航空団に属するF16が、列をなして誘導路から滑走路へとゆっくりと動いていく。次から次へと闇から現れる。F16を格納しているシェルターはまだ、すっぽりと夜の中だ。

テレビ・クルーが懸命に掲げるライトは、機体をうまく捉えられない。熱い透明な排気が、ゆらゆらと立ちこめるのだけがライトに浮かびあがっている。

F16C／Dファイティング・ファルコン戦闘攻撃機の尾翼のひとつを、ようやくテレビ中継車の明かりがとらえ、WWの二文字が浮かびあがった。

このWWの印は、世界中に展開するアメリカ空軍の航空団のなかで、ここ三沢の部隊にしか許されていない。WWとは、Wild Weasel、すなわち野生の鼬（いたち）の頭文字だ。戦闘機隊のなかでも、もっとも危険の高い、攻撃的な任務に就く「栄誉」が与えられている。その任務は、敵の対空ミサイル基地をはじめ「脅威の源を断つ」という任務であるとアメリカ軍内部で規定されている。

湾岸戦争のあとには、空中給油を受けながら遠くイラク南部へ飛び、飛行禁止区域の爆撃を日常的に行っていた。

数をかぞえていたCNNのカメラマンが「いやに多いぞ。時間といい、数といい、こりゃ大変かも」と呟き、顔見知りになっているNHKのカメラマンが隣で、真剣に頷いた。

この三沢基地に核ミサイル・ノドン一〇〇号が飛んでくるかも知れないから、どこの社も「燃料注入の開始」がアメリカの偵察衛星で確認されれば、すぐに撤収する構えでいる。

だが撤収と言っても、どこへ？

ノドン一〇〇号は、ほんとうに弾頭に原子爆弾があるかどうか未確認ではあっても六基が発射台に載せられている。射程距離は推定一五〇〇キロメートル、日本列島がほぼすっぽりと入る。

それに射程一三〇〇キロメートルのノドン一号は、実に二〇〇基前後が実戦配備されている。そのうち確実に日本まで飛来できるミサイルは六〇基弱という情報もあるが、重大な問題は、生物・化学兵器の弾頭を搭載しているミサイルが多数ありそうだということだ。

もしも北朝鮮が、これらミサイルを一斉に撃てば、海上自衛隊がイージス艦に配備した艦上迎撃ミサイル、SM（スタンダード・ミサイル）3を連射し、航空自衛隊が地上に配備しているペトリオットPAC3迎撃ミサイルをフルに撃っても、撃ち漏らした核ミサイルがただ一発あれば、日本はふたたび被爆国になる。

生物・化学兵器を積んだミサイルが迎撃網をかいくぐって着弾する恐れは、より大きい。着弾地点がどこであっても、ウイルス・細菌や毒ガスによって日本が広く汚染される危険は現実のものだ。

そう考えれば、日本と世界に流れる楽観論は不思議と言えば不思議であった。だが、北朝鮮の独裁者が自らの消滅を必ず招く「日本攻撃」「韓国攻撃」よりも亡命を選ぶだろうという予測が、圧倒的に優勢だった。北朝鮮が国家としてすでに経済的に存続が難しいところへ追い込まれている以上は、自らと家族の安寧だけをせめて図るだろうと誰もが考えたのである。

だから取材陣はテレビも新聞も雑誌も逃げずに、こうして三沢基地の網に張り付いている。「まさか核戦争にはならないだろう。あるとしても米軍の限定的な攻撃だけだ」と自分たちに言い聞かせるようにして、連日、米軍の動きを撮影しては報道している。

ファイティング・ファルコン戦闘攻撃機は、腹に叩きつける衝撃音とともに、あっという間に黒い空へ駆け上がっていく。

滑走路に二機が翼を並べて進出し、そのまま同時に離陸する。その二機の尻に機首を付けるように、滑走路入り口まで追尾していた二機がまた、翼をすれすれに並べて飛翔する。

それを一四度、繰り返して、暗闇の離陸は二八機に達した。三沢に常駐するのは約四〇機だから、七割が一気に出撃した。警戒や哨戒の飛行とは、もはや思えない。取材陣は声にならない叫びを上げながら、ちりぢりに走り回り始めた。

三沢から約一三〇〇キロメートルの北朝鮮・北東部の山岳地帯で、最初の地中核爆発が起きたのは、それから四八分後だった。

そのあと三分のあいだ、朝鮮半島の北半分には、人類が初めて経験する核の同時多発爆発が炸裂した。すべて地中である。

ヒロシマ、ナガサキに次いで人間がついに新たな核兵器を使用した瞬間でもあった。

F16C／Dファイティング・ファルコン戦闘攻撃機から、地中貫通型の小型戦術核ミサイル「マイティ・モール」（万能モグラ）が、北朝鮮の日本海沿岸を北から南へ舐めるようにラナム（羅南）、キルジュ（吉州）、シンポ（新浦）、ハムフン（咸興）、ウォンサン（元山）の地下へそれぞれ一基ずつの計五基、撃ち込まれた。

ほぼ同時に、その日本海沿岸から中朝国境にかけて横たわるハムギョン（咸鏡）山脈の山中へ二基、そしてピョンヤン（平壌）近郊に一基、さらにピョンヤンから北に点在するピョンソン（平城）、スンチョン（順川）、パクチョン（博川）、ヨンビョン（寧辺）、テチョン（泰川）へ一基ずつの計五基、ヨンビョンから北東へ八〇キロメートルのクムチャンリ（金倉里）には二基、その北に延びるナンニム（狼林）山脈の山中へ二基、また、38

北朝鮮

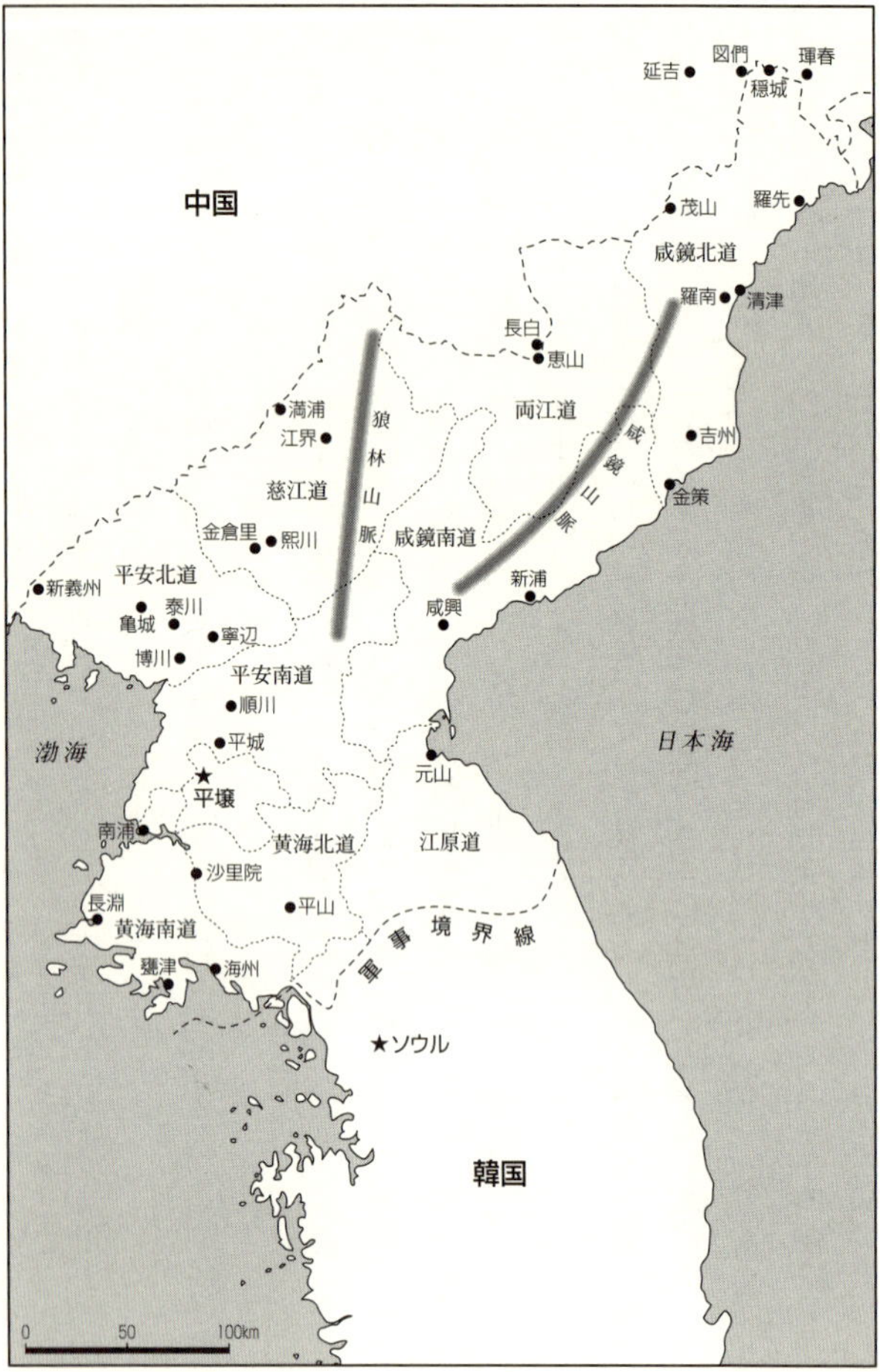
延吉
図們
穏城
琿春
中国
茂山
羅先
咸鏡北道
羅南
清津
長白
恵山
満浦
江界
狼林山脈
両江道
咸鏡山脈
吉州
慈江道
金策
金倉里
熙川
咸鏡南道
新義州
平安北道
泰川
亀城
寧辺
新浦
咸興
博川
平安南道
順川
平城
渤海
日本海
平壌
元山
南浦
黄海北道
江原道
沙里院
長淵
黄海南道
平山
軍事境界線
甕津
海州
★ソウル
韓国
0
50
100km

度線に近いピョンサン（平山）へ一基が、すべて地下に向かって撃たれた。

総計では実に一八基の小型核ミサイルが、相次いで撃ち込まれたのである。

日本各地の地震観測所は、北朝鮮の一八か所で大地震が発生したことを一斉に観測し、それが二〇数分後に「アメリカ空軍が北朝鮮を地中貫通型の小型核兵器で攻撃した可能性がある」というニュース速報になってテレビ画面を走ったときには、すでに、ホワイトハウスの執務室から大統領がテレビ演説を行うことが決まっていた。

最初の核爆発から、きっかり半時間後に演説を始めた合州国大統領は青一色の太いネクタイを締め、「われわれは神が許したもうことを信じる。半時間前にわれわれが示した勇気こそが、人類を破滅から救ったのであるから」と最初の一言を放った。

大統領は息も継がずに、ニューヨーカーの米語を明瞭な響きで繰り出した。

「北朝鮮の核ミサイルであるノドン一〇〇号と、生物・化学兵器を搭載したノドン一号、二号の中には、われわれといえども動きを把握しきれない地下施設から発射するシステムを整えているものがあった。北朝鮮の核実験が完全に成功したかどうかは未確認だが、北朝鮮の独裁者がこれら地下ミサイルを先制攻撃として主に日本の米軍基地へ発射する恐れは充分にあった」

「われわれアメリカ合州国は国際社会の一員として、優れた地中貫通能力を持つ小さな核兵器によって、そうしたミサイルを地下施設ごと完全に破壊し、しかも地上への影響を最小限に抑える攻撃を遂行しようと決意した。われわれは国連安全保障理事会の決議のもと、北朝鮮自らがこうした大量破壊兵器の施設を放棄することを忍耐強く待ち、さらには独裁者の亡命という平和的な解決策を提示したが、なんらの前進も行動も見られなかったためである」

「われわれは、北朝鮮が地下施設を使って大量破壊兵器を保有、配備することに対処するために、地中貫通型の小型核兵器を議会の承認のもと、研究し開発してきた。そして、それを日本の三沢基地のアメリカ空軍第三五戦闘機航空団に属するF16C／Dファイティング・ファルコン戦闘攻撃機に搭載した」

「搭載の事実をこれまで公表しなかったのは、北朝鮮、あるいは北朝鮮と協力したイスラーム原理主義テロリストたちの破壊工作から防ぐという正当な理由のためである」

「また日本には、アメリカ軍による核兵器の持ち込みを好まない原則があるが、日米両政府の適切にしてスピーディな事前協議によって、まさしく日本国民の生存を守るために、相互理解が得られていた」

「この日本と韓国には、朝鮮戦争の際に国連憲章第七章に基づきアメリカ軍を中心に編成された国連軍が今なお、駐留している。北朝鮮も国連加盟国であり、この国連軍として作戦を行うのであれば、ヨーロッパ諸国を含むすべての国連軍構成国の同意が必要である。しかし国連はすでに、今回の新しい事態に対処するため安全保障理事会において緊急決議3XXX号を議決し、そのなかで、核をはじめとする大量破壊兵器の廃棄と監察のための国連武装部隊を北朝鮮が定められた期間内に受け入れることがなければ、国際社会がいかなる行動も取ることを明瞭に宣言している」

「さらに、北朝鮮が何らの受け入れ姿勢も示さない現実を受けて、アメリカ軍を含む三八か国が新たな多国籍軍を編成する準備をすでに始めている。したがって、今回のやむを得ざる緊急攻撃は、多国籍軍が北朝鮮領土内に展開するために必要不可欠な第一次攻撃であって、国連軍としての行動ではない。国連軍構成国すべての同意を得る必要は認められない。われわれは、韓国と日本から攻撃開始まえに必要な事前了解を得ており、国際法上、完全に合法的な防衛的攻撃である」

「今朝、勇敢にして歴史的な戦闘攻撃機隊は、北朝鮮の大量破壊兵器を配備した地下施設の主要なものすべてに小型核ミサイルを正確に撃ち込み、みごとに完全破壊した」

「さらに、独裁者が絶望的な愚かしい反撃に出たり、重大なテロを行うことを防ぐために、独裁者が潜んでいると思われる地下施設にも、同じ地中貫通型の小型核を撃ち込んだ。独裁者の愚劣にして危険な地下施設を効果的に破壊し、北朝鮮軍の韓国への侵略能力と意図を打ち砕いた」

「いずれの核ミサイルも、地下深くで、しかも地中に向かって爆発し、地上への影響は最小限に食い止められた」

「さらに、北緯38度線のＤＭＺ（非武装地帯）に北朝鮮が不当にも配置した、およそ一〇〇〇門もの長射程砲と多数の戦車隊を、グアムから飛びたったＢ１とＢ２Ａの爆撃編隊と嘉手納から飛びたったＦ15Ｅ戦闘攻撃機隊によって、その多くを破壊し、ソウルの市民と在韓米軍の兵士たちを守った」

「わたしはもう一度、言う。神は必ずや許したもう。なぜなら、これは韓国、日本、そして北朝鮮を含むアジアの人びと、さらにアメリカをはじめとする世界の人びとを惨禍から救うための正義の手段であった。そして戦争をもっとも素早く、最小限度の犠牲で終わらせるための最上の手段であり、神の手にも似た最良の手段であったからだ」

「われわれはすでに広島、長崎において、必要に応じて適切に核兵器を用いることが戦争による犠牲者のいたずらな増加を減じることを歴史的に証明している」
「人類よ、北朝鮮の独裁者の手によってわれらの生存に危機が訪れ、そしてアメリカの手によって危機は去った。わたしはアメリカの議会にも深い尊敬と感謝を捧げる。議会が二〇〇三年五月に小型核の研究を是認し、さらに時をあやまたずにその開発をも勇気をもって是認したからこそ、われわれの正しい攻撃を実行できたのである」

　だがその言葉が終わるころ、日本海上の海上自衛隊イージス艦（電子ミサイル駆逐艦）「みょうこう」は、北朝鮮から発射された弾道ミサイルをキャッチした。いずれもノドン一号と思われた。

　その最初の一発をイージス艦のSM3迎撃ミサイルが洋上の高空で破壊し、ほぼ同時に二発目が福井県の原発が集中立地している方面へ飛来したのを、航空自衛隊のペトリオットPAC3迎撃ミサイルが若狭湾内の低高度の上空で破壊した。

　このあとも散発的に飛来するノドン一号を、自衛隊は次々と迎撃に成功した。

　だが八発目、最初の発射から九分後に北朝鮮の南東部、日本海に面したウォンサン（元山）の地下基地から撃たれたらしいテポドン一号ミサイルがついに、迎撃網をかいくぐって三沢基地近くに到達して着弾、搭載されていたＶＸガスが周辺に広がった。

ウォンサンはアメリカが核攻撃したはずの場所だったから、日米両国に大きな衝撃が広がった。地下施設は、小型核でも破壊しきれない場合があるのか。そして、そのミサイル発射は誰が指示したのか。

北朝鮮の独裁者の殺害は成功したのか失敗したのか、ミサイルが次々と発射されるのは北朝鮮の独裁者の命令によるものか違うのか、何も分からない。

はっきりしているのは、三沢基地は戦闘攻撃機の出撃をはじめすべての機能がほぼ失われたことであり、サリンよりずっと毒性の激しいＶＸガスによって米兵も、アメリカ軍と三沢基地を共同使用している自衛官も、そして基地周辺に住む一般国民も、多くが倒れていることであった。

重大な事態は日本だけではなかった。

韓国のソウル中心部には、短距離弾道ミサイルのスカッドＣが一発、着弾した。急報を受けた青瓦台（大統領官邸）と国防省は、ただ一発であるから被害は小さいかと期待したが、すぐに日本と同じくＶＸガスが漏れだしたことが分かった。

大統領も国防大臣も対応するより何より、まずは自らの緊急避難を余儀なくされ、市民は次々に倒れていった。

そして、強化型防毒マスクと防護戦闘服に身を固めた朝鮮人民軍（北朝鮮軍）特殊部隊が38度線の隠し基地から南進し、市内の小学校二か所、病院三か所に突入して占拠しているという非公式情報が漏れ出ていた。

この特殊部隊は、生徒や患者を各階に分散して監禁し、自分たちはその奥に隠れているために、アメリカ空軍のピンポイント攻撃も不可能で、米韓連合軍に早くも焦燥の色があるという。

さらに、アメリカ空軍の核攻撃を受けた北朝鮮では、地上でも超高熱が半径推定四キロメートルから五キロメートルを超えて広がった地域や、爆発が地上へ吹き出した地域、地面が大規模に崩れて、そこから極めて濃度の高い放射能が漏れている地域などがあるらしいという情報が、フランス発で世界へ流れ始めている。

合州国大統領の誇る「神の手」に重大な誤算があったらしいことだけは、急速に確実になりつつあった。

合州国大統領が、そのテレビ演説のなかであらためて広島、長崎への原爆投下を真正面から正当化し、日本とアメリカでは核に対する考え方がまったく違っている現実に気づかされた日本国民は、まるで脱力したかのように世論も静まっていたが、ようやくに「日本政府はなぜ同意したのか」という烈しい怒りの声をあげ始めていた。

なかには、二〇〇四年の日米修好一五〇周年記念の際に、日本政府がワシントンＤＣで展示した歴史パネルに、広島、長崎への原爆投下がまったく記述もされていなかった事実を思い起こした国民もいる。

北朝鮮の独裁者は生きているのか、北朝鮮からミサイルはまだ飛んでくるのか、在日米軍はどう反撃するのか、日本海や東シナ海の空母や原子力潜水艦から、核攻撃は続くのか。

眼のくらむような恐怖のなかで、すべてが分からないまま、朝鮮半島と日本列島に一瞬の静寂が訪れた。

その静寂が破れるとき……

十一の章　北朝鮮の独裁者を分析する

ここまで記したのは、起こりうる米朝戦争の一つの姿である。日本を巻き込む第二次朝鮮戦争、いや東アジア戦争が戦端を開く、一つの姿でもある。

生物兵器、そして核兵器の使用を伴うから、最悪のケースと言っても良い。しかし、ほんとうに最悪のことは、「十の章」の末尾に記した「一瞬の静寂」が破れたあとにこそ起こるのだろう。

●テロをしかける側の思惑

このシミュレーションにどれほどの現実味、難しい言葉を使えば「蓋然性（がいぜんせい）」があるのかについて、公平を心がけながら話しておきたい。

このシミュレーションは、わたしが思いつくままに作文したのではない。

先にお話ししたように、独立総合研究所（独研）が日本初の独立系シンクタンクとして政府機関や民間企業から委託された対テロ防護研究などの実務を通じて、わたしは、アメリカ、ヨーロッパ諸国や韓国、日本の政府機関と意を尽くして議論している。

また中国の政府系研究機関や人民解放軍系の研究機関とも、互いの立場を尊重しながら真正面からぶつかり、議論してきた。

これらの議論が単なる意見の交換にとどまることはむしろ珍しい。多くは、貴重な情報交換が含まれている。ということは、こちらの情報も相手に伝わることを双方が考えて、互いの顔はあくまで穏やかに、にこやかに、ほんとうは神経戦を展開している。

わたしも、相手も、それぞれの国益を損なう情報は絶対に提供しない。そうしたなかで、祖国と世界の平和に役立つ意見交換、情報交換にしてゆくには「構想力」が不可欠だ。

意見を互いに言いっぱなし、情報を交換しっぱなしではなく、相手の意見と限られた情報から、リアルな現実の全体像と来るべき未来像を構想することが必要になる。

そうやって構想したうちの、ごく一部が、「十の章」で示したシミュレーションである。

関係諸国の政府機関、あるいは政府系研究機関との神経戦で得た情報を総合すると、たとえば生物兵器については次のようなことが、はっきりしている。

まず、さまざまに存在する生物兵器のなかでも実戦に使われやすいのは、圧倒的に炭疽(たんそ)菌(きん)と天然痘であることだ。

この二つは対照的だ。炭疽菌は死亡率が極端に高い。吸い込むと、少し治療が遅れただけで、ほぼ一〇〇%亡くなってしまう。しかし伝染は一切しない。

天然痘は、全員が亡くなるわけではない。ところが、非常に伝染力が強い。「十の章」のシミュレーションに記した「交通の発達した先進国で使われれば、あっという間に死者が一〇〇万人に達するだろう」という分析は、実は医学書ではなく、ヨーロッパのある大国の国防省の最新報告書にある。

そしてアジアで生物兵器の開発が実質的に確認されている諸国、すなわち北朝鮮、中国、台湾、ロシアのいずれも炭疽菌、天然痘ともに触手を伸ばしていることは確実だ。

（台湾は「攻撃的な生物兵器は保有していない。中国の生物兵器に対抗して、防御システムだけを持っている」とアメリカなどに水面下で説明しているが、アメリカ側はほとんど信じていない。）

北朝鮮が日本で生物兵器を使用する場合、炭疽菌よりも天然痘を用いる可能性の方が高いとわたしは考えている。

なぜなら、北朝鮮が生物戦を実行するとき、それは決して「暴発」ではないからだ。

北朝鮮が暴発するのではないか、自暴自棄になって生物・化学兵器や核兵器を搭載した弾道ミサイルを発射する懸念が強いと論ずる評論家が日本には少なからず存在するが、北朝鮮はよりしたたかだ。

　イギリス政府の高官が、ロンドン郊外でわたしに「あなたの隣国、北朝鮮は何のために暴発するんだ」と聞いてきた。自国の担当官が日本の新聞と雑誌の記事を整理した報告書を読んだと、彼は言った。

「暴発？　何のために」とわたしは思わず答えた。

「え？　だから何のために」と彼はパイプを落としそうになりながら、聞いた。まるでマンガである。

　わたしはすこし吹き出しそうになったが、それを我慢して答えた。

「北朝鮮の独裁者とその家族、それに取り巻きは、贅（ぜい）を尽くした特権生活を享受しているんですよ。弾道ミサイルなど撃てば、アメリカ軍が必ず総攻撃に出ます。北朝鮮の弾道ミサイルの着弾が韓国でも、あるいはグアムなどのアメリカ領でもなくて、日本だけであっても、必ず米軍が総力を挙げて反撃し、その反撃をかわす手段を北朝鮮は持っていないから、間違いなく体制崩壊してしまいます。だから北朝鮮は少なくとも現在の独裁体制が続く限り、むしろ暴発の可能性は大きくないのです」

「では日本は安全なのかね。北朝鮮の脅威は心配しなくて良いのか」

イギリス紳士はパイプを口にくわえ直すのを忘れたまま聞いた。この人は、英国のテロ対策のなかで大きな責任を担っているが、不必要にえらぶる気配を見せたことがない。

「いいえ、たいへんに心配せねばなりません。つまり、こういうことです。弾道ミサイル発射のような、いわば姿を見せる日本攻撃、すなわち暴発はやらない可能性の方が大きい。その代わり、姿も声もなく、もちろん宣戦布告のたぐいも一切ないテロ攻撃は十二分にあり得ます。たとえば、天然痘に感染した工作員を日本に送り込むといった生物兵器テロがそうですね。

誰が見ても、こんなひどい組織的な対日テロは北朝鮮しかないのじゃないかと思うけれども、北朝鮮であるという証拠は全くない。

それどころか北朝鮮は、日本の治安の悪さのために起きたテロ事件を、日本の政治家やマスメディアが共和国の仕業であるかのごとく言いふらしているのは陰惨な謀略であるとかなんとか、朝鮮中央テレビで非難してみせるでしょう。

証拠がないからまさか、米軍もいきなり北朝鮮を攻撃できない。日本はもちろんできない。日米とも手が打てずにウロウロしているあいだに、北朝鮮が今度はボツリヌス菌を粉末状にしてエアゾールを使って人混みで噴射するテロを起こす。

また証拠がないから、北朝鮮に手を打てない。

日本の世論から間違いなく、もう何でもいいから北朝鮮を怒らせないでくれ、拉致被害者も申し訳ないけど帰ってこなくて良い、コメでもカネでもすぐ援助してくれという悲痛な声が出てきますよね。だから弾道ミサイルは撃たないけど、生物・化学兵器を使った姿なき対日テロは、すでに北朝鮮内部で検討されていると考えるべきでしょう」

英国政府高官は、言葉にならない大きな息をふうと、ついて、しばらく無言で考えていた。

「さっき弾道ミサイルが日本へ撃ち込まれたら、アメリカは必ず北朝鮮を総攻撃するとアオヤマは言ったけど、それは日本がアフガンでもイラクでもアメリカに協力しているからか？　アメリカにしてみれば、北朝鮮を攻撃すれば、すでにアメリカに入っている工作員が生物・化学兵器をＮＹやロスで仕掛ける恐れもあるだろう」

「日本がアメリカに協力しているいないは、実際はあまり関係ないと思います。あなたもいつも実感しているように、アメリカは常に自国の国益だけを考えて動く。いや、大英帝国も同じだ。アメリカにとって在日米軍基地は、基地従業員の質の高さ、戦闘機や艦船など兵器の整備能力の格段の安定ぶり、さらに地政学的位置、すべて米軍を前方展開するために絶対不可欠の基地です。

しかも光熱費や従業員の給料は、アメリカ国民ではなく日本国民の払った税金で賄われている。もはや日本を守るためとか、北東アジアを安定させるためではなくて、世界に米軍を前方展開するための基地ですね。軍事技術の発達によって、三沢や嘉手納にいる戦闘機はすでに中東をはじめ世界のどこへでも、空中給油を受けながら飛んでいけます。

その在日米軍基地を失うことはアメリカの世界戦略上、すなわちアメリカの国益のために決して許すことができないからこそ、北朝鮮の弾道ミサイルによる日本攻撃を許さない。

ミサイルの弾頭に、大量破壊兵器が搭載されていれば、ミサイルが日本のどこに着弾しても、米軍基地が使えなくなる恐れがあるし、とにかくミサイルによる日本攻撃を許せば、狭い日本列島に展開する米軍基地への直接的脅威になる。だから米軍は決して黙っていない」

イギリス政府高官は、深く頷き、何度も頷き、それからようやくパイプを口に戻してくゆらせながら、また無言で考え込んだ。

わたしたちの会話を整理してみよう。

北朝鮮の独裁者はたった今、極上の特権を享受している。すべての行動は、その特権こそを守るためであって、「われらの大義を貫徹したい」と生きているのでも、「アメリカ人はほんとうに憎い。自分が死んででも殺したい」と念じて生きているのでもない。

そこがアラブ人のイスラーム原理主義テロリストやパレスティナ解放運動のテロリストと決定的に違うのだ。アラブやパレスティナには特権どころか生存権すら奪われた人びとが多数いるから、自爆テロや暴発がある。

北朝鮮指導部には、自爆はない。人民に自爆攻撃を強いることはもちろんある。しかしそれは、独裁者が自分の特権を守るために命じるのであって、自らも死ぬためでは決してない。

すなわち、北朝鮮の独裁者が実行するテロ、ないし非対称戦争（非正規戦争とも言う。正規軍と正規軍が宣戦布告してぶつかる戦争ではなく、一方が正規軍でも、一方はつかまえどころのないゲリラやテロリストの新しい型の戦争）とは、姿も声もないテロや戦争でなければならない。

「あいつに違いないけど、あいつだという確証はないから、反撃するのが難しい。しかし、あいつだろうと誰もが思うから、あいつはもう怒らせないようにしようと、誰もが思いがちになる」というテロや非対称戦争しかあり得ないのだ。

したがって、弾道ミサイルは滅多なことでは撃たない。これは、もうアメリカのミサイルが現に飛んできたり、姿を隠している場合ではないときにのみ、使われる。

事態がそこに至る前に、北朝鮮が「独裁者を守る」ために軍事行動ないしテロ活動にでるとすれば、先ほど述べた「姿も声もなく、恐怖と威圧感だけがある」ものになる。

生物兵器はそれに極めて適した武器である。なかでも、伝染しない炭疽菌よりも、あっという間に社会全体に広がっていく天然痘こそが適しているのだ。

●ブッシュ政権の絞りきれなかった選択肢

このイギリス政府高官は、もともとは軍の出身であるが、現在は軍直属ではない別の政府機関で、テロ対策のうちの一セクションを預かっている。そのセクションは、北朝鮮の脅威を直接は扱っていない。

それだから、わたしたちのロンドン郊外での会話は、先に記したような内容になったと言える。

もっと正確に言えば、英国政府のなかにはわたしの知る限り、北朝鮮の脅威を自国にストレートに関係する脅威として取り扱っている機関は現在、存在しない。

だがアメリカは違う。

たとえば、北朝鮮のノドン・ミサイルによって日本が攻撃されるシミュレーションをアメリカの国防総省と軍部が行っていることが、一九九三年に発行された文書に明示されている。

それは「WESTPAC」(ウエストパック)という通称名で研究者には知られている報告書だ。正式には「Western Pacific Missile Defense Architecture Study」という。長いから最初の二語から略称を取っている。「西太平洋において弾道ミサイル防衛をいかに構成するかをめぐる研究」という意味になる。

この報告書は、三菱重工が一九九三年四月二三日付でペンタゴンに提出した。ペンタゴンは八八年に、三菱重工、三菱電機、日本電気、日立製作所、富士通といった日本企業と、ボーイング、ロッキードなどアメリカ企業に一つのグループを組ませて、「近未来の西太平洋では、どのような弾道ミサイル防衛体制が望ましいか」という研究を発注したのである。

わたしは三菱総合研究所（三菱総研）の研究員時代に三菱グループに属していたわけだが、報告書の中身は三菱グループからではなくアメリカのルートから知った。

報告書には、北朝鮮のノドンが九州電力の玄海原子力発電所に撃ち込まれるシミュレーションが図示されている。弾道ミサイルによって原発を破壊するというのは、テロの段階ではなく、前述したように北朝鮮がもはや壊滅をも覚悟した最終段階の戦争ということになるが、その場合は、ノドンの配置からして最短距離で照準も付けやすい玄海原発が危ないという分析である。

アメリカの発注によって、日本の軍事関連産業がこうした研究を行った背景には、中曾根内閣（当時）がレーガン政権（当時）と結んだ「日米ＳＤＩ協定」がある。

ＳＤＩ、すなわちスターウォーズ計画は、ソ連の弾道ミサイルを宇宙で破壊する計画だった。レーガン大統領の描いたマンガに過ぎないとも言われつつ、ソ連の指導部や軍部に衝撃と無力感をもたらしてソ連崩壊の一因になったが、実はそれだけではなく、ＳＤＩ研究の中から実戦配備されつつあるミサイル技術も生まれている。

日本が北朝鮮の弾道ミサイルの脅威に具体的に備える手段として、二〇〇七年に配備した艦載迎撃ミサイルのＳＭ３と地上配備迎撃ミサイルのＰＡＣ３は、その一部なのだ。

ＳＭ３とＰＡＣ３を配備しても弾道ミサイルへの備えとしては不充分だが、それまでは、ほとんど無防備に近かった。

アメリカが軍産複合体の利益のためにＳＤＩを提唱し、日本へＳＭ３とＰＡＣ３を売り込んできたのもまた事実である。だが、在日米軍基地を持つアメリカがイギリスを含めたヨーロッパ諸国と違って北朝鮮の脅威を自国の国益としてリアルに分析し、向かい合っていることを、日本は生かさねばならない。

ただ、そのアメリカのブッシュ政権も、独裁者と北朝鮮を最終的にどうするか、意思統一がまるでできていなかった。

テロ対策の立案や、国家安全保障のあり方を研究する仕事を通じて、ブッシュ政権内部の立場の異なる人びとと会えば会うほど、それが伝わってきた。

そして、ほんとうは『意思統一ができていないだけではなく、ブッシュ大統領が意図的に自分の周りで複数の異見をあえて戦わせていた』とわたしは考えている。

わたしが関係者から直接に聞いただけでも、次のような異見がブッシュ政権の内側に存在した。

（1）通常兵器による限定空爆から新・小型戦術核の使用まで、軍事オプションを幅広く維持しながら、実際には軍事力を行使することなく圧力を強め、多国間協議の場に北朝鮮を引きずり出し、時間を稼ぐ。時間を稼ぎつつ、中国から北朝鮮への裏支援を細らせ、金正日独裁政権が自壊し体制転換することを期待する。自壊が、どうしてもなさそうであれば、そのときに新たな戦略を構築する。

（2）同じく軍事圧力を強めつつ、米韓共同の工作活動を行い、金正日体制へのクーデターを実現する。朝鮮半島の統一をどうするかは、体制の崩壊過程を見ながら判断する。

（3）地中貫通型の小型戦術核の改良によって北朝鮮の地下施設を確実に破壊できるようにすること、さらにアメリカ陸軍のＲＭＡ（戦争革命）の進展によって、まるでテロリストのように動く北朝鮮人民軍・特殊部隊を有効に撃滅できるようにすること、日本と韓国が北朝鮮工作員による生物・化学兵器のテロ攻撃にある程度の備えをつくりあげること、北緯38度線（板門店）からソウルに北朝鮮軍が進撃しソウルが炎上する恐れを小さくすること――といった軍事的改善に注力し、それが出来あがれば直ちに米朝戦争を開戦し、短期に独裁政権を崩壊させる。

韓国に直ちに、統一を実現させるか、それとも北に当面、親韓・親米政権を樹立して緩やかな統一を目指すかは、開戦直前に韓国とも協議して決めればよい。

この三つが主流にあり、少数派としては――

（4）同じ軍事オプションによる圧力は加えるが、その狙いは、金政権の態度軟化、中国の協力による改革開放経済への移行とする、というものがある。

アメリカは今もなお選択を絞り切れないままとも言える。

ただ、いずれにしても今、世に氾濫する「米朝戦争シミュレーション」が小型戦術核による戦争の可能性を忘れるか、軽視しているのは前述したように間違っている。

イラク戦争を経て、アメリカに表れたもっとも大きな軍事的変化は、この小型戦術核をめぐってのことだとも言える。「十の章」のシミュレーションで、第二段階として、小型核による核戦争を想定したのはそのためだ。

北朝鮮の独裁者は暴発などせず、姿なき生物兵器テロによって大きな成果を上げる。アメリカも手を出せないことに気をよくした独裁者は、あくまでも「脅し」の一つとして核実験に踏み切る。だが実は、アメリカはそれを待っていた。

アメリカは独裁者の意図をよく見抜き、弾道ミサイルを撃たずとも核実験を行うことをとらえて「もはや不可逆的な事態」と国際社会に訴えて、北朝鮮を一気に壊滅する準備を整えていた――という想定である。

アメリカの国防関係者、情報関係者とわたしが米朝戦争の可能性について真剣に議論した最初は、二〇〇三年の二月下旬、イラク戦争が目前に迫るときだった。

ワシントンDCは記録的な大雪で市内の道路は雪の塊でふだんの三分の一ほどに細くなり、紳士同士が高級車を降りて口喧嘩(くちげんか)をしていた。ワシントンはニューヨークと違って静かな政治首都だから、こんな混乱は珍しい。ワシントンの混乱は、いつもは眼に見えないところだけで激しいはずなのだ。郊外では、いつもは穏やかな川が増水して洪水が起き、関係者の自宅も美しい庭から玄関下まで浸水にやられて様変わりしていたりした。

それでも彼らは、ホワイトハウスに近くの待ち合わせ場所まで苦労を重ねて早朝に、やって来てくれた。アメリカ人はこうしたとき、たとえ政府の要人であっても夫人と協力して家の浸水を食い止めたり、家族と一緒にいることを優先する。その習慣を破ってきてくれたのだから、わたしは友情に深く感謝した。

そして同時に、間近なふたつの戦争の危機、イラクと北朝鮮という話題がそれだけ切迫したものであることも感じていた。

それ以前にも米朝戦争、あるいは第二次朝鮮戦争の可能性をめぐって話し合ったことは、何度もある。だが、このときほどお互いにシリアスだったことは、過去にない。

まず情報関係者が先に、待ち合わせ場所へやって来た。

アメリカの諜報機関に関係する人物と言えば、日本人にはどんなイメージだろうか。ハードボイルドで隙のない、そして冷酷で狡猾な表情も覗かせる、といったあたりだろうか。実物は、朝の散歩でいつも会釈する物静かな紳士のようだ。仕事は、たとえばコラムニストか大学教授のようにみえる。

情報関係者はまず、「国連がこの先どう動こうとアメリカは（二〇〇三年）三月一五日から二五日のあいだにイラク戦争を始める」と断言した。

わたしはイラク戦争についてひとしきり議論したあと、「イラクは攻撃する。それは分かった。では日本の国益にもっとも重大な関わりのある北朝鮮はどうか。北朝鮮を攻撃することはあるのか、ないのか」と聞いた。

この人には、あえてストレートな聞き方をするのがよいと感じていた。『日本の国益を左右することだからアオヤマは真っ直ぐに切り込んで聞いてくるのだ』と解釈してくれるだろうとも考えていた。

だが情報関係者は、じっと沈黙した。一言も発しない。

そこでわたしは、ブッシュ共和党政権を批判しているペリー元国防長官（クリントン民主党政権時代の長官。黒船で来航したペリー提督の子孫という）を取りあげてみた。民主党関係者から「ペリー元長官は、ブッシュ政権下では米朝戦争は避けられないと見ているよ」と聞いていた。

「ペリーさんは、ブッシュ大統領が北朝鮮と外交交渉をやるかに見えるのはただのポーズで、ほんとうは米朝戦争に踏み切るまでの時間稼ぎだと考えているようですね」

わたしがそう言うと、情報関係者は「どこで聞いた？　ミスター・ペリーがそう考えているのは、わたしも知っている。考え方としては、彼のコンセプトで、そう間違ってはいないだろう。しかし軍事的にはどうかな。俺よりも、まもなくここへやって来る国防当局者に聞いた方がいいよ」と答えた。

ペリー元国防長官は、この日から五か月後の二〇〇三年七月に「米朝戦争は避けられないだろう」と公に発言した。

ペリー元長官は、その根拠として「ブッシュ大統領が北朝鮮の問題を外交的に解決するつもりだと信じて見守っていたが、実際には何も交渉していないね。ブッシュ大統領の言う外交的努力とやらがいったい何のことか分かるという人がいたら、わたしはへそで茶を沸かすよ」、「ブッシュ大統領は、金正日はすなわち悪そのものだから交渉することは道徳に反するという結論にとっくにたどり着いているのじゃないか」と指摘し、「北朝鮮が使用済み核燃料棒の再処理を始めたら、それは戦争の道だと考えてきた」と強調して、米朝戦争が必ずしもブッシュ政権だけで起きるのではなく民主党政権に代わってもあり得ることを強く示唆した。

●拉致問題はどうなるのか

情報関係者と話し始めて一時間近くが過ぎたとき、国防当局者がやってきた。険しい顔つき、濡れた上着、泥の付いたズボンの裾が、ここへたどり着くまでの苦労を物語っていたが、ゆっくりと話すうちに本来の穏やかな表情に戻っていった。

そして彼は、誇張や嘘（うそ）のかげりがない率直な口調で言った。

「イラク軍には、少なくとも正規戦では簡単に勝てる。だから開戦だ。しかし北朝鮮軍相手には、負けずとも、アメリカ兵に犠牲が大きすぎる。日本の自衛隊、韓国軍にも大きな犠牲が出るし、日韓の民間人にも膨大な犠牲が間違いなく出るから、北朝鮮との戦争は無理だ。ブッシュ大統領が何を考えようとも、無理だ。アメリカ軍統合参謀会議議長だったパウエル国務長官もわたしと同じ考えだよ」

ところがイラク戦争でブッシュ大統領が「主な戦闘の終結」を二〇〇三年五月一日に宣言してから間もなく、この同じ国防当局者が「北朝鮮の地下軍事施設を確実に破壊するためには新しい小型戦術核を持つべきだと、イラク戦争の経験のおかげでよく分かった。われわれは進化型のバンカーバスター（地中貫通弾）を使ったが、さほど有効ではなく、サッダーム（フセイン大統領）の取り逃がしを招いた」と伝えてきた。

北朝鮮と戦争をすることにしたとは、一言も言っていないが、「アメリカは北朝鮮との戦争に具体的に備え始めたんだよ」とわたしに分からせようとしている。彼のこれまでの話しぶりを考え合わせると、それがはっきりとうかがえる。

その背景には、イラク戦争の正規戦段階での勝利によってブッシュ政権内部で強硬派が勢いを増したことがあった。彼自身は、強硬派と穏健派の中間に立ち、それゆえに双方から批判されることもある。それだけに強硬派の勢力増大を客観的に実感しているのだろうと、わたしは考えた。

その後、イラク全土でのテロ悪化、米兵の死の連続によって強硬派は次第に顔色を失っている。

だが、この国防当局者は「イラクが厳しいから、北朝鮮に甘くなることはあり得ない。

その逆ならあり得る」とだけ、短く伝えてきた。

この信頼すべき男のぐらつきによってむしろ、わたしは確信した。わたしたち日本人が考えねばならないのは、アメリカの情勢にだけ右往左往するのではなくわたしたち自身のスタンスを定めることなのだ。

アメリカはこの先、イラク情勢の変化によって強硬派と穏健派がそれぞれ強まったり弱まったりするだろう。イラクだけではなく、世界のテロをめぐる情勢によっても変わる。9・11テロと同じようなテロがもう一度起きれば、それがアメリカの防護ミスであっても、穏健派は発言権を大きく失うだろう。

そして強硬派と穏健派の争いは、ブッシュ政権内部だけにとどまるものではなかった。二〇〇四年一月から始まり一一月に決した大統領選挙のなかでも戦われた。

日本がしっかり自らの眼で見つめねばならないのは、北朝鮮の現実の脅威が「姿なき、声なきテロリズム」にあるという冷厳な事実である。そして北朝鮮が、その姿なきテロを実行する理由は、すでに日朝関係に内在している。

まず考えねばならないのは、北朝鮮に対して今後、経済制裁が行われるだろうことだ。拉致問題が、対話と交渉によって解決する希望は小さい。帰国した拉致被害者、帰国できない被害者の違いを考えてみれば分かる。

帰国を実現した被害者五人は、北朝鮮の工作活動へ関与させられていた度合いが少ないとみられる。これに対して、拉致の事実は確認されながら北朝鮮が「自殺や洪水で死亡した」と主張し、帰国させようとしない被害者は、北朝鮮がどうしても隠蔽（いんぺい）したい工作活動に無理に関与させられていたり、あるいは強制的に結婚させられた配偶者（北朝鮮人）が重大な工作活動に従事していたりする可能性が高い。

そうすると、北朝鮮の現在の独裁体制が続く限りは、いかなる交渉を持ってしても帰国が実現しない恐れが強い。

また、実際には一〇〇人前後の拉致被害者が存在する懸念も指摘されている。

それらの被害者のなかには、前述の重大な工作活動に従事させられていたり、あるいは極めて不合理な経過をたどって殺害されていたりする例があるのではないかと見られる。

この人びともまた、交渉で帰国する希望はほとんど見当たらない。

しかし日本はもはや、これを放置するわけにいかない。小泉政権のあいだはもちろんのこと、政権がたとえば民主党（当時）に代わっても、拉致の事実が明らかになっている以上、かつてのように無責任に「当たらず触らず」でいくわけにはいかない。

したがって日本はいずれ、北朝鮮に対し経済制裁に踏み切って、拉致問題の解決を要求する道筋が、もっとも考えられる。

しかもその場合、日本単独で経済制裁を行うのではなく、国際社会の共同歩調のもと行われるだろう。

これだけでも北朝鮮には大打撃であるが、これから実行される経済制裁は過去と比べて格段に強烈な衝撃となる。北朝鮮に対する中国の裏援助が決定的に細ってきているからだ。

中国の支えを失いつつある現在の北朝鮮は、日本、アメリカをはじめとする国際社会が経済制裁、ないし経済封鎖に踏み切った場合、それに耐えられない脆弱(ぜいじゃく)な体質となっている。

その苦境に陥ったとき、北朝鮮が打開策として使えるのは軍事力しかない。しかし前述したように、それはミサイルを使った暴発などではない。

●狂気の国の実像

わたしたちの日本は、いや主権者である日本国民は、一億二〇〇〇万人のうち一〇〇人前後を取り戻すために、北朝鮮による姿なき声なきテロ攻撃を受けることもあり得ると覚悟するかどうかを、いま、問われている。

覚悟するだけでは足りない。

テロに完璧に備えることはできないが、テロに強い国家に変わることはできる。

覚悟を決め、国のあり方を変え、そしてただ一人の同じ日本国民の運命もおろそかにしない国に変える。

それがまさしく、敗戦国日本が戦後約七〇年を経て、独立することではないか。わたしはそう考えている。

この「独立」を読者と一緒にじっくり考えたい。国の独立のまえに、個人の自立と独立が男女関係なくあるべきではないかという立場から、考えたい。

ほんとうの独立を考えるのなら、わたしたちのほんとうの居場所をまず考えたい。

わたしたちは今、どこにいるのか。

今どこにいて、これから、どこへ向かおうとしているのか。

この不安な思いを胸の奥に置いている日本人は、すくなくないだろう。わたし自身が、そのひとりだ。日本がこれまでと同じでは、もうやっていけない。世代を超えて、誰もがそう感じ取っている。

日本は変わったのではないかと、日本人が言う。高速バスの運転手が酒を呑んで蛇行運転をし、布団を叩く音がうるさいからと隣家の主婦を勤め人が殺害し、幼児を投げ殺した中学生が優等生のまま学校に通い続け、その両親は謝罪もしない。異様な事件は実は昔からあったが、社会のどこでもいつでも起きることが、たしかに違う。

その理由を摑めないまま、日本人はデフレーションのせいにしたり、教育にわけを求めたり、果ては平和のせいにしたり、あれこれ考える。

だが、『日本が変わらないままの方がうまくいくのに変わってしまった』のでは、ない。日本が変わらずにいると、もうやっていけない。変わらなければ生きていけないのかもしれないが、どう変わればいいのか摑めない。

そのことに気づいている、言葉にはできずとも直感しているから、自分がどうあればいいのか深い部分で分からなくなり、弱いひとのなかには異様な行動で不安を拭おうとするひとも出てくる。

そして、この新しい不安の背景のひとつは、日本列島の浮かぶアジア社会の変容にある。

もっとも凄絶な変化、「国家の溶解」がきざしているのは北朝鮮である。

変化するだけならまだしも、北朝鮮は交戦もしていない日本国の庶民を誘拐し、核兵器、細菌兵器、毒ガス兵器の切っ先を、武装せざる市民にたった今、向けている。

喧嘩もしていない隣家が、我が家の家族を誘拐し、誘拐したなかの、たとえば「めぐみ」という中学生の娘のことを「気が触れて首を吊ったんだ」と言い張って返さず、残った息子や娘には覚醒剤や麻薬を売りつけ、それだけでは足りず原子爆弾、天然痘や炭疽菌、ボツリヌス菌、それにサリンやマスタードガス、VX殺人ガスを、狭い庭先で使うぞ、嫌ならカネもコメも出せと叫んでいるのだ。

我が家の大家族のなかには呑気（のんき）な人もいて、この隣家の様子に気づかず、昼寝、朝寝を決め込んでいるが、その夢の中に隣人の叫び声は実は忍び込んでいて、もともとの不安な寝苦しい悪夢に拍車をかける。なかには、夢遊病者のように台所から包丁を取り出して悪夢を振り払おうと手近な家族を刺してしまう家族まで現れている。

誘拐が始まって三〇年ほども過ぎた二〇〇三年の夏、太平洋を挟んだ遠くの家一軒と、近くの家三軒、それに隣家と我が家の六軒が集まって話し合ってみたけれど、なにも変わらなかった。また会うことだけは決めたはずなのに、隣家は帰りしな「もうこんな茶番の話し合いには興味もない」と言い捨てていった。

比喩のための比喩ではない。これがわたしたちの直面している、アジア社会である。

わたしたちの隣家、北朝鮮は、自らは民主主義国家と称し「朝鮮民主主義人民共和国」と名乗っている。そのあまりに異様な現在の姿は、人間の国家の歴史のなかでもほとんど例がない。生半可な分析では、この姿でいるわけを説明も理解もできない。

亡命した朝鮮労働党の最高幹部によれば、人口二三〇〇万人のうち三五〇万人ほどが、すでに飢え死にしたという。実に、人口のうち一五％強である。そして独裁者が中途半端な「経済改革」の真似事をしてコメの価格を自由化したために、闇市場でコメが暴騰し、新たな餓死者が増え続けている。

現代の日本にも孤独の果ての餓死がある。だが何百万人もの餓死となると、これが何を意味するか摑みにくい。日本に置き換えてみよう。

日本国民の一五％強だから一八〇〇万人、すなわち東京都民と兵庫県民がひとり残らずノドを掻きむしるように餓死したのだ。そして新たな飢餓が始まって、あなたの棲む地にも草を煮てミミズを掘り返し、骨を皮膚に浮かべて死にゆく人びとが現れている。

しかも、その責を負う独裁者が丸々と太って健在で、それから日本で捕捉された独裁者の息子も丸々と太り、腹が突き出て、豪華に暮らし続けている。この想像を絶するナマの現実が、すぐ隣にある。

その独裁者をひたすら誉(ほ)めたたえるために、幼い子供から成人まで、同じつくりの仮面のような笑顔を満面に一様に浮かべて、踊り、歌う。顔筋が同じ動き方をするのだ。とくに子供は、その口の両端の引き上げ方や眼の流し方に、際だって異様な姿が浮かんでいる。わたしは彼らの未来を思わずにはいられない。

日本と韓国のマスメディアが「美女軍団」と安直に名付けた、若い女性たちのスポーツ応援団も、本質的にこの子供たちと変わらない。外国向けに若干の味つけをして、あたかも「個性」がすこしは存在するかのように見せかけながら、三人ひと組で相互監視しつつ化粧も笑顔も眼の表情も体型も動作も、量産された人造人間のように揃っている。

そして韓国がユニバーシアード大会を開き、彼女たちを歓迎する横断幕に、金正日総書記が金大中・韓国大統領（当時）と空港で握手する写真を刷り込んだだけで、この「美女軍団」は「将軍様が雨に濡れておしまいになる。おいたわしい」、「あんな丸太などに将軍様のお写真を結びつけて」と泣き叫び、凄(すさ)まじい形相でテレビクルーに「なに撮ってんだ、この野郎」と本性丸出しで摑みかかり、幕を下ろさせた。それは演技などではない。

演技や演出なら、テレビにむしろ積極的に撮らせる。彼女たちの本体は、工作員の一種なのだから。

それに、眼の色がありありと本物であった。まともな神経ならむしろ、自国の指導者への敬意を感じて感謝するところで、聖なるお方が冒涜されたと体の奥から激昂する。

偽の演技ではなく、本物の狂気である。

三五〇万人を餓死に追いやり今も国民の多くを飢えさせている独裁者を、その狂気がまさしく支え、守っている。彼女たちは、独裁者に脳味噌を頭蓋骨から取り出され特殊な液体で洗われたかのように深刻な化学変化を起こしている。もちろん実際にはそうではなく、ごく幼い頃、精神形成の前から独裁者崇拝を叩き込むという国家犯罪の手口だけで足りる。

朝鮮人民軍（北朝鮮軍）特殊部隊は、世界で一、二の強さを持つ。重油もないから北朝鮮軍は無力だと指摘する評論家は多い。だが、わたしたちの独研が民間企業連合の委託によって進めているテロ対策研究プロジェクトでヒヤリング（聞き取り調査）を行ったとき、米軍の関係者はこう語った。

「わが軍で言えば、グリーンベレー（陸軍特殊部隊）ではちょっと、北朝鮮特殊部隊に対抗しきれないだろう。デルタフォース（陸軍対テロ専門部隊）ならどうにか、というぐらい強力だ」

このヒヤリングを担当したわたしが「なぜ、そんなに強いのか」と聞くと、「北朝鮮は、自国民を三歳から五歳までに拉致して、両親から切り離し、特殊部隊兵士に育て上げるからだ」という答えが即座に返ってきた。

この特殊部隊員と、韓国の男性が情けなくも目尻を下げる「美女軍団」は、まさしく同根である。そして、その背後で今日たった今も、おそらくは新たな餓死者が出ている。

わたしたちの隣人は、なぜ、こんなマンガにも描けないような悪夢の国でいなければならないのか。

その国の独裁者が、核や細菌兵器、毒ガス兵器を日本で使う準備を進めているのだから、わたしたちが他人事で済ませてよいはずはない。

北朝鮮とパイプを持つという民間団体のリーダーが「北朝鮮という国を特殊な国とみるなら拉致問題も解決しない」と発言しているのは、座視できない俗論である。

他国でつつましく暮らしている庶民を、突然に殴りつけ袋に押し込んで自国に連れ去り、その生涯を対日工作、つまり被害者の祖国に敵対する工作をやらせるために捧げ尽くさせる。これが特殊な国でなくて何だろうか。

まさしく狂気の国であると目を背けないで断じ、その狂気がどこから来るのか、そしてどこに向かっているのかを摑むことが大切なのだ。

北朝鮮のふつうの国民、あるいは在日のふつうの朝鮮人のひとびとを「特殊」だとは決して考えてはいけない。そのような考えは、良し悪しの問題の前に、事実にまったく反する。「特殊な人種」など人類学的にも存在しない。そんな愚かな差別意識を持つなら、北朝鮮がわたしたちの日本を「妄動の国」と非難する、例の調子と声が正しいことになってしまう。わたしたちの祖国は敗戦も経て、アジア諸国ではまだ例外的な本物の民主主義を確立している。問題や課題が山積ではあってもそれは間違いない。

愛国者であるなら、北朝鮮と在日の民衆を心の奥でも差別することがないよう、わたしたちは自分に厳しくあらねばならない。わたし自身を含めて、こころの中に差別が忍び込むことを、一人ひとりが跳ねつけたい。

と同時に、北朝鮮の独裁体制は「特殊」と読み切ることがむしろ必要である。

北朝鮮が特殊な独裁体制であるのは今に始まったことではない。金正日総書記の父、金日成主席の時代から日本の庶民を拉致し、大韓航空機を乗客もろとも空中爆破していた。

しかし東西冷戦が終わって、共産圏の実像を覆い隠していた霧が少しづつ晴れるにつれ、北朝鮮の実像がようやく日本国民に広く知られるようになった。また北朝鮮の独裁者も、金正日総書記に代わってから冷戦後の王朝の危機を身近に感じて、核、細菌兵器、毒ガス兵器、それらを搭載する弾道ミサイルの配備に、より狂奔するようになった。

日本のふつうの国民に深い不安がきざすのは、実は健全な感覚である。

北朝鮮の狂気を、共産主義や社会主義のせいにするだけでは、とても説明しきれない。かつてのソ連や、文化大革命時代の中国のような「人民のために」というスローガンすら、現在の北朝鮮では主役ではないからだ。出てくるのは「将軍様のために」、つまり「すべては独裁者のために」という叫びばかりである。

儒教が、独裁者崇拝の根っこにあることは疑いない。朝鮮半島と中国は、西洋思想の共産主義と土着の儒教が深々と結びつき化学変化を起こした社会である。

わたしが若い地方記者の時代に、当時の林田悠紀夫・京都府知事と訪中し、取材のために知事の前を横切ったとき中国側の通訳が顔色を変えて怒った。「目上の人の前を横切るなんて、人間としてやってはならないっ。あなたは、なんてことをしたんですか」と。

横切ったわたしと知事の間には、二メートル半ほどの充分な距離があった。すれすれに眼前を過ぎたのではなく、林田知事は意識もしていなかったから、知事自身が通訳の突然の言葉に驚いた。

「ぼくらは京都府民の代わりに、知事に同行しているんですよ。主権者のために、知事の言動を伝えるのが任務です。礼を失しない限り、動き回ります。今のことは、失礼にはまったく当たりません」とわたしは応えた。共産党員のこの通訳さんは「やっぱり日本人はおかしい。朝鮮人はまともだけど、日本人は狂ってるよ」と、ぶつぶつと呟くように何度も執拗に繰り返した。ポーズでも何でもなく真剣に、こころから怒っているのである。

中国と地続きの朝鮮半島にも、この「化学変化型」の儒教文化が根づいている。中国と北朝鮮が、親子のような結びつきを失いそうで失わない理由の深層はここにある。

だが、この「儒教社会主義」でも、北朝鮮の現状はまだ説明しきれない。

金正日体制の北朝鮮は、二〇〇二年七月に配給制を廃止した。これは、首領様が人民に分け与えてくださるという、まさしく儒教社会主義の否定である。

金正日総書記の父、金日成主席の時代には、おカネがあっても配給切符がなければ物を買えなかった。それを、配給切符ではなくおカネ、貨幣が物を言う経済へ、実質的に移行した。ところが中国と違って独裁型経済（計画経済）をやめないために、まずコメが闇市場で天文学的な数字で値上がりし、再び飢えが広まっている。前述した通りだ。

そこで、民衆だけではなく党幹部や、軍の高級将校らの脱北、すなわち亡命が激増して、そこだけを見ると北朝鮮は崩壊しつつあるように見えた。

ところが一方で北朝鮮は、「太陽政策」つまり北朝鮮の独裁を容認し手助けする路線の韓国と結びつきを強め、「美女軍団」を送り込んで韓国の男性とマスメディアの熱狂的な支持を受けた。それだけではなく、国内でも反米集会を開けば、もちろん動員ではあっても飢餓などないがごとくに一糸乱れず民衆が動く。

父の路線を実質的に否定することは、儒教社会主義では最大のタブーを犯すことであり、しかもそれによって再び飢えへ突き進んでいる。だが、ただ一人の独裁者とそのわずかな親族だけの超絶の特権はいまだ揺らいでいない。だから、日本国外務省の高級幹部は「北朝鮮は絶対、崩壊しませんよ」とわたしにいまも、言い切るのだ。

日本の民衆は、こうした姿をテレビで面白おかしく見せられているだけにみえるが、ほんとうは日本人の危機も深まっていることを本能的に感じていると、わたしは考える。各地を回る講演で、会場からの質問に答えている実感だ。

犯してはならないタブーを犯し、しかもその新政策に無惨に失敗し、「労働者、農民を飢えさせない」という社会主義の絶対の基盤を壊した独裁者が、なぜ生き延びているのか。そのわけを、日本人は頭ではなく身体で知っている。

恐怖だけが、独裁を支えている。恐怖だけが、すべての不思議、謎、矛盾の空白を埋めている。

それをマスメディアよりも、もっと体感的に日本の民衆は気づいている。北の独裁者は、美女軍団と反米集会では、巨大な負の流れ、崩壊への怒濤（どとう）を食い止められないと実は知っているからこそ核兵器と細菌兵器と毒ガス兵器をその手に握り続けて日本を脅かしている。頭の良い日本の民衆は、そこに気づいている。

●六か国協議の正体

わたしの拙（つたな）い講演をわざわざ聞きに来てくれた聴衆から、誠実な表情の背の高い男性が質問に立った。三七歳、メーカー勤務という。

「六か国協議とか万景峰（マンギョンボン）号とか、いろいろイベントや騒ぎだけはあるんですけど、結局、北朝鮮はどうなるんですか。日本はどうすればいいんですか」

ふつうの国民がいちばん聞きたいことをズバリと聞いている、良い質問だとわたしは思った。

そこで一呼吸だけ置いてから答えようとすると、その男性が再び立ち上がって「だいたい、北朝鮮の核開発をやめさせるために六か国協議を始めたとか言っても、ほんとうは気休めなのじゃないですか」と質問を続けた。

アメリカ、ロシア、中国、韓国、そして日本と北朝鮮の外交官が北京に集まって六か国協議が初めて開かれていた、まさしく最中の二〇〇三年八月末のことだった。冷え切るように夏が死んでいたかと思うと突然に、重い怒りに満ちて暑さが甦る、狂った夏であった。

わたしは「もう少しお話になってください」と言った。

質問を借りて意見の表明であっても、それはちっとも構わない。アメリカで若い人を相手に喋(しゃべ)ったとき、「質問は?」と聞いたら、足を上げた奴がいた。その彼に当てると、当てられてから懸命に質問を考えている。チャンスをつかまえるのが先なのだ。こういうアメリカ人をわたしたちは世界市場で相手にしていくのだから、意見だろうが何だろうが、積極質問は、本音で大歓迎だ。

サラリーマンの男性は頷いて、「ぼくは最近、朝鮮動乱で韓国軍の参謀総長だった人の本を読みました」と続けた。会場もじっと男性に耳を傾けている。

「北朝鮮は国際的な約束を守ったことが一度もないし、これからも絶対に守らないと断言してありました。それなら、仮に六か国協議を何回かやるうちに、北朝鮮が核兵器の開発をやめることになって、日本やらほかの国が北朝鮮を援助する合意ができても、それはむしろ、北朝鮮がこっそり核兵器を作り続ける資金を渡すだけではないですか。すぐ隣の国で、そんなことがこれからもずっと続くなら、日本にいつ何があっても不思議ではないんじゃないかと、不安なんですけど」

男性が腰かけると、わたしはマイクを取って立ち上がり、「残念ながら、とても正確な認識だと思います」と答えた。

わたしはほとんどの場合、立って話すようにしている。座ったまま一方的に話せば、聴いている人は眠くなる。眠ってしまえば、何のためにわざわざ会場へ足を運んだのか、その人の時間が無駄になる。もっとも社命で講演を聴きに出て、そこでぐっすり眠るのが愉しみの人もいるのだろう。だから気負うこともないのだが。

「その韓国軍・参謀総長だった人は、白善燁（ペクソンヨプ）さんですね。白さんは、一九五一年七月の休戦会談で、韓国軍代表を務めて北朝鮮軍や中国軍の代表と交渉しましたが、その経験などから確かに、北には国際的な約束を守るべきだという考え自体がないと、おっしゃってます。わたしは白さんに直接、会ったことはありませんが、白さんの後輩、現役の韓国陸軍将軍に、北にとっては外国と条約や合意を結んだりするのは工作活動であって約束じゃないんですと言われました。ため息が出ましたね」

「韓国軍だけじゃ、ないんです。中国人民解放軍、これは北朝鮮軍の友軍のはずですね。その関係者に『北朝鮮が侵略されたら自動的に中国軍が南下して助けるという中朝友好条約は、もう無効だと、中国軍は考えていると中国サイドから聞きました。約束違反ではないのですか』と尋ねたことがあります。そしたら『それは北朝鮮に約束を守る習慣があれば、の話でしょう。あの国にそれはありません。だから、もともとあの条約は、意味がなかったんです』という答えが返ってきて、わたしはかなり驚きました」

「だから、北朝鮮と国際合意ができたら、むしろもっと危ないという考え方もあり得るわけです。現に、アメリカのクリントン政権といったん核開発をやめる合意と約束ができていたのに、北朝鮮がこっそりウラン濃縮型の原子爆弾を作っていたために、今の核危機になっているのですから」

　そしてわたしは、聴衆のうち熱心な表情のひと、こいつ、ほんとかなぁという表情のひと、一人ひとりと眼を合わせていきながら「いま質問された方は、六か国協議を、気休めじゃないかとおっしゃいました。なんとなく、無理にでも厳しく言ってみた、という顔をされていました」と続けた。

会場は、すこしだけ笑いが漏れた。聴衆の眼を思わず覗き込むのは、わたしの癖のようなものだけど、せっかく会ったのだからもっと話をしたいですね、という正直な気持ちでもある。

「だけどわたしは、ただの気休めならまだマシかな、と心配しています」

聴衆の人びとは、じっと次の言葉を待ってくれている。わたしは言い淀んだ。核開発をどうするか、アメリカとだけしか話さないと言い張っていた北朝鮮を、多国間で話し合う場にようやく連れてきた試みは、まだ始まったばかりだった。

「平和への扉が開いた」と論評する新聞もあるのだから、あまり悲観的なことを言って、みなをがっかりさせたくない。しかし……。

わたしは、講演の最中としてはいくらか異常事態に近いほど黙ってうなだれて、考え込んでしまった。

そして「六か国協議の正体は、戦争への道かも知れません」と言った。

案の定、会場は静まりかえってしまった。

わたしは、マイクを握り直した。「まず、この協議には出口がありません。合意に達しないという意味ではなくて、仮に奇跡的に合意に達しても、それは出口ではないということです」

「合意を出口と言うなら、北朝鮮がその合意を守る国でなければなりません。そもそも今の核危機は、北朝鮮が合意というものを何の後ろめたさもなく裏切ったことから生まれていますね」

「先ほども申しあげましたが、もう一度きちんと言いましょう。一九九四年に米朝合意をして、北朝鮮は核開発を諦める、兵器級のプルトニウムを作りやすい黒鉛型の原子力発電所もやめる、その代わりに核兵器製造に使うプルトニウムは取り出しにくい軽水炉の原発をつくる援助をアメリカと韓国と、そして日本でやりましょうとなりました。北朝鮮は確かに一時期、プルトニウム型、つまりナガサキ型の原爆を作るのはやめていた」

「ところが高濃縮ウラン型、つまりヒロシマ型の原爆はこっそり作っていた。これでは意味がないから、合意がご破算になった。それなのに北朝鮮は、アメリカや日本が約束を破って軽水炉原発をつくってくれないからだと激しく言い募っていますよね」

「たまたま、こうなったのじゃない。北朝鮮はまさしく全て確信のもとに行っている。工作国家として、国際合意をうまく裏切ることこそを国是にしている。その考え方も体質も、まったく同じ独裁体制がそのままで、どうして合意に意味があるのでしょうか」

「わたしが勝手にこう考えているのなら、まだいいのですが、わたしがテロ対策の仕事を通じて信頼関係のあるアメリカの当局者、関係者も、これと同じことを考えている。わたしが意見を言う前に、同じ意見を吐いたのです。ブッシュ政権のなかの、いわゆる強硬派の人びとはもちろんのこと、穏健派の人びともわたしの知る限り同じです。あくまでもわたしが直接、話を聞いた範囲のことですから、政権内部のもっとほかの人に聞いたら違う意見が返ってくるだろうと、おっしゃる方もいると思います」

聴衆のなかに、いわば自動的に小さく頷く顔が見えた。ほかの人なら違うかも、そう思いたいのが当然だ。

「だけども、それは違います。ブッシュ政権だけではなく、民主党も含めて、アメリカの責任ある立場の誰が、いや北朝鮮の独裁者は合意って約束だからやっぱり守らなきゃねと考えを変えたんだと、そう言えますか？　誰も言えない。平和の希望のためには、そう言いたいけど、自分の発言に責任を持つなら、北朝鮮の独裁者はむしろもっと『合意とは、それを利用して裏切るためにある』と考えているようだとは言えても、その逆は言えない」

「つまり、アメリカは、六か国協議を合意をつくる場とは考えていない。では何のための協議なのか」

どうしても聴衆に伝えなければならないことだから、わたしはここまでを一気に話した。声が大きくなっているのが自分でも分かるのだが、昂奮しているのではない。むしろ自分の胸がつめたく冷えるのが、わかる。合意とはバレずにやりたいことをやる隠れ蓑、それが正義だと本気で思っている相手と、多国間協議をやる。その空しさは、こころを冷やすのだ。

「みなさん、アメリカがイラク戦争を始めるまでを思いだしてください。ブッシュ政権といえども、いきなりミサイル攻撃や地上部隊侵攻を始めたのではない。あれほど馬鹿にしている国連の場で、安全保障理事会で、それなりに揉んでから、その手順を踏んでから始めたのです」

「わたしは、ことし（二〇〇三年）二月下旬、つまりイラク戦争開戦のちょうど一か月ほど前にワシントンで、ブッシュ政権のなかの穏健派、長いつきあいの元海軍将校から『アオヤマサン、国連はね、もはやわれわれが正義を遂行するのを、いやらしく邪魔しているだけの存在だよ』と言われて驚きました」

「彼はかつて、まったく違うことを言っていた。先の悲惨な大戦は偉大なおみやげを置いていった、ひとつは日本が（西洋も理解できる）民主主義国家になったこと、もうひとつは、曲がりなりにも平和への強制力を持つ国連ができたことだと言っていたのに、この変化にショックを受けたのです。しかし、それでも、その国連であっても、その場を使って戦争に至る前に外交的な手を尽くす、話し合いをする手順をアメリカは踏みました」

「これは、アメリカが腹の底では国連を信じていたということではありません。もはや戦争に訴えるしかない、その決断を済ませていたからこそ、いわば大型セレモニーとして話し合いの場をつくった、そのためにだけ国連を利用したのです」

「だから、六か国協議も、北朝鮮との戦争を国際社会で正当化するための手順ではないか。その質問をわたしと信頼関係のあるアメリカの関係者にぶつけてみると、いや、そうじゃないよと言ってくれた人は、ただの一人もいませんでした」

「強硬派も、穏健派も中間派も、われわれはやるべきことをやる、その答だけでした。言葉はもちろんそれぞれ違います。しかし趣旨はみごとに同じだった。やるべきことをやる。この、やるべきこととは、戦争を始めるには国際社会で必要な最低限度以上の手順はちゃんと踏むよ、ということも含むし、軍事力の行使でしか達成できないことは軍事力でやるよ、ということも含んでいるのです」

「先ほど言いましたように、わたしはことし二月下旬に、ワシントンDCでアメリカの関係者と長時間の協議を持ちました。取材というのでは、ありません。わたしの属する独研は政府機関と民間企業から委託されて、日本をどうやってテロリズムから護るかという研究プロジェクトを行っていますから、その一環です」

「そのとき、アメリカの関係者はみな、北朝鮮とは戦争はできないよと言ったのです。北朝鮮の特殊部隊は、正規軍でありながら、テロリストの集まりのような集団です。良い悪いを言っているのではありません。朝鮮人民軍特殊部隊を除く、世界のどんな軍隊も、指揮命令系統を破壊されれば、失えば、動きがバラバラになって機能を失います。ところが、北朝鮮特殊部隊だけは、一人ひとりが戦闘を続けると思われます。なぜか」

「アメリカの関係当局の分析によれば、この特殊部隊は、自国民を幼い頃に街頭や農道で誘拐して、独裁者の指示を脳の奥に刷り込んで、成立しているからです。そうであれば、指示を実現するか、それとも死ぬまでは動き続けます。こんな軍隊は、アメリカ軍といえども勝てるかどうか分かりません。いや、正直な高級将校はわたしに『われわれがいちばん苦手な軍隊だよ。あそことだけはやりたくない』と言いました」

「それでもなおアメリカは軍事力で解決するオプションは決して捨てません。アメリカはイラク戦争の正規戦で圧勝したあとフセイン政権の残党や、イラクに流入したアルカーイダなどのイスラーム原理主義テロリストグループ、さらにはイラク民衆の反乱、抵抗運動に苦しみ抜いています。いちばん苦手な相手、すなわち北朝鮮と戦争をするためには、このイラクをどうにかする充分な時間が欲しい。多国間協議は今や、そのためのツール（道具）になりつつあります」

講演の主催者から、『そろそろトイレ休憩を入れてください』という小さな紙がわたしに届いていた。

この拙い書物でも、すこし視点を変えて、いったん読者のみなさんを違う場所に案内してから、謎解きに戻りたいと思う。

第四部

十二の章　本当の日米関係を直視する

●イージス艦「こんごう」に乗り込んでわかったこと

違う場所、それは実は地球の上、成層圏である。

ものごとを考えるとき、とくに国際社会について判断するときは、小さな具体的な視点（ミクロ）と、大きな抽象的視点（マクロ）を合わせた方がいい。そしてミクロにも常に、抽象的なコンセプト（考える方向づけ）を含み、マクロにも常に具体的なエビデンス（確証）を含んでいた方がいいと、わたしはいつも考えている。

だからここで、いったん空の上からアジアと世界を眺めてみよう。

朝鮮半島は、南北が経済を競った「それなりの平和」の時代が遠く去った。カタストロフィ（悲劇的な破局）をふくめて未知の結末に向かって突き進んでいる。北の独裁者が、国民を飢えさせてでも国富を大量殺戮（さつりく）兵器の開発に費やしているほんとうの理由は、独裁者だけがこの結末を肌で予感しているからだ。

そして、その照準は、かつての韓国よりも今は日本に合わされている。日本のふつうの庶民にすれば、理由もよく分からないまま狙われているから、よけいに心配が募る。

北朝鮮が日本を攻撃対象にするのは、在韓米軍よりずっと空海軍の充実した在日米軍こそが怖いからだ。そこまで考える日本人は、これまで日本の守護神だったはずの日米安保条約に、代替案がないまま不安を感じる。

朝鮮半島を古代から現在まで支配する中国はどうか。

中国は、政治が共産党一党独裁のまま、経済だけが日本よりも資本主義的な激しい競争社会にされるという、冷戦時代さなかには想像もできない奇怪な制度に変容した。一三億を超える膨大な人口のなかで格差が深く広く拡大し続けている。

実は、それが日本で中国人犯罪の激増している真実の理由である。負け組が日本に流入して、目を覆う犯罪を繰り返し引き起こす。

突然の凶行に襲われる日本人は、なぜ急に狙われるようになったか理解できないまま、血の匂いのする不安に直面している。

そして日本のいわば足元に位置する、世界最大のイスラーム国インドネシアは、冷戦下のスハルト時代の安定が嘘のように東ティモール、アチェと武装分離運動が相次ぎ、分解のプロセスを転がり落ちている。

その崩れをイスラーム原理主義テロリストグループに深くつけ込まれて、悲惨なテロ事件が続発し、テロが日本へ北上するためのベースキャンプのように変貌しつつある。

これが、いま日本のある、わたしたちのいるアジアである。

過去の歴史に記録されていない、未経験の変化を起こしつつ、ゴールは見えず、もはや「不可逆」、もとへは決して戻れないことだけが誰の胸にもありありと迫ってくる。

その不安が引き起こす不安定の正体を摑(つか)むには、日本社会の深奥部を見ようとする努力と工夫が大切だ。しかし、それだけではもう実態を摑みきれない。

わたしたち日本人は、北朝鮮、中国、インドネシア、そしてフィリピンやベトナム、モンゴル、ミャンマー、インドといったアジアの激変に、どう自ら関わるのか、それをわたしたち自身の両眼で見て、わたしたち自身の頭で考え決断し、自分の手足を動かして行動していかねばならない。

もっとも悲劇的に、そしてあまりにむごい喜劇、ブラック・コメディとして壊れゆく北朝鮮にまず、どう臨むのかを決めるのだ。

万景峰(マンギョンボン)号をめぐる騒ぎに眼を奪われ、六か国協議に淡く期待することも悪くない。関心のきっかけになる。

だが、わたしたちふつうの日本国民はもう、そうやって傍観者でいることはできない。福井県の家族だけではなく、全国のなかから北朝鮮に拉致された被害者もほんとうは出ている。日本の唯一の主権者であるわたしたちが、新しいアジアで祖国がどう生きるべきかを決するのだ。

これまで述べたように、わたしたちは今、馴染(なじ)みのない新しい不安の中にいる。

しかしそれは、日本と、わたしたち主権者のまえに未知の道が開けていることをも意味する。未知の道ほど、わたしたちをわくわくさせるものはない。それに、たとえ「不安」であっても、男も女も世代も仕事も立場も貫いて、ひとつの思い、同じ思いを共有しているのは、希望の静かな始まりである。

かつて日本には、幕末という青春があった。

血刀を下げて京の街を走る武士と、「ええじゃないか」を踊り狂う民衆とは、現在では想像が難しいほど生活が違っていたが、根っこの同じ不安に貫かれていた。そしてその不安が、おおくの犠牲を生みながら民族のエネルギーをひとつに集約し、開国と維新とを東洋の島国にもたらした。

その歴史を思いながら、眼を、わたしたちのいま生きている世界に転じて、公平を心がけながら眺めてみよう。

世界を握るはずのアメリカが二〇〇一年九月一一日の晴れた朝、わずか十数人のテロリストに、バビロンの塔のような超高層ビルを人間ごと粉々に塵（ちり）にされた。

怒れる巨人となったアメリカは、遠くアフガンとイラクに火球を降り注いで滅ぼした。だが、滅亡はうわべの政権だけであった。テロリストたちは脈々と生き延びている。アフガンでもイラクでもアメリカ兵の背後から襲いかかり、アメリカ兵は市民と見分けられず市民を殺害している。

その殺害が新たな憎悪を生み、テロリストを後押しして、やがてアメリカ国民の命をふたたび奪うだろう。

日本はそのアメリカに求められるまま、アフガンの沖にミサイル護衛艦と輸送艦を送り、イラクには陸海空すべての兵を送る。

イスラーム原理主義のテロリストたちは中東の地で「アメリカの協力者である日本を攻撃する」と、もはや公言している。9・11テロを実行したテロ組織アルカーイダが工作員を日本に入国させようとしている証拠が、日米の当局の調べで確認されている。

アルカーイダとは、アラビア語で「拠点」を意味する。聖典クルアーン（コーラン）を生きる頼りにする彼らは、字義のとおりに動こうとする。アメリカ空海軍でも最強の部隊が駐留する日本に、テロの拠点を造ろうと現実に動いているのだ。イスラーム原理主義のテロリストに、もはや国家は必要ではない。拠点と資金さえあれば、憎しみを培養液に、深く広く増殖してゆく。

そのイスラーム原理主義テロリストには、北朝鮮で訓練を受けて日本への潜入や殺人、破壊の技術を学んだ者が少なくない。

狭い日本海を挟むだけの、この隣国は、国家ごとテロリストであることを世界に宣告するかのように振るまっている。その工作員はすでに二万人規模で日本に存在するという。

米英の情報当局者、それに国内の治安当局者がわたしに語ったことを総合すると「中核となる破壊工作員は五〇〇人前後のようだが、ふだんは主婦やふつうのサラリーマン、あるいは原子力発電所の下請け労働者として生きるスリーピング・インサイダー（破壊協力者）を合わせると二万人ほどになる」のが実状だ。

北朝鮮は、冷戦で共産主義が敗北してソ連、中国という後ろ盾を失った。しかし、そのあとも共産党（朝鮮労働党）の独裁、いや個人の独裁を続けているために国民が飢え、いまや「今後も存在できる保証」を、アメリカに求めている。ひとりアメリカだけが冷戦の勝者だと、リアルに知っているからだ。実際には小国に過ぎない北朝鮮は、異常な軍事力で自らを大きく見せつつ、世界の事実を知ろうといつも懸命に努力している。

だがブッシュ政権はこの「生存保証」を発行することを拒み、政権内強硬派の大物、パール国防政策委員は「少なくとも限定空爆を」と公言している。

もし米軍が北朝鮮の核・生物・化学兵器の施設を爆撃すれば、戦争がそれだけで済むはずはない。米軍機は韓国よりも日本の基地から多く飛び立つから、北朝鮮は必ず日本にテロとミサイルで襲いかかる。

日本はアメリカに太平洋戦争で負けてから七〇年近く、アメリカに安全保障を任せ、経済の繁栄だけを目指して生きてきた。

自衛隊はあっても、それは自立した国軍ではない。アメリカ軍を補完するために存在する、いわば在日米軍の一部隊である。誇張ではない。

わたしが共同通信社・編集局政治部の記者時代に防衛庁を担当していたとき、おのれの眼で日本の戦力の実像を触ろうと、取材企画を立てて列島の北から南へと自衛隊の部隊をめぐっていた。

北海道・千歳の陸上自衛隊第七師団（戦車隊）からはじまって本土をつたい、やがて九州に入って海上自衛隊の佐世保基地を訪れた。

そこでイージス艦「こんごう」に乗り込んだ。長身で笑顔の澄んだ艦長は、兵器や軍人を好まないわたしの先入観を正してくれる、肩から無駄な力のきれいに抜けた人であった。

艦内を回るうちに、気持ちのよい信頼感がお互いに生まれるのが分かった。艦長は、「仕方ない、あの隠し部屋を見せますかね」と潮風の甲板で言った。

隠し部屋とは、CIC、すなわち戦闘指揮所である。もちろん隠し部屋というのは冗談だが、イージス艦の軍事機密が集中している場所だ。分厚いドアには、防衛庁長官の許可がない限り入ってはならない、という趣旨のプレートがあった（わたしは念のため、事後に長官から許しを得た）。

現代の軍艦は、わたしたちが映画で見てきたようなブリッジ（艦橋）にほんとうの心臓があるのではない。この戦闘指揮所にある。ブリッジは、前方と左右のサイドに窓が開いているが、戦闘指揮所には窓がない。窓の代わりに、コンピューターで制御されたスクリーンが張りめぐらされ、艦の動きと戦闘はそこにすべて表れる。

わたしの取材の直接的なテーマは、「冷戦が終わって、自衛隊の戦力配置、作戦行動は変わったのか」ということだった。わたしは艦長に、「日米安保同盟に基づいた海上防衛力のあり方だけじゃなく、たとえばフィリピン海軍やベトナム海軍とも連携して、中国の外洋艦隊の動きを制する、という考え方はないですか」と繰り返し聞いた。

艦長は、そのたびに言葉を濁した。すべて明快に答える彼が、そこだけがもやもやしている。だからわたしは記者として、そこに食い下がった。

そして艦長が、戦闘指揮所に招き入れてくれたのだった。

艦長はスクリーンと、その前に並ぶコンピューター群と、それを操作する士官たちを順に指差しながら、「ここのすべては、横須賀が母港のアメリカ第七艦隊と直結してるんです。ほかのことはできません」と、きっぱりと言った。

イージスは、ギリシア語で「破れざる盾」を意味する。すなわち電子制御で対空、対艦ミサイルとフェイズドアレイ・レーダー（死角のない全方向レーダー）を完璧に動かし、どんな攻撃にも生き残って敵を撃滅するという、最先端の軍艦だ。その眼も耳も手足も握る、心臓部であるコンピューターシステムは、防衛庁・自衛隊の司令部より前に米海軍第七艦隊と繋（つな）がっているのだ。

●同盟関係ではなく主従関係

アメリカに守ってもらうために、日本の領土に、外国軍であるアメリカ軍の基地が大規模に存在することを許し、しかも従業員の給与や光熱費は日本国民の税金で賄ってきた。今、その米軍基地があるために、テロとミサイルの脅威を受けている。

だが米軍の基地を撤去し米軍が日本を出ていけば脅威がなくなるのではなく、逆である。日本から米軍のプレゼンス（存在）がなくなれば、喜ぶのはまさしく北朝鮮の独裁者だ。

また中国では「社会主義市場経済」なる奇妙なシステムを運営している共産党、要は資本主義に転じながら独裁の特権だけは守っている共産党が安堵（あんど）する。わたしが北京で、中国共産党のブレーン組織である社会科学院の幹部と会ったとき、彼は「青山さん、早くアメリカ軍を出て行かせなさい。アメリカ軍が出ていけば、わが中国人民解放軍が、今度は日本を守ってあげますよ。遠いアメリカより、近い中国に守られる方が安心ですね」と言った。

わたしは思わず、「中国流のジョークかな」と思ったが、彼はまったく真剣だった。日本が自立するはずはない、アメリカさえ出て行けば、中国が日本を属国にできると本気で信じ込んでいるのだ。

そのあとわたしは日本に帰国して、もっと驚いた。防衛庁の文民幹部、きわめて地位の高い幹部にこの話をすると、ごく淡々と「日米同盟か、日中枢軸体制か、そのどちらかを選ぶのが日本の選択だからね」と答えたのだ。日本の自立、独立という選択肢が、日本の防衛責任者の頭にないのである。

では、日本の主権者、わたしたち有権者はどうすればいいのか。

アメリカに戦争で負けてから現在まで、日米関係のあり方は、実は基本的に変わっていない。敗戦、米軍による占領、サンフランシスコ講和条約の締結、国際法上の「独立」の回復、米軍の「占領」から「駐留」への変化、アメリカの朝鮮戦争、ベトナム戦争、湾岸戦争、そしてイラク戦争への協力と、すべての過程を通じて、実際のあり方はたった一つの言葉で言い表せる。

それは「主従関係」である。

これを「同盟関係」と呼んでいるのは、アメリカの「社交辞令」あるいは「武士の情け」、もっと有り体(てい)に言えば「おまけ」にすぎない。日本が自らを客観的に見るならば、「ごまかし」である。同盟とは、あくまで対等な者同士の盟友関係を言う。日米が対等だと、どの日本国民が思っているだろうか。

実際には、指示命令や強い要求を発する側、あるいは示唆する側がアメリカであり、それを受け入れる側が日本である。指示命令や要求の一部手直しを求めたことは例外的にあっても、出す側と出される側が入れ替わったことは一度たりともない。

現実を真っ直ぐに見れば、ごまかしようもなく日米関係が主従関係であることは、はっきりしている。それは政治、安全保障だけではなく経済も変わらない。

日本の産品をアメリカ市場で買ってもらえなければ、日本の「ものづくり」は成り立たない。品質はこのうえなく上質だが、人件費をはじめコストがかかり価格の高い日本製品は、アジアでは買われにくく、ヨーロッパはもともと欧州の域内国で物を売り買いしたがる。上客はアメリカしかない。

だが、それだけではない。

かつて宮澤内閣のとき、日本は円をアジア域内の基軸通貨にしようと試みて、アメリカから徹底的に潰された。宮澤内閣が無惨に崩壊し、自民党が一時期、野に下ったことは宮澤喜一という政治家がリーダーとしては全く失格であったことが大きいが、アメリカという虎の尾を踏んだことも実は影響している。

アメリカがほんとうに怖いのは軍事力だけではない。経済を支配しようとする獰猛な意志が怖い。仕事がらアメリカの政府、民間と日常的に付き合っているわたしの実感だ。

アメリカ財務省の関係者は「アオヤマサン、円はいつもドルと共にある。ユーロみたいに、妙な自立を考えてはいけないよ。円は基軸通貨になってはいけない、なろうとしてはいけない、国際決済通貨になってはいけない。それが安全なんだ」とわたしにもう何回、繰り返しただろうか。

わたしはそのたびに、「いや通貨の自立が経済の自立だ。わたしたちのオプション（選択肢）に入っていて当然だ。あなた方は、ユーロには曲がりなりに基軸通貨となることを認めて、円には認めない。わたしはこれをレイシズム（人種差別）として天に告発するね」と反論する。

すると彼は毎回決まって、沈黙する。そして後日に会ったとき、またしても、前回のやり取りをすっかり忘れたように「円はドルの下に甘んじてこそ、一流通貨なんだ」と繰り返す。

田中角栄総理（当時）が、アメリカのメジャー石油資本による世界支配に挑戦し民族石油資本を育てようとして、ロッキード事件の情報をアメリカから持ち込まれて失脚したことと、宮澤内閣の崩壊、自民党の下野は構造がそっくりである。

表では、田中総理の腐敗、宮澤総理の無能、裏ではアメリカの怒りが日本を変えた。ドルによる世界支配を崩すことに、円が挑戦することは絶対に許されない。だがユーロはすでにそれに挑戦し、イラク戦争のあと中東産油国の石油取引決済がユーロにシフトするという、歴史的変化が起きている。

それは第二次世界大戦の末期に、ドイツには一発の原子力爆弾も落とされず、日本には広島への一発で足りず長崎に二発目が落とされたことと似ている。

アメリカが原子爆弾の製造段階に入ったのは一九四五年二月、濃縮ウランの超臨界を最終的に確認してからである。その年の五月にはドイツが無条件降伏したから、まだ降伏していない日本へ原爆が向けられたとも言える。しかし、その年の三月の東京大空襲で日本がすでに戦意を決定的に喪失しつつあることは明白だった。

アメリカはいまだ、「あれ以上戦争を継続して犠牲者を増やさないために原爆を投下した」と主張してやまないが、一九四五年当時のアメリカ陸軍長官、ヘンリー・スチムソンが民間人に膨大な犠牲を出す原爆投下がなぜ必要なのかと疑問を呈している。

原爆投下がただ一発であったなら、アメリカの言い分にも多少の理はあるかも知れない。だが二発、それもウラン型原子爆弾を広島に、プルトニウム型原子爆弾を長崎に投下した。このふたつのタイプは、いまだにその優劣が秤（はかり）にかけられる。また科学実験は、一度ではなく最低でも二度行って結果を確認することが求められる。

公平に見て、ありありと人体実験である。

ヨーロッパの白人にそれをするよりも、アジアの黄色人種にする方がたやすかったと思慮するのは、決して極論あるいは被害妄想ではない。むしろ事実を多層的に踏まえた客観、冷静の議論である。

ユーロはアメリカの反発を受けながらも、すでに欧州では基軸通貨である。欧州を出て中東でも、決済通貨としての地位を確立しつつある。円は、アジアですら、ドルの前に出ることが絶対に許されない。

敗戦から今日まで一貫して、日米関係が主従の関係であるというのは、ここまで徹底した話なのだ。

そして、アメリカの従者として発展を許されてきた日本経済は、果てもなく長いデフレ不況という、近代の世界経済史に類例のない苦難のなかにある。

このことは、かつて日本が貿易摩擦によってアメリカを苦しめたことと、地下で深くつながっている。日本自らが、官から民まで愚かなバブルに浮かれに浮かれたという重い自己責任はある。だが同時に、強すぎる日本経済がアメリカに巨大な貿易赤字と失業をもたらし、日本製品の打ち壊し運動までアメリカのあちこちで頻発した結果、日本経済は奈落の底に突き落とされたのも事実である。

さらに文化にも、日米の主従関係は浸透している。

ヨーロッパを、団体ツアーではなくひとりで旅すれば分かる。たとえば電車に乗る。人の乗り降りにかかわらず、すべてのドアが電動で一斉に開き、閉じるのは、アメリカと日本だけらしいと分かる。イギリスでは降りる人が必要なドアを手で開けて電気は使わないし、ドイツでは降りる人が自分の降りるドアのボタンだけを押し、電気を小分けして使う。

わたしたち日本人はいつの間にか、アメリカン・スタイルを生活様式と文化の隅々にまで染みわたらせていて、それに気づいていない。主人に教わるままに、考えずに受け入れる従者であるからだ。

主従関係であっても、従者は幸せに生きていける。

自らの誇りに目をつぶり、分をわきまえて、そしてご主人さまが健康でいる限りは。

しかしご主人さまが目先の成功にとらわれて狂気を発し、その支配を地球上すべてにあまねく広げられると信じ込み、そのために従者に新しい役割を急激に求めようとするならば、厄災が従者に降りかかることも覚悟しなければならない。

その変化を、言葉にならない言葉で告げているのが、イラク戦争という「アメリカの新しい戦争」であった。

アメリカは、イラクを直接支配することによって中東に初めて、日本のような従者をつくり、それを拠点に中東全体をストレートにコントロールしようとした。

そしてアメリカは、北朝鮮危機にいずれ必ず決着をつける。直接支配の及ばない軍事国家を存立させては、アジアをコントロールできないからだ。アメリカは自らを「世界政府」として確立させるうえで障害になる国は、一つ残らず排除しようと動いてゆく。

その決着とは「北朝鮮とアメリカの人類史上最悪の戦争」か「北朝鮮の自壊とアジアの空前の混迷」のどちらかである。

どちらにせよ日本を含むアジア世界が、いまわたしたちの前にある姿を失うことは、もはや避けられない。

だから、さぁ、わたしたち日本国民は、こころを決めよう。

わたしたちの国をどうするのか、それをアメリカではなく、わたしたち主権者、有権者が初めて決めるのだ。

十三の章　テロから日本を守るシンクタンク創立まで

●わたしの拠って来たるところ

そこで、憲法だ。

日本国憲法を考えれば、大切なことが見えてくる。

成立の過程をどう受け止めるか、さまざまな解釈と議論がある。だがGHQ（連合国軍総司令部）の指導があったこと、日本のふつうの有権者が成立に参画していないこと、この二点だけはいかなる論者も否定しようがない。

すなわちわたしたち日本の主権者、有権者、納税者は、自らの最高法規、最高モラルを自らの手で創った経験を一度も持っていないのである。

それをやることは、あの敗戦当時には確かに難しかっただろう。しかし今なら、実はそう難しくはない。

現憲法第九六条の改正手続きは、国民投票という有権者のダイレクトな判断行為を含んでいる。いきなり第九条のように国論が割れる箇所から入るのではなく、環境権の規定を加えることをはじめ国論がまとまりやすいところから、国会が総議員三分の二以上の賛成によって「憲法改正」を発議する手法もある。これなら各議院の総議員三分の二の賛成という高いハードルも越えられる可能性が充分にある。

国会から発議されたあとは、第九六条に定められた国民投票の規定によれば単純な過半数で事が決するのだから、有権者は、ふだんの国政選挙よりなお自らの一票の価値を真剣にとらえやすい。一人ひとりが自立した有権者として、自分たち自身の憲法をどうすべきか考えるだろう。

こうした、いわば「自前の民主主義」を行う訓練を経てから、第九条をはじめ、かねてから議論が沸騰している条項に踏み込んでいく。時間は意外にかからないだろう。むしろ加速度がつく。

これは第九条を改正するための手練手管ではない。たとえば第九条の改正が否決されても、それは日本国民の安全保障に対する意識が変わらなかったことには、ならない。

なぜなら、それは誰かから与えられた選択ではないからだ。自ら日本国の主人公として自らの責任において安全保障のあり方を選び取ることになるからだ。

今の憲法で、七〇年ほど前に第二次世界大戦がようやく終わったばかりの世界でつくられた憲法で、果たしてわたしたちは、劇的に変化するアジア世界で自らを守り、生き続けていくことができるのか。

今の憲法で、果たしてわたしたちは、アメリカとの主従関係を健康に抜け出していくことができるのか。

「いや、今の憲法を変えないことこそ有効なのだ」という立場に決するにせよ、「変えることこそ新しい健康な国をつくる」との立場に決するにせよ、わたしたち主権者、有権者、納税者が直接、しかも一人ひとりが自立して選択する手続きこそ日本の二一世紀には必要なのだ。

有権者が自立し、国の行方を自らの意志で決するようになって初めて、日本という国の真の独立がある。

護憲の立場に立つ人も、どうか考えてほしい。九六条の改憲規定を活かして国民の意思を直接問う機会をつくり、そこでもし現憲法を一字も変えないと決めるなら、それは敗戦当時のいきさつとは別に、確かに主権者の自己決定権が反映した憲法になる。

わたしたち日本国民にたった今、必要なのは、この「自己決定のプロセス」である。

わたしは、この拙（つたな）い書を通してみなさんと一緒に、にんげんの自律、主権者の自立、そして日本の独立を考えている。

わたしは、高みから評論するのではなく、有権者の一人、みなさんと同じくただの一票しか持たない納税者の一人として、おのれ自身の責任をどう具体的に果たすのかという視点から、祖国の新しい理念づくりを提起したい。それならば、わたしの拠って来たるところを、はっきりとお示しする必要がある。

わたしの社会人としての出発は、共同通信の記者だった。

小学生の頃に、なりたいと思った職業はまずバスの運転手さんと総理大臣だった。これがやがて、作家と新聞記者に変わった。

作家は、自分が考えるまえにむしろ周囲から自然にそう思われていたようだ。わたしにとって、文章を書くことは当たり前に呼吸することと似ているところがあった。意識しないで始めるという意味では「バスの運転手さんになりたい」の延長線上だ。文章を書くことも車の運転も気がついたらやっていた。生家の副業が自動車教習所の経営だったから、小学校四年から合法的に休日の所内で教習車を運転していた。

新聞記者は、「なにか世の中を良くする仕事をしたい」と自分なりに考えていたからだ。だからこちらは「総理大臣になろう」の延長線上だった。総理の方は、政治家という仕事につきものの「自分を売り込む」ことが嫌で、考えなくなった。

世の中を良くすることに貢献したい、他人のためになってみたいという気持ちは、わたしが童話を読むことが何より好きだったことと関係があると思う。実は高校を卒業するまで、勉強部屋の壁いっぱいに造りつけられた書棚の中心は「世界童話全集」と「日本童話全集」だった。遊びに来た高校の同級生が書棚を見て驚き、「もっと高級な本を読んでいるのじゃないんか。なんで童話なんや」と聞いた。しかしわたしは何も言わなかった。弁明する必要を感じなかった。ほんとうはフランス文学のアンドレ・ジイドやロシア文学のドストエフスキー、ドイツ文学のトーマス・マンなどを、ろくに分かりはしなかったが中学卒業までにほぼ読み終えていて、高校になったらむしろ童話に回帰していた。

今もわたしにとって、たとえばロシアの昔話にたびたび現れる「お馬鹿なイワン」は、ガルシア・マルケスのノーベル賞小説「百年の孤独」に登場するブエンディーア一族と、ごく自然に同列である。

童話は、世界と日本のどんな無名の掌編までも読み尽くした。わたしは前述したように中学時代から外国文学を多く読み、なかでもジイドの「狭き門」や「田園交響楽」、ドストエフスキーの「地下生活者の手記」や「カラマーゾフの兄弟」、トーマス・マンの「魔の山」などを突きつめて読んだが、それは食卓で言えば野菜や肉であり、お米は童話だった。

わたしは童話には、あえて乱暴に言えば二つの種類しかないと考えている。ひとつは、幻想をメインテーマにする童話、もうひとつは人間主義を描く童話だ。わたしは前者も多くを読んだが、後者をなぜか、より愛した。

もっとも宮沢賢治のように、この二つを完璧に、縫い目も見せずに融合させている天才もいる。それでもわたしにとっては「注文の多い料理店」も「セロ弾きのゴーシュ」も、どれほどたっぷりと幻想が込められていても、本体は後者に属する作品だと思っている。

童話を読み尽くしたわたしが、もしも「この地球上で、いちばん好きな童話はなに」と問われるなら、それは「ごんぎつね」と「泣いた赤鬼」と「ニルスのふしぎな旅」である。ひとつだけにしなさいと当然、言われるだろう。それなら、「ごんぎつね」しかない。猟師のもとへいわしや栗、まつたけを届けてくれる狐（きつね）を、猟師が間違って撃ってしまう。それだけの話だが、死にゆく狐を抱いて猟師が「おまえだったのか」と叫ぶ声が、わたしには永遠の声である。

世の中を良くするには、どんな仕事をしたらいいのか。

わたしたちの世代は、かなり上の世代が全共闘世代であり、すこし上の世代が、高校紛争を起こした世代である。わたしたちには、何も起こらなかった。わたし自身で言えば高校時代に、職員室近くの一室を占拠した上級生と、慌てふためく先生方との間に入って、両方がまともに向き合える場をつくろうと同級生の何人かと走り回った、煮え切らない行動があっただけである。

わたしたちを支えていたのは、「上級生も先生も、あんなに苦しんでいるんだから、なんとかしたい」という、いわば原始的な思いだけだった。

一度切りの人生でまずは新聞記者になろうと大学を卒業するまでに最終的に心に決めたのは、ジャーナリズムの批判精神を汲みとったからではない。正直に言いたい。わたしにとってはモラトリアム（執行猶予）であった。

もしも、たとえば鉄鋼会社に入れば、鉄なら鉄を通じて世に貢献すると人生が定まってしまう。しかし新聞記者であれば、世界のいろいろなものを見ながら自分の生き方を考えられて、それでいて権力を追及して世の中を良くすることにもすこし貢献できると考えた。

いろいろなものを一〇年ほど見て、いずれ作家になろうとも考えていた。最初に作家になることを目指すのは、なぜか自分勝手な気がして、後回しにすると決めていた。作家を「世の中を良くする仕事」とは考えていなかったからだ。文学はただ文学、小説はただ小説であって、なにかの目的のために文学と小説を奉仕させるのは間違いだと、自分なりに思考していた。記者は社会的で、作家は個人的な仕事だと考えていたのだろう。

新聞社ではなく通信社に入社したのは、ただの偶然だ。通信社の記者が書く記事は、読者に届くまえに新聞社に届き、そこでの取捨選択を経て読者に届く。とはいえ、あくまで読者のために取材し、記事を書くということでは同じだ。

わたしはジャーナリズムの魂を、すべて実際の仕事を通じて教わった。新人記者として四国の徳島支局に赴任して、国立大医学部の教授に「あなたは業者からお金をもらっていますね」と内心で緊張に震えながら質問したときと、八年後に東京本社政治部の記者として中曾根康弘首相（当時）に「ご自分の影響力を残したいという基準で、次の首相を選ぶのは志が低くないですか」と質問し、聞こえないふりで無視されたときは、名もない主権者の側に立つという一点で同じだった。

記者の仕事は、高みに立ってひとを批判するところが大いにあったから、わたしには疑問も尽きなかったが、素晴らしく魅力的でもあった。共同通信が居やすい雰囲気だったこともあり、いつのまにか「一〇年で辞めて作家になる」という自分への約束を忘れがちになっていた。

西暦一九九六年一二月に発生したペルー日本大使公邸人質事件がなければ、わたしは今でも共同通信にいただろう。

わたしは当時、政治部に属していた。外相に同行して現地リマに入ると、「日本政府の現地対策本部の取材は、政府に人脈のある政治部記者でないとできないから」とリマに残され、そのまま半年近く、現地取材を続けることになった。

一九九七年五月に、ペルー特殊部隊が公邸に武力突入して事件が終わり帰国すると、日本政府の誰と誰が情報源だったか全て明らかにするように社の総務部門から求められた。

現地対策本部はホテル屋上のフィットネス・ジムを改装して設置されていたが、屋上に至るルートは国家警察の武装部隊が封鎖し電話も盗聴されていたから、情報源の人たちと直接、連絡を取るのが難しかった。連絡役のペルー人（ホテルの若い給仕さん）に言い値でお金を渡し、メモをこっそり情報源に入れていた。その毎日のことが長い日々、続き、かなりの額になった。社の総務部門とすれば、その取材費の明細を明らかにするためにも情報源の名前を知る必要があった。あくまで社外秘の扱いにされるはずだったと信じている。

だがわたしは情報源の全員と「共同通信の社内でも永遠に名を明かさない」と固く約束して、重大な情報を次々に聞いていた。情報源の外交官（当時）の一人は「橋本龍太郎総理（当時）御自らが、共同電のネタ元は誰かって、本省に聞いてきてるんですよ。総理は、それを割り出して首を切れとまでおっしゃっているそうです。絶対に約束を守ってくださいよ」とリマで繰り返した。

東京でわたしは考えた。これは、時機が来たのかなと。

社は「すべて明かせ」と迫ってきた。それに膝を屈して情報源を裏切ろうかとは、ありのままに言って一度も考えなかった。たとえ逮捕され裁判にかけられても情報源が誰かを明かさないのは、記者の最低限のモラルであって迷うようなことではない。「社内ではむしろ明かすべきだ」という議論もあるが、ペルー事件に関しては情報源と「社内でも明かさない」と約束していた。

それに、ペルー事件について真実を報道できていないことも引っかかっていた。フジモリ大統領（当時）の兵たちは、たとえばすでに降伏した少女を強姦し、手足を切り落とした。テロリストと言っても、本物のテロリストの主犯たちは突入の初期で殺され、ジャングルからわずかなアルバイト料で連れてこられた少年少女はすぐに降参したのである。

テロリストを公正な裁判にかければ、フジモリ大統領の政策を批判する。独裁者と軍部に逆らった見せしめにするための虐殺であった。日本は完全に騙されていた。フジモリ大統領が平和解決の姿勢をみせて日本も交渉に巻き込んだのは、日本を利用して、強行突入に使うトンネルを掘るための時間稼ぎであった。

これを橋本総理が「日本を救ってくれた」と絶讃したのは、恥の極みである。その言葉のために日本は、虐殺と公金横領の疑いで国際手配されたフジモリ容疑者を公然と匿った。身柄引き渡しを要求していたのがペルーではなくアメリカだったら、日本政府は無視しただろうか。そして世界第二の経済大国、日本は、経済規模で言えば遥かに小国の独裁者に、とことんダシにされた。

ペルー事件は、日本が国際社会で恥の国になっていることを主権者が知る最大の機会だった。

しかし日本のマスメディアは、それを伝えられない。リマで、ある外信記者はわたしに「青山さんは、東京の政治部に帰るからいい。しかし外信記者はペルーから追放されたら、取材の手足を奪われてしまう」と言った。わたし自身、組織に属する記者でいる限り、これに抗弁する気にならなかった。

わたしは、食うぐらいはきっとどうにか食えるさと腹をくっていた。社と、いささかの妥協もしなかった。

そして、わたしの退社理由をめぐって、本人の知らないユニークで不思議な作り話が、どんどん流された。わたしは「メディア企業にはひょっとして、嘘を簡単に作って流す体質があるのだろうか」と驚いたが、一切なにも相手にせず、本心から笑って黙殺した。

やがて当時の人事部長とわたしに信頼関係が生まれた。わたしの主張が理解され、円満な依願退社で一九九七年の大晦日に、わたしは共同通信を去った。

去りはしたが、実はそのあとも共同通信の発行する雑誌には記事を書いた。それも社員と同じ原稿料だ。そして共同通信の主催する講演会でも、たまに講演した。この講演料も、内部の社員と同じらしい。共同通信は妙に人なつこい会社だから、わたしは嬉々として原稿を書き、講演した。

そして情報源のうちの何人かは、希望の任地で大使となった。わたしは共同通信を辞めた翌日の一九九八年元旦に三菱グループのシンクタンク、三菱総合研究所（三菱総研）に入社し、海外出張の時に、うち一人の任地へ寄ることができた。

昼食の約束が、レストランで呑み続けて話が尽きず、大使館へ戻ったときは夕食の時間になっていた。おいしそうに現地の強い酒を呑む彼の顔を見ていて、わたしはつくづく「あの選択で良かったんだ」と思うことができて、心のなかで深く彼に感謝した。

共同通信から移った先が、他のマスメディアでもなく、大学でもなく、シンクタンクの三菱総研だったことがわたしとわたしの仕事にとって、誇張はしたくないが運命の分かれ道になったと思わずにいられない。

この拙い本を書く道は、その分岐点から始まっている。

三菱総研・研究員となって二年目の一九九九年の初夏、わたしは、あるエネルギー会社の役員を訪ねた。共同通信で経済部の記者だった時代から親交のあるひとだ。

「記者のときに日本のエネルギー施設を回った経験からすると、テロへの備えが弱いように思います」と考え、考え、問題提起すると役員はしばらく黙考してから「監視カメラとかセンサーとかね、侵入者があればアラームを鳴らす設備は、われわれ私企業としてはずいぶん充実させてきたと思うよ。ところがアラームを鳴らしたあとに、政府機関のどこがアラームを聞いて、どう決断して、実力部隊を派遣してくれるのか、さっぱり分からない」と答えた。

9・11米国同時多発テロの起きる二年前である。日本ではまだテロなど他人事（ひとごと）だという空気が強かった。わたしは、この答えを予想以上に鋭い反応として聞き、わたしたちの知らない何かがあったのだと思った。

話を深めていくと、橋本内閣のとき、橋本龍太郎総理自らが「いったい日本のエネルギー施設は、ほんとうに安全なのか。テロに襲われても大丈夫なのか」と疑問を投げかけたという事実が出てきた。わたしはペルー日本大使公邸人質事件の苦い経験から、この国がクライシス・コントロール（危機管理）を知らない象徴のようなひとが橋本さんだと思っていたから、「それは日本の総理にしてはマシな問題意識ではないですか」と役員に聞いた。おおざっぱで一般論に過ぎる反応かなとは思ったが、ありのままに口にした。

役員は即座に首を振り、「思いつきのようにご下問になっても信用できないよ」と厳しい眼で応えた。「われわれの施設は、丸腰の民間ガードマンが守っているだけなんだから、武装したテロリストが来れば大丈夫なはずはない。プロが攻撃して壊れない施設などあるはずもない。だけど実状を政府に言ってもせいぜいリークされるだけで、法律も体制も何も変えない。だから、こちらも言わない」と、珍しくすこし荒い早口で続けた。

エネルギー産業界として一致して、橋本内閣の問い合わせに「いや、とにかく大丈夫です」の一点張りで押し通し、政府も「当事者がそう言ってるんだから」と国会で質問されたときに「大丈夫」と答弁し、そのまま全ては放置されているのだった。

　これが日本のテロ防護の、ぞっとする実状であった。わたしはまず、いくつかの中央省庁の首脳や幹部を回り、「古い官尊民卑の姿勢では、民間はほんとうのことを言えません。国民をテロから護（まも）るためには、官と民が対等にフランクに話せる場を、まずつくるべきではないですか」と説得して歩いた。すべて、記者時代に付きあった官僚たちだった。

　共同通信を辞めようとしていたとき、当時の編集主幹がこう言った。

「青山くん、記者時代に親しくなった役人や政治家はね、ほんとうは記者を憎んでる。だから記者を辞めた人間が、自分の人脈だと思って尋ねていくと、手ひどい仕返しをされる。そんな男を何人も見たからね、悪いことは言わないから、我慢してでも妥協してでも、共同通信にいた方がいいぞ」

　この人は、田中角栄総理（当時）の「日本列島改造論」を実際に書いたひとりとも言われる、故・松崎稔さんだ。わたしは、このひとの豪胆な人柄を敬愛していたが、この言葉だけは信じなかった。信頼関係を結んでいる人びとの顔を一つひとつ思い浮かべると、裏切られる気がしなかったからだ。

　そして政府は動いた。

「官と民が対等に話し合う場」といっても、国家公務員が民間にフランクに話せば守秘義務に触れないかという困難な問題もある。だが、ある政府高官が法制局とも非公式にすりあわせ、「政府側はあくまでオブザーバー参加」という形で解決した。こうして史上初めて、「実力部隊を持つ政府機関」と「規制する側の官庁」、そして「規制される側の民間企業全社」が対等にラウンドテーブルで話し合う場が創られた。

一九九九（平成一一）年度に予備的に始まり、翌二〇〇〇年度から本格開始、二〇〇一年の9・11テロで、この研究プロジェクトの先見性と正しさが証明される結果となり、二〇〇二年も継続した（そして現在も、いささかも変わらずに続いている。二〇一六年五月三日、記す）。

この道筋は、あまり平坦ではなかった。官、民ともに、参加はしても「ほんとに日本にテロの脅威なんかあるのかぁ」と半信半疑、半身の構えでいるひとが少なくなかったからだ。それがひとり、またひとり真剣な姿勢へ変わっていったのは、9・11テロの現場から吹いてきた風だけではない。強い風ではあったが、それだけのせいではない。

それまで同じ席を囲んだことのない人びとが一緒に考える、そこから出る不思議なエネルギーのおかげではないだろうか。

ある規制官庁の高官は、この研究プロジェクトの参加メンバーが集まった席上、率直な口調でこう言った。「9・11テロが起きたとき、わたしはすぐに、実力部隊を持つ政府機関の幹部に電話をかけられた。このプロジェクトで知り合っていたおかげですよ。これがなければ正直、顔も知らなかった」

官と民だけではない。この国では官と官もお互いに蛸壺(たこつぼ)に入っている。その壺から、ほんの短時間だけでも出て、互いの長い八本の足を触れあってみただけで、大きな頭を生き生きと動かせる。

そして日本のエネルギー・インフラストラクチャー（基盤施設）のテロに対する防護体制は現に、革新的に変わりつつある。わたしは守秘義務を負っているから具体的に語ることはできないが、国民の命の安全にとって大きな改善であることは、国民のひとりとして、また専門家として明言する。

この研究プロジェクトの大きな柱のひとつは、欧米諸国のエネルギー・インフラはどうやってテロに備えているかという調査だ。

セキュリティに関して、欧米の情報管理は想像を絶するほどに厳しい。日本からやって来たひと、つまりその国から見れば外国人には、それが日本政府の人間であっても防護体制の中身はなかなか見せない。しかも日本には、諜報機関をはじめ欧米の関係機関のカウンター・パート（相手になる立場の機関）を持たない問題があり、テロ防護を欧米諸国が具体的にどうしているかの情報は決定的に不足していた。

わたしは、守秘義務を負う民間人、つまり「官と民の間に立つ人間」という従来の日本にはなかった立場で諸国と交渉した。その際には、やはり記者時代の人脈も活用した。

脂汗と冷や汗が同時に流れるような作業だったが、それを進めるうちに、アメリカとヨーロッパ諸国、さらには韓国や中国の関係者たちとの信頼関係が築かれていった。もたれ合う関係、あるいは主と従の関係でもない、互いに信ずるところをぶつけ合う関係である。

言うべきをストレートに言い合える関係という意味では、アメリカ人がいちばん、つくりやすい。その点は、アメリカ人は今でも確かに世界一、フェアなひとびとだ。

そしてわたしは必然的に、テロ防護の直接的な情報だけではなく、安全保障、外交、国際関係をめぐる幅広い情報を、金融・経済まで含めて交換するようになっている。

わたしは、より重大な情報に触れるようになるにつれ、より公平な立場になることを目指すようになった。三菱総研に入って四年三か月を経た二〇〇二年四月、三菱総研時代の仲間とともに独立総合研究所（独研）を創立した。

日本の総合シンクタンクは、銀行か証券会社か、あるいは旧財閥の傘下にある。金融・経済財政政策担当大臣（当時）の竹中平蔵さんがシンクタンクのエコノミストたちを指して、「銀行や証券業界のヒモ付きで、不利益になることは言えない立場なのに、まるで公平な立場のような顔をして物を言うのなら、国民に嘘をつくことになる」と発言したのは、この指摘の限りにおいては正しい。

独立総合研究所は、規模こそとても小さいが、文系（社会科学部門）と理系（自然科学・技術部門）の両方を持つ総合シンクタンクだ。「独立」には、いかなる援助、いかなる借入金もなくインディペンデント（依存しないこと）で行くという意味、そして個人、有権者の自立によって祖国のほんとうの独立を目指すという意味を込めている。

日本では奇妙な社名と受け止められることが多い。「ドクリツを売ってるんですか。ドクリツって、どんな商品ですか」と大真面目に聞かれたことすらある。しかし欧米諸国でJAPAN'S INDEPENDENT INSTITUTEと言うと、誰もが即座に「ああ独立系ですね」と分かる。むしろミツビシより通りが良かったりする。

だから、独立の二文字を社名に掲げ続けたい。わたしたち一人ひとり、わたしたちの国いずれにも今、欠けがちだからこそ、フレッシュな理念だし、新しい理念は、ひとと国を生き返らせる。

エネルギー・インフラをテロから守る研究プロジェクトは、三菱総研、独研を通じて進めているわけである。

独研の代表取締役となりテロ防護の仕事のためにワシントンDCを訪れたとき、共同通信ワシントン支局に立ち寄って、わたしは二つのショックを受けた。ひとつは、信頼し期待する後輩記者がわたしに質問したのは「飛行機のクラスはエコノミーかビジネスか」、「共同通信の時より年収はいいのか悪いのか」だけで、仕事の中身は何も聞かなかったことだ。志が低くなっているのではないかと、疑わないわけにいかなかった。

もうひとつのショックは、より深刻だった。マスメディアに広く共通する問題だろうからだ。ワシントン発共同電のどの記事を見ても正直、あまりにうわべだけだと感じられて、言葉を失った。わたし自身、かつて防衛庁記者クラブにいたとき、防衛庁と自衛隊で釘(くぎ)が一本落ちても気づくつもりでいた。それがどれほど愚かな過信であったかは、三菱総研に移り、アジアの安全保障をめぐる調査・研究の仕事をしてすぐに分かった。記者時代のわたしはドアの外にいて、窓の曇りガラスから中を見ていただけである。ドアを開いて中へ入ると、見知らぬ世界が広がっていた。

海外の支局では、それがなお厳しいのかも知れない。記者の数も絶対的に不足し、当事者に直接あたるより、まずは現地の新聞・テレビのチェックに忙しいのが現実だからだ。

わたしはたまたま記者から研究員に立場が移ったから、情報の深度と鮮度の違いに自然と気をつかされた。ささやかな個人的体験にすぎないが、気づいたからには、小さな新しい責任が生まれたと考えている。

わたしは何かしっかりした計画を持って、マスメディアからシンクタンクに移ったのではない。記者時代の友に「青山は、こんな人生計画を持っていたんだなぁ」と言われることがあるが、それは一種の好意的な見方か、あるいは他人の芝生が青く見えているだけだ。わたしは、おのれ自身についてはまったく戦略的でなかった。偶然にペルー事件に遭遇して、たまたま三菱総研と縁があっただけである。

ところが、その偶然によって、ふつうの国民の命にも関わる情報に接している。それなら不肖ながら、守秘義務とバランスを保ちつつ、ふつうの国民に伝える義務と責任をしっかりと負っている。

経済産業省の局長に「青山さん、あなたは資本主義の原理を破っていますよ」と本気の怖い顔で言われたことがある。

わたしが「独研は会社だけれど、営利は追求しません」と、いつでもどこでも明言しているからだ。

なぜ会社組織か。

それは自律性を最大限、保ちたいからだ。マスメディアにいたとき、取材先からよく「どうせ営利会社なんだから。報道もビジネスのためでしょう？　国民の利益のためじゃない」と言われた。

言われるたびに、胸の奥では辛い思いでその言葉を反芻しながら、「自分で食っている組織だからこそ、言いたいことが言えるんです。報道機関は、言いたいことが言えることが全てです。それを実践していることだけが、国民の利益になります」と反論してきた。大した反論ではない。稚拙な言葉だ。しかし、そこにあるスピリットは正しかったと今でも思う。

独研はメディアではない。しかし世に発信する役割も持ち、なにより調査・研究を独研に委託するクライアントに対して、コンサルティングやアドバイスを行う立場だ。言いたいことの言えない組織なら、その発信もコンサルティングもアドバイスも、すべて嘘になる。

しかし、わたしは局長の言葉に真実もあると考えていた。確かに市場経済の世で活動しながら、健全な資本主義の精神に逆らっている。独研は利益を貯め込むことを求めない。売り上げから得ようとするのは、充分な調査・研究が行えるだけの人件費と、設備費と、出張や資料入手の実費だけだ。

社員に言ったことはないが、わたしには「営利を追求しない会社というのは、ある意味で間違った存在かな」というかすかな迷いがあった。

対テロ防護の仕事で高知県警本部へ出張したとき、空港へ戻るまでのわずかな空き時間に隣の高知城へふらり立ち寄った。青い土佐の空に、小ぶりな天守閣が、どこか小気味よいような潔(いさぎよ)さで浮かんでいる。

そこには、わたしが中学時代から敬愛している坂本龍馬ゆかりの展示があった。龍馬のことなら、ずいぶんと詳しいことまで知り尽くしてしまっているから、わたしはただぼんやりと見て歩いた。

そして、打たれた。

亀山社中だ。

亀山社中は、坂本龍馬が討幕運動のあいまに仲間と興した日本最初の民間会社である。

会社として海運業を進めながら、同時に、世を変えることに従事した。

わたしは僭越（せんえつ）だ、僭越だと、こころに言い聞かせながらも昂奮（こうふん）した。われら独研、独立総合研究所とおんなじじゃないか。

独研の研究本部員、総務部員、一人ひとりの顔もわっと浮かんだ。

わたしは、高知城の畳のうえで、込みあげた。恥ずかしかったが、込みあげた。

そして、ふと「紙の旗」を思いだしていた。

小学四年生か五年生のころ、わたしの母は玄関先に駆け込んできた近所のひとに「奥さん、新興宗教に入ったんですか」といきなり言われて驚いた。

キリスト教プロテスタント（日本キリスト改革派）の母が「いいえぇ。まさか。なんで、また」と聞くと、「屋上、屋上や」と近所のひとは玄関を飛び出して空を指さした。

母も慌てて出てみると、別棟の屋上にある国旗掲揚ポールに、妙なものがくっついている。それは画用紙でつくった旗だった。まんなかに下手な字で『Z』（ゼット）と書いてある。

あの子に違いないと確信した母は、わたしを探し、「あれは何」と聞いた。

それは「Z団」の旗のつもりだった。小学校の友だち数人とZ団をつくっていた。遊びのつもりはなくて、世の中をよくすることをやるつもりだった。何がその「よくする」ことなのかは、さっぱり考えていなかったので、とりあえず遊びに行っていた。

学生運動に一時期、ヘルメットにZと書いたセクトがあったが、それとは関係がない。少年時代のわたしは、学生運動など知らなかった。アルファベットも知り始めたばかりで、なんとなく、この文字が格好よく見えただけだろう。

母に叱られたわたしは、紙の旗を降ろし、旗も掲げられないのではZ団も解散とあいなった。友だちも誰も解散に反対しなかった。いや、正直に言えば解散をみな喜んだと思う。

それから数か月経って、母はまた、近所のひとに玄関先へ駆け込まれた。「奥さん、どないしはったん（どうしたんですか）」

近所のひとは今度は門を指さす。母がまた慌てて、門前へ出てみると、門柱に段ボール紙が下がり、「よろず相談所。なんでもご相談ください」と下手な手書きで書いてあった。

そして矢印が付いている。矢印をたどると、庭の松や、庭石に矢印のついた段ボール紙が付けてあり、最後は、縁側からわたしの子供部屋を指していた。

　もちろん直ちに、すべての撤去を命じられたわたしは、母に「いったい何の相談に乗るつもりやったの」と聞かれた。

「うん、なんでも」と小学生は答えた。実際にわたしが答えられたのは、おもちゃの車を廊下に並べてたのしくレースをする方法ぐらいだっただろう。

　独研の戸田淳子・主任研究員とアメリカに出張していたとき、ニューヨークからワシントンDCへ戻るアムトラック（高速列車）のなかで、この話をすると、シアトル育ちの戸田はアハハと笑い、「なぁんだ、独研は要はZ団で、よろず相談所じゃないですか」と言った。

　この若き鋭敏な研究員は、さすがである。亀山社中と比べるのは、やはり僭越である。

　窓の外を過ぎるフィラデルフィアの街並みを見ながら、わたしはまた充分に恥ずかしかった。

第五部

十四の章　自立するために考える現代史

●他人任せにしたから呆けた

さきに「読者と一緒に考えたい」と記したのは、言葉の綾ではない。

わたしはこうした著作を記すときに、非力ながら心がけていることがいくつかある。ひとつには、推測をできる限り排し、自ら歩いて会った人びとの直接証言や、あるいは各国の公的機関などから直接、この手で受け取った客観的データに基づいて執筆する。

そして、ひとつには、おのれの考えを展開するだけではなく読者、主権者、つまりみなさんと共に考えていくことを模索しながら書くことだ。

この拙い書物を企画したのは、西暦二〇〇三年、平成一五年、わたしたちの大切なオリジナルカレンダー皇紀で申せば紀元二六六三年の初夏であった。

当初はその夏に緊急出版として世に出るはずだったが、わたしは出版社と編集者の期待を裏切り続けて苦吟に苦吟を重ねた。一行を何日も考えていることが繰り返された。いまのわたしは、シンクタンクの社長、テロ対策を含む危機管理やエネルギー安全保障などをめぐる公職、作家、そして防衛庁の幹部研修で定期講義を行ったり、全国を歩いて拙い講演をしたり、たまにはテレビやラジオの番組に参加したりと、世によくあることにすぎないが幾つか分野の違う仕事を持っている。だから頭をどんどん回していかねばならない。そのなかで、この本の一行だけはずっと考えていることもあった。

祖国に、まだほんとうには独立していないと言い、読者に、個人の自律と独立を唱える。その責任は小さくない。生半可なことは言えない。

それに、隣の名もなき庶民を誘拐して恥じないテロ国家であっても、北朝鮮は主権国家である。それを真正面から批判する責任も重い。簡単に書き進めることができなかった。

しかし、うんうん本当に唸(うな)って苦吟しながら、楽しみにしていることがひとつあった。それは三分の二ほどまで書き進めば、そこから、ささやかな冒険をすることだった。

それは本の中で読者と「勉強会」を開くことだ。しかし、どうやって。

ふだん行っている講演や講義を参考にすればいい、この当たり前のことに気づくまで実に四か月たっぷりかかった。

それでは、実際にそろりそろりと始めてみたいと思う。

（＊本を書くと、必ず誤解も受けます。本を出すのは、おのれの思慮に共感を求めるだけではなく異見もあえて求め、議論が広がり深まることを願うためです。

しかしただの誤解を受けると、すこし哀しくなりますね。

さらに曲解というのもあります。意図的にねじ曲げて、その書が決して意図しないことを広める悪意も現れます。荒唐無稽な、事実にまったく反する中傷誹謗もあります。これらはにんげんの卑しさを顕すものですが、ないわけではありません。

話を「誤解」に戻しましょう。この本で言えば、いちばん誤解されたのがこの第五部だったのです。ぼくの講演録をそのまま収録したと誤解されました。

よく読んでもらえば講演録などではなく「紙上勉強会」を新たにゼロから書きおろしたことは分かってもらえるはずが「せっかくの好著の最後が、講演録の再録では……」という反応も少なからず現れました。

ぼくが、そんな安直なことをしますか？

それなら、そもそも執筆に一年も掛けたりしません。

むしろこの紙上勉強会、読者と眼を合わすことのできない紙上にもかかわらず双方向で議論してみようという新しい試みのために、もっとも心血を注ぎ、時間も要しました。

そこで旧著を新書版として再生するに当たって、いくらか形式を改めました。

ただ、内容の基本は変えていません。

できれば、ぼくと眼を見合って質問を打ち合わせなく受ける「独立講演会」に参加されているつもりで、読んでみてください。

独立講演会とは、最長連続六時間半、最短でも四時間半、毎月一回、自主開催で開いている講演会です。事前の摺（す）り合わせなく自由な質問をその場で受けて答えるのが特徴のひとつです。いくら広い会場を用意しても、希望される方を収容しきれず、抽選になります。だからこその、この「紙上勉強会」でもあります。西暦二〇一六年五月三日、記す）

ふつうの講演会、ないし勉強会なら、まず講師のわたしから話があって、余った時間で質疑応答になる。ちなみに、わたしはこの質疑応答が大好きだ。質問はどこから飛んでくるか分からないし、何について聞かれるかも分からないから、慎重な性格の講師であれば嫌なのかもしれない。

わたしは正直、むしろ質問してもらった方がいい。ささやかな引き出しが開くからだ。わたし自身もふだんは忘れているものを内部から取り出してもらう歓（よろこ）びがある。

紙上勉強会を開くにあたって、ふつうの勉強会とは逆に、まずこの質疑応答から入ってみたいと思う。

しかし、わたしが読者のみなさんの質問を勝手に作ることはしたくない。ここに掲げる質問は、わたしが実際に講演し、あるいは講義を行ったときに受けた質問を広範囲に精査し直し、そのエッセンスを汲みとったうえで、わたしが作成した。

【みなさんからよく受ける問いかけ】

わたしたち日本人は、要は平和ボケだったと思うんですが、どうしたら、そこから脱却できるんでしょうか？

ああ、これはよい質問ですね。聞いていただきたかった質問です。

脱却ということの前に、ひとつ考えていただきたいことがあるからです。

平和ボケという言葉は、実際よく聞きますよね。現在のように、安全保障という問題が多く語られる前から、耳にしてきた言葉です。

確かにわたしたち日本国民には、同胞が隣国に拉致されても「まさか、そんなことが」

と長らく思ってきましたし、テロもほんの少し前まで他人事でした。原子力発電所をはじめエネルギー・インフラストラクチャーに事故はあっても、意図的な破壊妨害工作があり得るとは考えもしなかった。それを、感覚が呆けていると言っても間違いではないでしょう。

しかしちょっと待ってください。

わたしたちは平和だから呆けたのでしょうか。

もし平和だから、呆けたのであれば、たとえばスウェーデンはどうなりますか。

わたしはテロ対策の仕事で毎年、スウェーデンを訪れて政府機関と協議します。スウェーデンは一八世紀初めの北方戦争で、それまで領有していたフィンランドをロシアに奪われてから、一度も戦争をしていない、戦争に関わっていないのです。第一次世界大戦も、第二次世界大戦もベトナム戦争も湾岸戦争も、もちろんイラク戦争も一切関係なく過ごしました。

まさしく平和、平和漬けと言っていいぐらい平和であって、たかだか七〇年ほど戦争をしないだけの日本とは比べるべくもありません。

ところが、スウェーデン軍はしっかりとガチガチに防衛していますよ。ＭＵＳＴという

ＣＩＡみたいな軍事諜報機関も持っていますし、たとえばサーブというスウェーデンのメーカーは日本人にとってはおしゃれな車のメーカーですが、本体は強力な戦闘機メーカーです。

それにみなさんよくご存じのスイスを考えてみてもいい。戦争はしないけれども、基本的に国民皆兵で毅然と自らを守っているのは、よく知られていますね。

実は、日本国民は平和だから呆けたのじゃない。

他人任せにしたから、呆けたのです。

わたしたちは、西暦一九四五年にアメリカを中心とした連合軍に敗れてからずっと、安全保障、すなわち愛する家族や友だち、仲間、そして祖国、この日本の永い文化や伝統を守ることまで、安全保障と防衛をアメリカ任せにしてきたではないですか。

平和のせいにしてはいけません。平和ボケという言葉には、ほんとうは二つの罪があるとわたしは考えています。

ひとつは、自分たちのやってきたことを誤魔化すことです。わたしたちが自分の意志で、自分たちの都合で、他人任せにしてきたから、どんどん呆けていったのです。

もうひとつは、まるで平和そのものに問題があるかのような嘘が、平和ボケという言葉の奥に隠されていることです。それは、平和を受動的なもの、どこか情けないもの、軟弱な物として考える思想を隠し持っています。

とんでもない。平和とは積極的に前に出て、自らを犠牲にしてでも戦いとるものです。スウェーデンにしろスイスにしろ、そういう思想であるからこそ、いくら平和が長く続いても呆けたりしないのです。

わたしたちは自分自身のやってきたことを誤魔化し、あの敗戦の果てに、ようやく摑んだ平和を実はどこかで馬鹿にし、あるいは恥じるような気持ちまで隠し持っている。

ここを勇気をふるって抉り出すのが、わたしたちが今、一番にやるべきことではないでしょうか。

日本をあしざまに非難し、誘拐した国民を返さないテロ国家の北朝鮮と対峙し、あるいは世界政府として振る舞い日本に従属を強いるアメリカとほんとうの同盟関係を築かねばならない日本国民が今、まずやるべきことはこれではないでしょうか。

わたしは、日本とアメリカのほんものの信頼関係、同盟関係は大切だと考えています。

北朝鮮の脅威、問題というものは、実はいずれ終わるものです。人口の一割五分を餓死で失いながら、独裁者とその一族だけが特権生活を享受する体制が永続することはないからです。

しかし中国の問題はそうはいきません。わたしは中国のほんらいの文化は大好きですが、東京に照準を合わせているとされる中距離弾道ミサイル「東風二一号」を堂々と軍事パレードで誇示し、日本の外務大臣、これは当時の河野洋平外相ですが、その軍事パレードを「中国の素晴らしい活気が感じられる」という趣旨で誉め称える祝電を送るような現状も考えないわけにいきません。

それに、エネルギーをめぐって中国は北朝鮮とは比較にならないような大きな脅威なのです。実際の人口は一五億に迫りつつあるという説もあるのに、すでにエネルギーは輸入に頼っている。中国の海洋探査船が日本の領海やEEZ（排他的経済水域）に入り込んで調査しているのも、日本列島周辺に豊富に埋まっていることが確かなメタンハイドレートが本当の狙いだと考えます。

つまり、中国は自らのエネルギー危機を避けるために、すでに日本の領海を侵していま す。近未来に軍事力を用いて、わたしたちの領海を占有する秘かなオプションがあることも考えないわけにいきません。このエネルギー不足に苦しむ大国と対峙するためには、日米の対等な同盟は不可欠です。

けれども、もうアメリカ任せにするのはやめませんか。

アメリカの言いなりとか、対米追従とか、よく言われます。しかし問題はもっと根深いのです。わたしたちは、自分の愛する人を護（まも）ること、そして自分自身を護ることを、アメリカ人に任せてきたのです。

だから軍法会議のない自衛隊でよかったし、憲法前文に「平和を愛する諸国民の公正と信義」によってのみ祖国を護るという真っ赤な嘘、恥ずかしい偽善も掲げてきたのではないでしょうか。


平和ボケという言葉には、問題は自分自身の中にこそあるという真実を隠す、あまり潔（いさぎよ）くない心の姿勢があるというふうに、お話ししましたね。

その姿勢は、実は戦後ニッポン、あるいは現在たった今の日本の深い部分を貫いています。

たとえば、日本には国家警察はあるのでしょうか。

【みなさんからよく出る答え】

あるんじゃないですか。警察庁がそうでしょう。

警察庁は国家警察じゃないんです。

警察法によれば、警察庁は各自治体の警察を調整する権限を持っているだけです。日本の警察はすべて、北海道警も警視庁も大阪府警も沖縄県警も、自治体の長、知事に属していて、警察庁は調整しかできません。

もしも警察庁が国家警察なら、直轄部隊を持っていますが、持っていません。ですからSAT（特殊急襲部隊）も自治体に属しています。警視庁のSAT、大阪府警のSAT、愛知県警のSAT、みな同じです。国家の直轄部隊がないから、日本の警察は昔から広域犯罪に弱いし、今は外国人犯罪、あるいはテロ防護に弱点を持っています。

すべての先進国に、国家警察があります。しかし日本にはない。なぜか。

それは戦前の日本に、特高警察という国家警察があったからです。

この特別高等警察は、確かにいけないことをしました。国民が自らの頭で考え、自分なりの思想を持つ自由を奪い去り、拷問し殺人まで日常的に犯しました。

しかし、それは国家警察そのものが悪いのではなく、戦前の特高警察のあり方が間違っていたのであり、その特高警察を含めた国家のあり方を実は支えたわたしたち国民、正確に言えばわたしたちの先祖の世代ですが、国民という意味では同じ国民が間違っていたのです。

それなのに、罪をぜんぶ、国家警察というものに被せて、戦後は国家警察がないから正しい社会なのだと、わたしたちは自分を誤魔化してきたのです。

自衛隊も同じです。

自衛隊は軍隊だと思いますか、違うと思いますか。

【みなさんからよく出る答え】

海外では自衛隊がふつうの軍隊として扱われているという話を何度か聞いたことがありますから、軍隊ではないでしょうか。

いまお答えがあったように、海外、とくにヨーロッパ諸国では確かに自衛隊は基本的に日本国軍として扱われています。練習航海で海外の港に寄港した海上自衛隊の護衛艦は、その国の海軍とあくまで「海軍同士」のセレモニーを行います。

これは、自衛隊の戦車や軍艦、戦闘機の実像、それに二四万人という兵士の実在から、そう扱われているわけです。日本国憲法第九条第二項に「陸海空軍その他の戦力は、これを保持しない」と書いてあっても、まさしく戦力としての陸海空軍が実在しているのは間違いないということです。

それは、その通りなのです。

ところが、それでもなお、自衛隊は軍隊ではありません。

根っこのところが、軍隊ではないのです。

「軍」の根っことは何か。それは戦車よりも軍艦よりも戦闘機よりも、軍法会議です。自衛隊には、この軍法会議がありません。

日本を除くすべての先進国の軍隊には、当然ながら軍法会議があります。もしも戦わざるを得ない場面になって、戦わずに帰ってしまった、逃げてしまったら、間違いなく軍法会議にかけられ、非常に重い罪が科せられます。ふつうでは死刑ですね。

けれども自衛隊には軍法会議がありません。だから、自衛官は迫り来る敵を前にして辞表を出すこともできます。もちろん、それなりの責任は問われますが、一般の国家公務員と大きく変わるところがありません。

さて、これは「平和的なこと」なのでしょうか。わたしたちの市民生活においては、いかなる理由があっても人を殺してはいけません。人の物を壊すことも、いけません。

これは、そういうことを一切せずとも、いつも無事に市民生活を送れることを意味しているのでしょうか。

そうではないですよね。わたしたちの愛する人を殺しに来たり、あるいはわたしたち自身を殺しに来たりする犯罪者があれば、その犯罪者を阻止するために、犯罪者の持っている銃器を壊したり、あるいは乗っている車をパンクさせたりせねばなりません。それを警察官に託しているだけです。警察官は法によって、場合によっては犯罪者を射殺することだってあり得ます。

国際社会においても、まったく同じことです。もしもわたしたちの祖国を攻撃してくる国があれば、その国の持つ戦闘機や弾道ミサイルを破壊せねばならないし、殺人は絶対悪であってもなお、国際法に基づいて、兵士を殺さねばならないこともあります。

市民社会を日常的に危うくする犯罪者よりも、これは遙かに規模の大きな、徹底した敵ですから、わたしたちは愛する者、そして自らの命を守るために、警察よりも格段に発達した武力組織を持たざるを得ません。それがすなわち「軍隊」です。軍は、正当にしてあくまで防衛的な理由があるときは、市民生活では決して許されない破壊や殺害の行為をやむを得ず行わなければなりません。

だからこそ、その軍隊をきちんとコントロールするためにこそ、ふつうの市民社会と違うルールが軍隊には存在しなければならないのです。

それを国民、主権者に明示するのが、軍法会議なのです。ここが肝心なところです。

いざとなれば、正当な防衛のためには、組織的に相手を殺戮(さつりく)することもあり得るし、大規模に相手の所有物を破壊することもあり得る。それを正直に、有権者に提示し、そのうえで破壊力の規模やあり方について有権者の意思を問う。軍法会議で将兵の行動を裁くことによって、市民社会とは異なるルールとモラルの体系が厳然と存在することを市民に提示し、市民のふだんの生活が何によって護られているか、わたしたち人間社会、国際社会の現実もありのままに提示し、その現実をどう改善していくかについて有権者に正しい判断のための材料を渡す。

これが、わたしたちの民主主義政治のほんとうの姿です。

自衛隊は、たとえば世界最強レベルの戦闘機、F15を保有するわずか四か国、アメリカ、サウジ、イスラエル、日本のひとつであり続けてきました（その後韓国が導入した）。海では、アメリカと同型のイージス艦（最新鋭の電子ミサイル駆逐艦）を持つ国としては、当のアメリカを除く唯ひとつの国であり、陸でも世界有数の大型ハイテク戦車、90式戦車隊（現在の最新鋭戦車は10式）を展開しています。そして兵力は二四万です。

これだけの兵器、兵士を抱えながら、軍法会議がありません。

なぜか。

帝国陸海軍の軍法会議は、これまでお話ししてきたような機能よりも、軍の問題や不祥事を国民から隠蔽するために機能していました。軍部を国民から切り離し、独走させるためにこそ働いてしまったのです。

その結果、多くの国民が「間違っていた」と考えている戦争に至り、形容を絶するような悲惨な大量死を招いた。

一九四五年の敗戦によって、それを省みることになったとき、そうした間違った軍法会議を持つ軍部の存在を許した国民の政治への関わり方、あるいは生き方を省みるのではなく、すべての責任を旧軍や戦前の政治家に押しつけてしまい、さらに、厳しい現実と向かい合わねばならない国家安全保障をアメリカ合州国に預けてしまいました。

わたしたち主権者自身は「なぜ間違った戦争を起こしたのか」、「正しい、新しい安全保障をどう築くか」を考えることを怠ったまま、経済的な利潤追求に生きてきたのではないのでしょうか。

だから、軍法会議を持たない巨大ハイテク軍事組織である自衛隊を持ったまま六〇年ほども過ごしてきたのだと、ぼくは考えています。

先ほど述べました国家警察のことと、問題の基本的な構造、ごまかし方はそっくり同じですね。

国家警察そのものが悪いのではなく、戦前の日本の国家警察の具体的なあり方が間違っていた。そうであるなら、その間違った国家警察、特高警察をなぜ日本国民は持ってしまったのか、それを有権者自らの問題として追究し、民主主義の理念に立脚する新しい国家警察をわたしたちは持つべきです。

そして、同じように、敗戦の日まではどうして間違った軍部を日本が持っていたのか、それを有権者が考えることによって、わたしたちが諸国民と共に生きる国家にふさわしい国軍を持つ。

この祖国の主権者の一人であるわたしが、まさしく同じく主権者であるみなさんに伝えたいこと、それが沢山あるからこの仕事をしているのですが、一番は、ここです。

みなさん、ぼくら自身で引き受けましょうよ、ということです。

直接民主主義の制度に変えろというのではありません。むしろ逆で、代議制民主主義によりつつ、政治を空しいものにしないためには、「大切なポイントはわれわれに、常に戻して意見を訊け」と代議士たち、すなわち「主権者の代わりに国会で議論する人たち」に求め続け、最終責任はいつでも代議士ではなくわたしたち自身にあることを考えて生きよう、ということです。

日本人にとって、たとえば納税の義務は、税金を納めたら終わりです、完結します。

しかし、わたしがアメリカ人と付き合っていていつも感じるのは、彼らは、税金を納めて、そしてその税金の使い道を自らチェックして初めて一応、納税義務が完結すると考えています。

さらに、チェックの結果これはおかしいと思ったら、たとえば知事ならば次の知事選まで待たずにリコールという直接行動に訴えて、政治を有権者が動かします。

シュワルツェネッガーさんがカリフォルニア州知事になりました。日本でもかなりの関心が持たれています。しかし、人気俳優が知事になったことよりも、デービス（前）知事が財政赤字を膨らませたり電力危機を招いたためにリコールされてしまったことの意味を、みなさんと一緒に考えていきたいのです。

わたしたちの国は凄い国です。

二〇〇〇年間の歴史を持ち、そのあいだ、たったひとつのロイヤル・ファミリーを維持してきました。

ぼくはアメリカ人と議論するとき、「あなた方の国のように、たかだか二四〇年の歴史の国なら、改革もやりやすいさ。二千数百年間、積み重なってきたものを一新することが、同じペース、同じ犠牲でやれるはずはないだろ」とまず、言うのです。その長き歴史を通じて、唯ひとつのロイヤル・ファミリー、文化の象徴を持ってきたんだよと話すと、アメリカ人の眼にはほんとうに何とも言えない憧れの色が浮かびます。

ただ、その代わり、わたしたち日本の有権者は沢山のことについて、積極的に自覚的であらねばなりません。

天皇陛下の存在が、わたしたちの国の安定を根本から支えていると、ぼくは思います。誇りに思います。同時に、わたしたちとまったく変わるところのない同じ人間を天皇陛下と定めることが、一方で、わたしたちとやはりまったく変わるところのない人びとに、なんの根拠もなく差別を被せることをも生んできました。

それをきちんと知り、その差別とまっこうから戦いつつ、天皇陛下の存在と、陛下ご自身が今上陛下も昭和天皇も、客観的に見てきわめて優れたお人柄を自己完成され、重い責務を強烈な、そしてとても澄んだ責任感で遂行されておられることに、誇りを持ちたいと思います。

そして同時に、この国の歴史を大きな眼で眺めたいのです。

わたしたちの国は、気がついたら天皇陛下がいらっしゃって、気がついたら税金を取られていました。「あの牧場のあの柵を作るには、みんなで何ドルずつ出そうか」と相談して国を造ってきたアメリカ合州国とそこが違うことを、わたしたちは主権者として知らねばなりません。

安全保障を考え直すことは、まさしく、日本国民が自らの祖国をとらえ直すことです。


【みなさんからよく出る問い】

青山さんは、日本人が本当に改革を望んでいると思いますか？「日本人はずっとこのままでいたいのが本音じゃないかな」と常々、思うんです。ペシミスティック（悲観的）になってしまうんですね。青山さんは本当に、安全保障を自分で考えるときが日本に来ると思いますか。

この質問をされるお気持ちは、よく分かります。

ちょっとわたしの身近な例なのですが、三菱総研から独立して、独立総合研究所（独研）を立ち上げたときに、経団連（当時）の副会長を務めている財界人の方から電話をもらったんですね。

わたしは共同通信の時代に経済記者だったときがありますから、その頃からの長い付き合いの方です。

「青山さんは、共同通信を辞めて三菱に移ったと思ったら、とうとう民族派団体に移ったんだね」とおっしゃる。

ぼくは、ああ来たか、と思いましたね。

そこで「恐縮ながら、独立って言葉を聞いて、右翼陣営をイメージするのは、この国だけではないでしょうか。だからこそ、日本国民に問いかけて一緒に考える意味も込めて独立総合研究所と命名したんです。独研はもちろん、政治団体でも右翼団体でもなくて、政府や民間の委託を受けて客観的な調査・研究を自立したビジネスとして行うシンクタンクです」と答えました。

アジア太平洋の防衛政策の見直しに関連する仕事でオーストラリアに行きましたときに、オーストラリアの国防関係者に「二一世紀には、新大陸の国しか生き残れないだろう。日本には未来はないんじゃないか」と言われました。

「イギリスから囚人が島流しされた国であったわれわれオーストラリアと、カウボーイの国であったアメリカだけが生き延びて、イギリスも日本ももうおしまいだ」とビールをうまそうに呑みながら言いました。

ぼくは「日本の智恵を甘く考えちゃ駄目だよ。平野の少ない狭い国土に、これまでほとんど資源もなく、ただ国民の智恵と努力だけで世界第二位の経済力を持ったんだよ。突き放して客観的に考えれば考えるほど、もの凄いことだと分かるんだ」と答えました。

そう答えましたが、確かにわれわれは個人が自立していなくても何とかやっていける国であったんですね。

新大陸にハンドメイドで祖国を造っていったオーストラリアやアメリカは、国や組織に頼らず、個人が一人ひとり自立していないと、個人も生きられないし、国も存在できなかった。

そのリアルな厳しさが、いまは逆に豪州や米国のアドバンテージ（有利な点）になっています。

ところが日本では、個人の自立が実はあまり求められてこなかったのではないでしょうか。

ペシミスティックになってしまうという問いでしたが、ぼくはあえて楽観的に、希望を持って見ているのは、今まで必要がなかっただけではないかなということです。

必要がないものを普通の人が求めたりしませんから、個人の自立、そしてそれに基づく国家のほんとうの独立がこれまで実現していなくとも、必要があるなら話は変わるということだとぼくは信じています。

それが、わたしたちの新しい希望だと考えています。

つい、こないだまでは男は会社の上司の言うことを聞けばいいし、女は家庭で夫の言うことを聞けば、そこそこ丸くやっていけるという社会がありました。

しかし今では、そんな会社であれば、もはや生き残れない、社員一人ひとりが自分の頭で考えてくれないと、会社は仕事も取れない。国が公共事業を与えてくれた時代は去ったのですから。

家庭のなかでも、母が父の言うことを表では黙って聞いて、陰で子供にお父さんの悪口を言うような家庭であれば、子供が突然に荒れたりしますね。

日本もようやく、一人ひとりが男も女もなく、学歴も関係なく、自分の誇りと自分の心でものを考えることが自然に求められる社会になった、これを前を向いてとらえたいのです。

先ほどの質問は、ほんとうに良い質問だと思います。安全保障の問題が、単に軍事や防衛だけではなく、わたしたち日本人の生き方の根っこに繋がっているという話を、こうやってできるからです。

そこで、その質問にもうひとつの側面からも答えたいと思います。

それは「日本の政治は駄目だ、まるで駄目なんだ」とぼくらが長年、聞かされてきたこと、それを主権者として自分の頭で考えてみると、ほんとうに正しいのかということです。

ぼくら日本国民は、子供の頃から学校で「日本は資源のない国だ」と教わって育ち、新聞やテレビからは「日本は政治の駄目な国なんだ」と繰り返し吹き込まれてきました。

このいずれも、実は間違いだったんじゃないかとぼくは今、考えています。

資源小国ではなく資源大国ではないか、これは日本のコペルニクス的転回です。先ほど、中国に関連して述べたメタンハイドレートの埋蔵がそれです。「燃える氷」と呼ばれるこの新しいエネルギー源は、石油より天然ガスより効率が良く、環境にも負荷が比較的に少ないのです。

このコペルニクス的転回は、実は日本の政治をどう思えるかにも当てはまると考えます。日本の政治が駄目だと言われ続けていることの、大きな理由のひとつが「総理がころころ変わる」ということですね。

それは間違いのない事実です。

中曾根政権が五年続いたあと、現在の小泉政権（当時）が現れるまでの一三年間に、ちょうど一〇人の総理が現れては消えました。なかには二か月ほどで辞めた総理すら複数います。

この一三年間は、不滅神話すらあった日本経済の苦しみが始まり、深まり、泥沼に沈んでいった時期ですから、まさしく「政治不況」と言われるように、政治のリーダーシップがこの国に欠けていたようにみえますね。

一三年間に一〇人もの総理が次から次へと代わったのは事実です。しかし、それは本当に意味のない交代だったのかどうか、一緒に考えてみましょう。

まず、中曾根康弘さんの政権から話を始めましょう。五年間続いた中曾根政権、これが成し遂げたものは何かあったでしょうか。あったとしたら、それは何でしょうか。

●歴代総理には成し遂げた役割がある

【みなさんからよく出る答え】

国鉄がＪＲになり、電電公社がＮＴＴになり、専売公社もＪＴになった……これは政権の成果に当たるんですか？

それは、いい答えです。

公平に見て、まさしく政権の成果だと思います。公社の民営化と、それからその通り国鉄の民営化、ＪＲの誕生がありましたね。

つまり中曾根政権は、官から民へという流れを初めてつくった政権として評価できます。この国は二〇〇〇年の歴史を持ち、官僚制度の基盤が出来上がってからも一三〇〇年近い日々が経過しているのですから、官から民への端緒をつくるのに、五年が必要だったということなんです。

逆に言えば、中曾根政権はそれを成したことで歴史的使命を終えて、中曾根さんご本人がいくら権力に執着しようとも、政権は終わらざるを得なかった。

ぼくは中曾根政権の最後の一年間、総理番記者だったのですが、中曾根総理が「わたしの夢はだんだんしぼんでいくね」と総理番に冗談めかして漏らした一言に籠もった、なぜ俺が降壇しなきゃいけないんだという思いを、今もありありと思い出します。

さて、中曾根政権の次に現れた総理、それは誰でしたか。

【みなさんからよく出る答え】

宮澤さんかな。

いやいや、それは大違いです。宮澤さんはずっとあと。

そうか、かつて中曾根さんと宮澤さんが小泉総理（当時）から受けた引退勧告に抵抗したから、みなさんの印象に強いんですね。でも違います。

正解は、そう、分かっている人も多いと思いますが竹下登総理です。

昭和六二年、一九八七年、やがて昭和天皇が崩御される二年前の自民党総裁選で、さっきの宮澤喜一さんと安倍晋太郎さん、今の安倍晋三幹事長（当時）のお父さんと、それから竹下さんの三人が争って、最後には「中曾根裁定」という形で竹下さんに決まりました。

この竹下さんから、くるくる代わる一〇人の総理時代が始まったのですが、では竹下政権が成し遂げたことはあったのでしょうか。あったなら、それは何でしょう。


【みなさんからよく出る答え】

リクルート事件というのは、なんとなく覚えてるんですけど。


それは成し遂げたことではなくて、竹下総理が辞めた原因と言われていることですね。

でも悪い答えじゃないですよ。その通り、竹下さんはリクルートから沢山の政治家、役人、それにマスメディア幹部が未公開株を受け取っていた汚職事件に実質的に連座して辞任した総理として、記憶されてしまっているんです。

これも「日本政治は駄目なんだ」という思い込みにつながっています。確かに、次から次へ代わった一〇人の総理のなかには、スキャンダル絡みの辞任が少なくない。汚職、女性問題、薄汚れた印象が強いですよね。

しかし、ほんとうにそれだけなのでしょうか。


【みなさんからよく出る答え】

消費税？


そうです、消費税の導入です。

竹下政権の導入した消費税は、税率がたったの三％ですから、ほんとうは消費税とは言えないようなものです。財務省の味方をして「税率はとにかく高い方がいい」と言っているのではありません。この消費税の本来の目的は、直間比率の見直しです。ご存じの方もとても多いですから蛇足になりますが、わかりやすく言うと、直接税つまり所得税など納税者が自分で直接おさめる税金が国や地方の金庫に占める割合をなるべく減らして、間接税つまり消費税や酒税、タバコ税、石油ガス税、納税者が商店や企業などを通じて間接的におさめる税金の割合を増やすことです。

なぜ、これが必要なのか。

所得税がこんなに高いと、努力して頑張って働いて収入を増やしても、納める税金が増えるだけになりますから、日本人の働く意欲がやがて削がれてしまう。日本人は真面目ですから、今まではそれでも誠実に働いてきたけど、いつまでもそれに依存するような税制では、日本国に新しいエネルギーを生まない。

だから消費税はもともと所得減税のための税金なのです。今のように目的税にして「社会保障の財源」だと言っているのは間違いです。社会保障の財源は、年金保険料などあくまでも社会保障の仕組みの中で確保すべきです。

消費税をはじめとする間接税は、所得の低い人ほど重くのしかかりますから、食品や基本的な生活用品にかける消費税の税率は低くする工夫が欠かせないとぼくは考えます。

それから、行政、とくに中央政府がもっともっと身を削ぐ努力をしないといけない。

その二つの条件のもとで、消費税を諸外国並みの税率に近づけるべきだと、ぼくは考えます。

この長い歴史を持つ国では、さっき中曾根政権のところで言った「官から民へ」の流れをつくることはとても大変です。それと並んで大変なのが、この税制を触ることなんですね。

だけども、これを変えないと日本は変わらないから政府税調あり、自民党税調ありで、いろいろ取り組んではきたけど、税制のあり方は根本的に変わっていなかったのです。つまり直間比率は変わっていませんでした。

竹下さんは、これにメスを入れた。メスの第一刀を入れたわけです。

竹下さんは確かに、リクルート事件で辞めた。中曾根政権に続く長期政権になると言われた竹下政権が、わずか一年余りで無念の退陣となるとき、ぼくは総理番記者は卒業していましたが、総理官邸記者クラブにいました。

リクルート事件で国会の予算審議がストップして、竹下総理は政権を投げ出すことで野党にようやく審議を再開してもらい、予算を成立させたのですが、小さな顔に大きな両耳のついた竹下さんが、その顔をうつむかせて記者団に何を聞かれても島根訛り（なま）で「いやしくも国政を停滞させてはなりませんから」と繰り返していました。

ですからリクルート事件が辞任の引き金になったのはその通りなのです。しかし大きな眼で眺めれば、税金の制度を変える入り口をとにかくつくって歴史的使命を終えたから、時間的な長さとは関係なく、終わるべくして終わったとも言えるのです。

さて、この竹下政権の次は誰でしょうか。

【みなさんからよく出る答え】

海部さん！

惜しいですね。海部さん、確かに印象としては竹下総理の次に現れた人気総理という記憶がありますが、そのまえに一人いますよ。

【みなさんからよく出る答え】

宇野さんかな？

そうです、宇野さんです。

今ぼくは、日本の総理の交代には、すべて歴史的な意味があり、次々に交代したから必ず悪いわけではないという話をしているのですが、実は、全部がぜんぶそう説明できるのではなくて、時々、ペケポンの総理が間違って現れるのです。いや、人格を誹謗するのではなくて、歴史的使命を何ら果たすことができなくて、文字通りに無意味に早期辞任したという意味ですね。

この宇野宗佑さんは、文人政治家でなかなかに奥行きのあるひとだったのですが、昔に馴染みだった芸妓に「三本指で愛人になれと言われました」、つまりお手当が月々三〇万円で愛人になるよう強要されたと告白されて、海外にまで報道され、辞任に追い込まれました。

就任からわずか二か月です。使命もへったくれもありませんでした。

本人も総理になるなんて夢にも考えなかった人がなぜ、いきなり総理になったのか。

それは、ほんとうは竹下さんが自分の言うことを聞いてくれる総理をつくろうとしたからです。当時、竹下さんを支えていた金丸信さんは「自分に相談もなく宇野なんぞを担ぎ出した」と怒り、実は、当時たいへんに若手だった橋本龍太郎さんを総理にしようと秘かに動かしました。

そのとき、金丸さんに何枚かの写真を見せた政治家がいました。小沢一郎さんです。小沢さんが金丸さんに見せた写真、それは橋本さんが神戸市内で女子大生とお酒を飲んで肩を組み合っている写真でした。今ではまるでなんでもない写真ですが、そのときは宇野総理の芸妓事件の真っ最中ですから、それだけで金丸さんは「こりゃ駄目だ」と諦めてしまいました。

小沢さんがこの写真を見せた動機は分かりませんが、竹下さんは「（橋本）龍太郎への嫉妬だよ」と仰（おっしゃ）っていました。

さて、こういうペケポン総理さんが残念ながら三人だけ、宇野さんとあと二人いるんですが、まぁ一〇人のうちの七人は何らかの歴史的使命を果たした、七対三ということですから、諸外国の首脳たちの歴史と比べても、公平に言って優秀です。

それでは、この宇野さんが女性を粗末に扱ったツケが回って辞任したあと、晴れて総理になったのは誰でしょう。

【みなさんからよく出る答え】
海部さん！

そうです。さっき海部さんの前に一人いましたよと言ったんだから愚問でしたね。海部俊樹総理は、いつも五〇％以上の高い支持率を保った人でした。竹下政権は末期に、消費税率と同じ三％台に支持率が下がってしまったし、宇野政権も国民の支持はほとんどありませんでしたから、大変な高支持率です。ところが、その支持率のまま政権を閉じざるを得なかった。

どうしてでしょう。

【みなさんからよく出る答え】
政治改革法案を国会に出そうとして出せなくて、それで衆院を解散しようとしたら、小沢一郎自民党幹事長に邪魔されて、できなかったから。

その通りです！

当時はまだ中選挙区で、スキャンダルが相次ぐのは政治にお金がかかりすぎるからという理屈で小選挙区に変えようという動きがとても活発になり、それが「政治改革」とされて自民党内に賛否両論、激しい内紛を呼び起こしました。

海部政権は国民の支持が高く、在任期間もわりあい長かったわりには、実は具体的な成果を残していないのです。

けれども、ひとつには政治改革というものに、とにもかくにも取り組みを始めた。その歴史的な意味は決して小さくはありません。

海部政権には、もうひとつ「とにもかくにも取り組みを始めた」というものがあります。

ヒントは、このごろ日本の課題として非常に深く問われているテーマです。

分かりませんか？　もう少しヒントを出しましょう。いまイラクへ自衛隊を派遣しようとしていて、国際貢献が問題になっていますね。

【みなさんからよく出る答え】

湾岸戦争ですか。

その通り。

海部政権のとき、ぼくは政治記者として海部さんの属していた自民党河本派を担当していました。今だから言えますが、総理公邸に秘かにアクセスしたり、総理のプライベートな顔も間近に見ている機会がありました。

海部さんは、辞任する直前、ぼくに「湾岸戦争さえなかったならナァ」と言いました。それまで順調だった政権が、湾岸戦争というハプニングで狂いが生まれて、政治改革法案をめぐる紛糾も、湾岸戦争のときの不協和音が背景にあるという気持ちですね。

ぼくは政治記者として、そうは考えませんでした。

海部総理は「政治改革法案を出せないなら重大な決意がある」という一言を漏らして、そこまで言ったなら衆院解散を打つんだろと当時の改革派議員に詰め寄られ、それじゃ解散をやろうじゃないかと、ほんとうはやっとそれで決心した。海部さんの欠点です。

そんな半端な踏み込み方だったから、海部総理の隠れ主人、金丸さんや竹下さんにあっさりと無視され、竹下派の若頭だった小沢さん、当時の自民党前幹事長に実質的に退陣を申し渡されました。

だから政治改革法案でつまづいたのは、周りのせいよりも何よりも、ご自身の問題です。国民の人気が高すぎたために、海部さんには失うもの、失いたくないものがあった。そのために、八方をうまく収めようとして、政治改革派、改革反対派、双方からうとまれたんですね。

ただ、湾岸戦争が政権の思わぬ曲がり角になったというのは、当たっています。それは日本の曲がり角にもなりました。

イラクのサッダーム・フセイン大統領がクウェートに攻め込んで、アメリカは国連を通じて多国籍軍を編成し、サッダームの軍隊を追い払いました。日本も、中東から極めて大量のオイルを輸入している国として、また世界の経済大国として、応分の負担を求められました。

このときは時代も、日本国民の意識も、そして政治家の認識もまったく熟していなかった。だから海部さんはとにかく、お金だけを払ったわけです。まず最初に約四〇〇億円から払い始め、これが増えに増えて最終的にはおよそ一兆七〇〇〇億円にも達しました。日本国民はこのための増税にまで耐えてこの戦費を払ったのです。

ところが、このお金のおかげを一番こうむったアメリカをはじめ国際社会は、わたしたち日本国民の血税を投じた貢献を、まったくと言っていいほど評価しなかった。

カネで駄目なら、人を出すしかないのか。しかし人と言ったって、それは兵士だ。国際社会が日本の兵士を求めている。日本は憲法に、陸海空軍はこれを保持しないと明記されている国で、通常戦力としては世界第二位の自衛隊を持っていても、それは軍隊ではないことになっている。多国籍軍に自衛隊を参加させられるわけがない。湾岸戦争は最後は、アメリカ軍がバグダッドへの侵攻をやめて、フセイン政権を温存した。フセイン大統領は国連に平和維持部隊を出してくれと求めるはずもないから、自衛隊をPKOとして出すこともできない。

では一体、日本はどうしたらいいのか。

海部政権は、国際社会から史上初めて、この問いをずばり問いかけられた政権であり、それに対して旧来通りにカネで応えたら、むしろ大きく行き詰まった政権です。

海部総理は、内では「政治を改革せよ」と突きつけられて「改革は確かに必要なようだけど、まだどうしたらいいか分からない」と答え、外では「もう平和憲法だけでもカネだけでも通用しないから、どうやって欧米民主主義国家と共生するか考えろ。考えるだけじゃなく、すぐに行動しろ」と問い詰められて、「そう言わず、とりあえずはカネで解決してくれ」と答えた総理です。

情けないと思う国民は少なくないでしょう。

その通り、情けない。しかし情けないからこそ、たくさんの主権者が「このままじゃいけない。内政も外交も」と強く感じたのです。

海部総理という個性は、良くも悪くもこの「日本という国の情けなさ」を演じるにふさわしい総理だったと、ぼくは今つくづく思います。

いま「演じる」とあえて言いましたが、海部さんには演じている気は全くなかったと思います。身近に接していて、そんな気配は微塵も感じられなかった。その意味で、とても正直な人です。

だから政治改革を掲げる若手の代議士たちに総理執務室で「あなたは本気で政治改革をやるのか」と詰め寄られたとき、竹下派や小沢さんの圧力の狭間でまともに苦しんでしまって、若手に「重大な決意で臨む」と言ってしまい、「総理の重大な決意とは解散だ。言った以上は、やれ」と若手は海部さんの背中を押し、押されて前に出た海部さんは小沢一郎前幹事長にばっさりと切って捨てられた。

さっき、みなさんから笑い声も漏れましたが、ぼくは永田町には珍しい正直さを海部さんが持っていたからこそ、国民にこの国の実像が伝わったと、公平な意味で考えています。

それがまさしく海部さんの果たした役割だったのです。内にも外にも、もうこのままでは済まない、これまで曖昧にしてきたことを、そろそろはっきりさせなければ、という事実を国民に伝えました。

海部さんはリーダーとして弱いリーダーであったから、伝えるだけが役割だった。ご本人はもちろん不満で、自己評価もプライドも高いし、衆院解散に打って出れば五〇％を超える支持率で勝てると信じていたし、無念を残しました。

しかしほんとうは、そのリーダー像にふさわしい、等身大の歴史的役割を終えてしまった以上は、交代するほかなかったのです。

その視点からすると、小沢さんの「豪腕」だの、竹下派の闇支配なども小さな話であって、実はすべて、日本という古きも古い国の涵養（かんよう）する歴史の智恵のなせる業（わざ）だったのです。

さぁ、この海部さんの後は誰でしょう。

【みなさんからよく出る答え】
今度こそ宮澤さんですか。

まさしく正解です。

別に真打ち登場じゃないですけど、今度こそ宮澤喜一さんです。宮澤さんは、まだ二〇歳代から将来、国のリーダーになりうる頭脳だと言われた大蔵官僚でした。昭和六二年、一九八七年の自民党総裁選で竹下登さん、安倍晋太郎さんと競って、一敗地にまみれましたし、今度こそ「真打ち登場」で総理になったと言っても良かった。けれども、ぼくは共同通信政治部の記者として取材しながら『この人は、実は一生、大蔵大臣をやっていたいのであって、総理大臣はやりたくないのじゃないかな』と感じました。

そして総理になった宮澤さんは、何をどうしたいのかがさっぱり分からなかった。大蔵大臣のように自分の興味のあることだけ捌(さば)いているのなら良いけど、総理として国の内外をすべて見なければならないとなると、なんだか急にぼんやりしたリーダーになってしまった。と言うより、あの当時の日本国民で宮澤喜一総理をリーダーとして感じていた人は、ほとんど誰もいなかったのではないでしょうか。

東大法学部卒、大蔵官僚、駐米大使館のエリート書記官、こうしたキャリアのなかで最高の知性とされてきた人材が、時代が変わるとどんなに無惨な姿をさらすかという意味でも、忘れてはならない宮澤政権だと思いますが、それは今日の話の本題ではありません。

宮澤さんは、結果として政治改革をテーマにした衆院解散に打って出ました。しかし、さっきの話でも察しがつくと思いますが、宮澤さんが望んで勝負したとはとても思えません。そもそも宮澤喜一という人が、政治改革なるものに興味が少しでもある、あったとは全く思えません。

支持率の高かった海部政権を倒した、呑み込んだ政治改革、その熱気が残っていたから、いやいや政治改革解散に出ざるを得なかった。

だから、ぼくはこれを宮澤政権の果たした歴史的役割とは考えていません。カウントしていません。

ほんとはちょっと宮澤さんに厳しすぎますね。海部さんだって、ご自分の望んだ、志した使命を果たしたのじゃない。だけども、厳しすぎても良いと思います。ぼくが海部さんの派閥を担当する政治記者だったからではなくて、国費でエリートになった宮澤さんは、それなりに自分で叩きあげて這(は)い上がってきた海部さんよりも、厳しい月旦(げったん)、つまり人事評価に耐えるべきです。

話がやや逸れました。海部総理が打てなかった衆院解散、政治改革を国民に問う総選挙を、宮澤総理は確かにやりました。

しかし、それを成果と見ないならば、では宮沢政権の残したものは何だったのか。

これは、宮澤さんの次の総理は誰だったかを先に考えると、分かる仕掛けなんです。


【みなさんからよく出る答え】

細川護熙(もりひろ)さんです。


その通りです。

さて細川さんは、どんな総理だったでしょうか。殿様の家柄で、冷泉(れいぜい)天皇にも血筋がつながっていて、組閣のときの記念撮影や記者会見のやり方といった、いわば内閣の広報・宣伝分野でフレッシュなアイデアを出した人でしたね。

だけども、最大の特徴は……。


【みなさんからよく出る答え】

非自民政権です。

そうです。細川内閣は、昭和三〇年、一九五五年の保守合同で自由民主党が誕生して以来、初めて自民党を完全に政権から追い出した政権でした。

そうすると、もう分かりますね、宮澤総理の果たした歴史的役割とは、自民党政権にいったん終止符を打つことでした。自民党がまさしく三〇年以上かかって養成してきたトップエリートの手で終わることは、意味のあることでした。歴史の皮肉のひとつではあるかも知れませんが、ぼくが皮肉な分析をしているわけではないと思います。

さぁ、それでは細川政権はどんな役割を果たしたでしょう。

細川さんは実に不思議な総理でした。

記者会見で、質問する記者を指名するときにボールペンで指しただけで、フレッシュだと話題になったんですよ。いま考えると信じられない話ですよね。こう言っているぼく自身、当時、共同通信の総理官邸詰め記者でしたが、正直言って「新鮮な人」として細川総理を見ていました。

当時たいへんに話題になったことのひとつが、プロンプターというやつです。これ要するに、透明なアクリル板にこっそり文字、つまりあんちょこを映し出すんですね。総理が記者会見するとき、うつむいて紙を読むんじゃかっこ悪い。そこで顔を上げて、真っ直ぐ記者席のほう、つまり国民の方を向いて喋(しゃべ)っているように見せかけて、実は透明なアクリル板の上に流れる文字を読んでいるわけです。これを総理自身が、秘書官に命じて用意させた。

記者会見が始まる前、ぼくはこのプロンプターを触ってみたり、総理の立つ位置から覗(のぞ)いてみたりしました。それでも実は、変だなとはあまり思わなかったんですね。ぼくだけではなくマスメディア全体がむしろ「国民に直接、顔を向けて話す努力をする総理」としてプラス評価をしていました。もちろん、カッコづけばかりに熱心だという批判もあるにはありました。しかし大勢は「なんてフレッシュな総理だろう」という礼賛報道でした。報道だけではない。「広告批評」という雑誌が、細川総理の特集をやって、ネクタイの結び方が今までの政治家と違ってアメリカ人みたいだと感嘆したりしていたんです。

プロンプターのことに戻ると、これは実は根本的におかしいですね。国民の眼を見て話したいなら、原稿を読むのではなくて、リーダーがリーダーとして頭と胸にあることをそのまま語るべきです。ほんとうは官僚に原稿を書いてもらい、それを読み上げているだけなのに、アクリル板で誤魔化す。今となれば、ほとんど政治的な犯罪に思えるほどです。

ところが、もう一度言いますが、このぼく自身が「新鮮だ」と見ていた。

それは一体どうしてなのか。

実はここにこそ、細川政権の使命があったのです。

細川さんは、一九五五年の保守合同で、強すぎる自由民主党ができあがってから、実に四〇年近く経ってようやく現れた、自民党政権ではない総理でした。

細川総理も、元は自民党だったし、細川さんを支える小沢さんも元自民党。しかし、みんなは新しい変化の始まり、清新な時代の幕開けだと思って酔ったのです。

だから細川総理の見かけ倒しすら、なかなか見抜けなかった。

そうすると、細川・非自民党政権もなんだか歴史的な役割が色褪(あ)せて見えるだけだと感じるひと、主権者もいるでしょう。

ところが、細川総理は、見かけ倒しの割に、自民党の長すぎる権力をいったん切るだけで終わらなくて、もう一つの重大な挑戦をした。

それが、国民福祉税でした。

みなさんのなかには、ああ、あれかと思い出すひとも少なくないでしょう。

細川総理がある日突然、狂ったように、夜中に記者会見をして「消費税を発展解消して、その代わり国民福祉税を創設する。税率は七％だ」と、ぶち上げました。

総理官邸の記者会見場に、ぼくもいましたが、記者はみな呆(あき)れました。隣に座っていた、いつもはむしろ権力にすり寄るタイプのある大物政治記者が怒りに震えながら、「それって、ただの消費税の税率引き上げじゃないですか」と質問し「だいたい七％という税率の根拠は何か」と詰め寄りました。

ぼくは……正直、呆然(ぼうぜん)としていました。恥ずかしいことです。

そうすると細川さんは、有名な言葉を吐きました。

「腰だめです」

腰だめ、つまり税率は、適当に決めましたというのです。

これも日本政治がいかに駄目であるかの象徴的なシーンとして記憶されていますね。

しかし果たして、そうか。

この細川政権は、小沢一郎さんと斎藤デン助さんというコンビに支配されていました。

斎藤デン助さん、今ではもう知らない人も多いと思いますが、元大蔵事務次官から東京金融先物取引所の理事長に天下りました。本名、斎藤次郎、大蔵省（現・財務省）の歴史でも何人もいない強力な次官と言われたのです。デン助というニックネームは、麻雀(マージャン)をするとき「デーン」と叫んで上がる癖から付いたそうですが、たかが麻雀の話のようでいて、当時の大蔵省の雰囲気を露わに物語っています。

全員、例外なく東大法学部卒のエリート大蔵官僚、そのなかでさらに選ばれた一部のインナーサークルの人間が、実力者デン助さんと雀卓を囲んで、牌を触りながらその場で、国家の財政政策を実質的に決めていったりしたわけです。

このデン助さんと小沢さんは、たいへんに波長が合っていた。体質が似ていると言ってもいい。そこで、このコンビが相談して「竹下政権がつくった消費税の税率引き上げを、細川の人気が高いうちに、やらせてしまおう」と決めた。

細川総理は、一郎・デン助コンビから吹き込まれただけだったから、「税率七%の根拠」を問われて、とっさに「腰だめで決めた」と答えてしまったのです。

背景にあるもの、それは政官の癒着というより、もっと根深いものです。選挙を経ない官僚が選挙で選ばれた政治家を使う。それが「剛腕」と称された小沢さんのように実力派であったり、空前の支持率を誇った細川総理のように人気者であったりすればするほど、官僚に狙われて実効支配される。役人が悪い、ずる賢いというだけではなくて、日本人が深いところでまだ、選挙、つまり自分たち自身が為政者を選ぶことを信じていなくて、あらかじめ「お上」、おかみである人びとに支配されることを望むメンタリティ、心の姿勢でいる暗い事実が横たわっていると思います。

細川政権の国民福祉税騒動はこのように、日本の官僚支配の病根がどれほど深いかを物語っている。しかし、それでもなおぼくは、この騒ぎに前向きの意味はあったと考えるのです。

理由は二つあります。

ひとつは、先ほども言いましたように、この国で税制を変えるというのは、ほんとうに大変なエネルギーを要します。

消費税は導入するだけで内閣ひとつの犠牲を要求した、つまり竹下内閣が倒れたし、その税率をまともな水準へ引き上げていくのは、一度や二度のトライアルでは足りるはずがない。何度も何度も主権者に提示して、それでやっと少しづつ引き上げられてゆく過程をたどるだろう。

だから細川政権は、そのステップをひとつ踏んでくれた、消化してくれたわけです。

細川総理は本来、自民党政権を一度、野に降ろす役割しか持っていなかったからおまけにしては上出来の追加任務があったということです。

理由の第二は、納税者の異議申し立ての機会でもあったことです。

消費税を新設した本来の目的は、所得税を減税することであって、所得税減税はおざなり程度にやっただけで政府の無駄はそのままに、消費税をわたしたちに課すのは許されません。官僚は、この納税者の怒りをほとんどまともに受け止めていません。だから、異議申し立ての機会は、ないよりはあった方が良い。

細川内閣のように、ほんとうは消費税の引き上げのくせに新しい税を創るかのように見せかけて、それも「福祉のためだけに使うんだから」という『お為ごかし』を装うことには、主権者がよく一致して反対の声を上げることができる。そしてまさしく人気政権が、吹っ飛んだ。さしものデン助さんも、国民の怒りに驚いた。細川総理の深夜の記者会見に、いい気なもんで小沢さんと並んで同席していたのですが、記者団の怒り爆発、会見というより糾弾集会みたいになって、ぽかんと、びっくりの表情でした。

そして、この国民福祉税騒動から、大蔵省がボロクソにやられた時代が到来しました。大蔵官僚がノーパンしゃぶしゃぶの店で、だらしなく接待を受けていた事実もばれて、一〇年に一度の実力次官だったはずのデン助さんは結局、何もできずに勇退に追い込まれ、さらには天下りもできなくて、長いあいだ、さらし者に近い浪人生活を送りました。

先ほど話した東京金融先物取引所の理事長というポストは、実はご本人にとっては大いに不満な天下り先だったでしょう。次官級が天下るなら、慣例から言えば例えば東京証券取引所の理事長です。金融先物取引所では官僚にとってのランクがずいぶんと下で、いわば格落ちで我慢してようやく天下れたのです。

主権者としては、ちらりとだけではあるけれど、力を見せることができたわけです。

細川政権は、直接的には佐川急便事件で倒れました。細川さんは、肥後熊本の殿様です。住まいも文化財で、その維持に困ってしまって、崩れかけた土塀を佐川急便のおカネで直してもらった。それが自民党にバレて、徹底的に追及されました。そして殿様は、嫌気がさした。それはその通りだけども、竹下総理のリクルート事件と同じく、いわば表の部分のきっかけに過ぎない。

深い部分、この古い国に新しい歴史のページを付け加えてゆくという部分では、やはり使命を終えたことが退陣の理由です。非自民政権を一度、つくり、税制を変えるステップを一つ踏み、新しい税制は国民合意がないとできないことを確認した。もう充分です。だから政権のエネルギーが持たなかった。

細川さんは、ぼくの政治記者時代の記憶としても、もっとも忘れがたい総理の一人です。

次の総理に行く前に、ちょっとその話をしたくなってきました。

●もっとも忘れがたい細川総理

ぼくと細川さんとの出逢(であ)いは、殿が総理になる前に遡(さかのぼ)ります。

共同通信・政治部の企画記事で、『新しい日本へ、地方からの発信』という感じのものがありました。その取材で、当時は熊本県知事だった細川さんに会いに行ったのです。

細川さんは朝日新聞記者から自民党参院議員になったあと、田中角栄さんに少し気にいられたりしたけど、ほとんど何もできないまま地元に戻って、お殿様らしく知事になっていたわけです。

多忙な知事ですから、日曜日に知事公舎で会うアポイントメント（約束）がやっと取れました。東京から時間通りに熊本の知事公舎を訪ねて、応接間に通されると、待てど暮らせど出てこない。やっと出てくると、頭ぼさぼさで、ぼぉーとした顔つきで何も言わずに座ってらっしゃる。つまりは約束を忘れて朝寝していたわけですね。さすがは本物の殿様だなぁと腹も立ちませんでした。

その細川さんがわずか一年後ぐらいに突如、日本新党を率いて、中央政界に飛び出てきたときには驚きました。真相は、知事という存在が霞が関、つまり中央の官界ではまるで軽んじられていることに細川さんのプライドが耐えられなくなったことでした。そして小沢さんのアイデアで総理候補に担ぎ出され、非自民八党派でつくる政権の座に着きそうになった。

小沢さんが武村さんに、あとで細川政権の官房長官になった武村正義・元滋賀県知事ですね、「細川を担ぎ出そうか」と持ちかけて、武村さんが「あ、俺も同じことを考えてた。びっくりだな、これは」と答えるまでは、閣僚経験の一度もない殿様を総理にするなんて発想は誰にもなかったんです。

そして、そのびっくりアイデアが実現するかどうか、当時最大のカギを握っていたのは政治家ではなく、労働界のトップでした。

労働運動の左側に立つ、総評グループと、右側に立つ同盟グループを、山岸章という強烈なリーダーが初めて統一して「連合」をつくり、その初代会長に就いていた。

ぼくは二〇年、記者を務めましたから膨大な数の人と会いました。「その中でも最も頭の良い人は誰ですか」と、もし聞かれるならば五本の指の一人に、この連合会長、山岸章さんを入れます。

家が貧しかったために学校へ行けず、郵便局員となった。だけど、その郵便局へ通うバス代もないから腰まで雪につかりながら片道二時間の道のりを毎日歩いて通って務めあげたそうです。

労働界も実は、首脳陣は東大卒が占めてきました。たとえば山岸さんの次の次に連合会長になった人は、東大に浪人して入ったので、新日鐵（しんにってつ）に就職したとき社長になれないと考えて、労働組合で出世した人です。

そのなかで逓信（ていしん）講習所卒という学歴しかない山岸さんが初代連合会長を射止めるためには、度外れた能力、胆力、そして戦術家であることが必要だった。

そんな凄い人がたまたま労働界のトップだったときに、非自民政権ができるかどうかという節目が訪れたのも、日本社会の運命ですね。

中曾根さん以来の歴代総理を今、ひとりづつ振り返っているのは「日本政治が駄目である証拠」とされる総理の短期交代にも、歴史の智恵、もっとはっきり言えば日本の底深い文化が生み出している智恵と関係があるということをお話ししたいためです。

そして、総理交代だけではなくて、その交代を実現する、いわば裏方にも歴史の知恵が働いているという話をしたいから、細川政権については山岸さんのことまで踏み込んでいます。

ぼくはちょうどこの時、政治部長から労働担当を命じられました。それまで総理官邸や自民党本部の記者クラブを歩いてきましたから、労働担当というのはいくらか意外だったのですが、担当して分かりました。

要は、山岸番だったわけです。本物の労働記者、これは政治部ではなく社会部記者の分野ですが、そういう方々には申し訳ないけど、労働運動に用事があったのではなくて、非自民政権をつくるフィクサーに山岸さんがなるかどうか、その一点に、共同通信政治部の関心、そして朝日やＮＨＫ、ほかのすべてのマスメディアの政治部の眼が集中していたわけです。

山岸さんのお宅を夜回り取材するために、初めて訪ねたときは忘れられません。運転手さんと地図を見ながら探し当てた千葉県市川市内の住所には、ちょうど河野洋平さん（元衆院議長）の家と同じような長い塀の豪邸がありました。

当時の連合は組合員八〇〇万人。そのトップですし、「労働貴族」という言葉がかつてあったように労働運動の首脳たちが、かなり豪奢（ごうしゃ）な生活をしていることを知っていましたから、てっきりこのお宅だと思って呼び鈴を鳴らしたのです。

すると、お手伝いさんがインターフォン越しに「違いますよ」。

あれ、おかしいなと周囲を見るけど、それらしい家がない。そのうち、一軒の小さな建て売り住宅のまえに屈強の男が立っていることに気がついた。ひょっとして警護しているのかなと「あなたは連合の人ですか」と聞いてみると、ぼくを腕と体で門の外へ押し出そうとする。


わぁ、ここが自宅なんて、清潔な人じゃないかな、誤解していたかなと考えました。

お宅に入れていただくと、質素なふすまの前に、労組員八〇〇万人を擁する連合の会長、山岸章さんが、いたずら小僧のような、それでいて人間のありとあらゆる苦労を皺の一本一本に刻み込んだような、なんとも不思議な魅力的な顔で座っておられました。

そこからお付き合いを始めて、カネの誘惑には徹底的に強く、権謀術数にも徹底的に強い人であることが分かりました。

その山岸さんは、小沢さんを信用して良いのかどうか迷い抜きました。毎晩、毎晩、ぼくを含めて政治記者は湾岸高速道路を走って遠い千葉県市川市へ通います。深夜、みんなが帰ったあとに車を戻してもらって、山岸さんと二人で話せる時間をつくります。こうしたことは、ぼくだけではなく政治記者なら普通の努力なんですが、そういう時に、細川さんや小沢さんから山岸さんに電話がかかってくるんです。

ぼくがいるから、山岸さんは「ふんふん」とか「そうか」とか、最小限度の返事しかしない。それでも分かります。山岸さんは実は、細川さんは最初からほとんど相手にしていない。ありゃ小沢という人形使いに動かされているお人形の殿様だと、見切っている。小沢一郎こそ本丸だ、しかしその小沢が信用できるのかと山岸さんは悩んでいた。

「おい、青山さんな、小沢が政権を取ったら、徴兵制を必ずやるってのは本当か」と、二人の時に山岸さんが聞きました。

「いや、それは嘘だと思います。誰が、そんなことを言いましたか」と答えると、山岸さんは当時の政治記者の名前を挙げました。

「小沢さんの怖いイメージに乗っかって、適当なことを言っているだけだと思います。小沢さんは裏舞台でも徴兵制をやりたいなんて、一言も言ってません。それに第一、徴兵制をやるやらないが問題だという意識そのものが安全保障を知らない論議です」とぼくは答えました。

徴兵制は、戦争が兵士対兵士の殺しあいだった時代の話です。兵器対兵器の殺しあいに変わった現代になると、徴兵されて例えば一年半とか二年だけ軍にいる兵士ではハイテク兵器を扱い切れません。だからアメリカ軍はベトナム戦争のあと、早々と徴兵制を廃止しましたし、徴兵制をまだ保持している中国人民解放軍はむしろ、それが重荷になって、多すぎる歩兵を抱え込んでいるのです。

　ちょうどその頃、山岸さんのお母さんが亡くなり、市川市内で告別式がありました。すると小沢さんは、お通夜の日の夕刻から、その市民葬儀場に現れて、翌朝までそのまま正座して、弔問客に頭を下げ続けたのです。

　山岸さんは、そのお通夜の夜こそ小沢さんに近づかなかったのですが、胸の内は、完全に小沢一郎の虜（とりこ）になっていました。山岸さんはのちに、引退されてからぼくに「それよりもっと早くに小沢とは手を組んでいたよ」と仰いました。それも嘘ではないでしょうが、人情家の山岸さんがあのお通夜でこそ、心の奥から小沢さんを信用したのだろうと、ぼくは今もそう考えています。（そして、この原著の新書版を世に問う直前に、山岸さんは亡くなられました。西暦二〇一六年五月三日、記す）

　そして連合は細川政権の強力な支持者となり、非自民政権に全体を貫く支持基盤、ついでにカネの基盤もできあがって細川政権が成立したのです。

総理になった細川さんの忘れがたいエピソードを、もう一つだけ話しておきたいと思います。それが、わたしたちのこの国の成り立ちと、深いところで関係があると思うからです。

細川政権のとき、ＡＰＥＣ、つまりアジア太平洋経済協力会議についてアメリカが本気でやる気になって、初めてアメリカで開催することになりました。

西海岸の爽やかな都市、シアトルに各国の首脳が集まって会談が始まるまえ、クリントン大統領（当時）が妙に緊張しています。あの気楽なアメリカン・ガイ、クリントンさんに緊張は全く似合わない。現にアメリカの通信社記者に聞くと「いやぁ、確かに緊張してるね。あれれ、顔が青ざめてきたぞ。手がすこし震えてるな。いったい、どうしたんだ。こんな彼は初めて見るよ」と、かなり大きな声で驚いて「こりゃ、身体でも悪いのかな、あなたは何か知ってる？」と聞いてきました。

「いや、何も知らないよ」と答えながら、じっとアメリカ合州国大統領、ビル・クリントンさんを観察すると、身体の不調とかじゃなく、まさしく緊張しているとしか思えない。

このときのクリントン大統領は、中国の江沢民国家主席（当時）との二国間協議の直前でした。

米中首脳会談が始まって、ぼくも、アメリカの通信社記者も確信しました。

彼は、江沢民主席が怖いんだ。

首脳会談で、江沢民さんはいつものように眼鏡を少しずらして、どこを見ているのか分からない視点を宙に泳がせながら、へらへらと笑って、いつものペースです。ところがクリントンさんは、ついに一回もニコリともしなかった。いや、できなかった。最後まで、ふだんの自分を出すことができずに大きな体をすぼめて、なんだか真面目な中学生が校長先生の前に出た時みたいになってしまった。

いったいどうしたんだと、ぼくはアメリカの記者と一緒に、大統領に同行していた側近に取材してみました。

すると「なんだかね、威圧感というか圧迫感を江沢民に感じて、変に緊張してしまったみたいだよ」というアメリカ人らしい飾らない答えが返ってきた。

これはクリントン大統領の器が小さいということではありません。

ぼくは、大統領側近の言葉を聞いたとき、違う日の違う首脳会談の光景が蘇りました。

竹下登総理（当時）が、中国の釣魚台、これは北京の中南海という共産党・政府の要人が棲んでいるエリアにある湖畔の迎賓館なんですが、そこで初めて江沢民主席と会談するときのシーンです。

巨大な屏風（びょうぶ）の前にしつらえられた席に、竹下さんが先について、江沢民さんを待っていました。そのとき、竹下さんの手足が細かく震えだして止まらなくなってしまったのです。

ぼくは記者団の一番前で、その様子をつぶさに見ていました。日本国民の一人として、恥ずかしいと思うべき光景だったかも知れません。でも、そんな気はしなかった。それよりも、一三億人からたったひとり選ばれたトップを待つ、一億二〇〇〇万人の代表の気持ちがよく伝わりました。スケールが違いすぎるのです。

クリントン大統領が終わったあと、われらが殿、細川護煕総理と江沢民国家主席の首脳会談が開かれました。

ところが殿は緊張する様子など、かけらもない。いつもと変わらない淡々とした風情で、さらりと江沢民さんと握手を交わします。

そのとき江沢民主席の顔に浮かんだ、なんとも興味深い戸惑いの表情。それをぼくは忘れません。『ああ、江沢民主席は何も気づかない顔をして、ほんとうはクリントン大統領の異様な緊張をすっかり見て取っていたんだ。ぼわんと、ぼかすような顔をしたまま、全部に気がついている。それがこの男を、一三億分の一の権力者にしたんだ』と考えました。そして、『それにしても殿は凄いな。こりゃ日本で見てるときには分からない個性だぞ』と思ったのです。

細川さんはこの個別首脳会談のあと、全首脳が集まる全体会合の場所に長いマフラーをさりげなく巻いて現れ、アメリカのクォリティ・ペーパー（一流新聞）が本気で「ホソカワ総理は、泥の沼に一羽の白鳥が舞い降りたようだった」というコラムを載せました。皮肉ではなく、ほんとうにベテラン・コラムニストの眼にそう見えたのです。

シアトルからの帰途、この細川さんが政府専用機内の記者席にふらりと現れました。

「総理、あなたはなぜ緊張しないんですか。クリントン大統領ですら江沢民主席との会談ではガチガチに緊張していたのに」とぼくが聞くと、「え？　なんで緊張するの？」と、心から不思議そうに、さらりと答えました。

細川さんは、冷泉天皇まで血筋が繋がっています。そういう説があるというのではなく、信憑（しんぴょう）性が確認されている血統図で繋がっているのです。日本人が、日本の智恵として維持してきたロイヤルの系図の底力を感じずにはいられませんでした。

●天皇崩御を知ったときの奇妙な行動

この細川さんですが、お笑いの世界出身の二人の国会議員、西川きよしさんとコロムビア・トップさん（当時）と総理公邸で晩ご飯を食べたとき、「もう辞めたいナァ」と一言を漏らし、そこから急坂を後ろ向きに転がり落ちるように、辞任に至りました。

佐川急便のおカネで屋敷の土塀を直してもらったことを連日、自民党から国会で責め抜かれて嫌気が差していたところに、この聞き上手な議員二人の訪問を受けて、ふっと気が緩んだのでしょう。細川さんはこういう殿様風の軽さと無責任体質を持つ人でした。

これだけ次から次へと交代していても、一国の総理の言葉は重い。

人気総理だった海部さんが「政治改革法案を国会に出せ。出せなかったらどうする」と若手議員たちに責められ、「重大な決意がある」とひとこと言っただけで、「それなら衆院を解散しろ。解散できないなら総理を辞めろ」となって、あっという間に政権が倒れた。同じく人気総理の細川さんも、この何気ない愚痴のひとことで、あっという間に政権の求心力が失われたのです。

その頃のあるお昼すぎ、ぼくは国会議事堂の中のそば屋さんにいました。麺もつゆも、ほのかに甘いような味がする、おいしいそば屋さんです。

そこへ入ってきた若手の官僚二人、雰囲気から大蔵省かなと何気なく考えました。その二人が「これから一体どうなるんだよ」と話している。すこし笑いを含んでいるけれども、どこか切迫している。もしも大蔵官僚とするなら「これからどうなる」なんて物言いをするのは珍しいので、思わず聞き耳を立てました。すると「細川さんが、まさかね」と言っています。

あ、投げ出したかと、そばがちょうど出てきたのを忘れて飛び上がりました。

どうも、記者時代のぼくは、せっかく取材を重ねていても肝心なときにマンガのようなことになる傾向がありました。竹下政権のときも、昭和天皇の吐血や重体を抜きながら、特ダネを書くことをメディア内部で「抜く」と称するのですが、最後の崩御(ほうぎょ)の瞬間には、身動きできませんでした。

情報源だった政府高官の執務室の前にいながら、きっととても忙しいだろうナァと余計なことを考えていたのです。

この高官は、ドアの細い隙間から黒いネクタイを手にとる姿を、ぼくに見せました。強烈なヒントをくれたのですね。ところが、ぼくは「崩御されたのですね、何時何分ですか」という確認の電話をしなかった。

余談になってしまいますが、ぼくはこのあと一三年間、自分はなぜあのとき電話できなかったのだろうと考え続けました。そして「平成」というタイトルの小説を書き進めてみて、初めて、そのわけが分かりました。

直接的には、「あの人が今、これまで準備したすべてをぶつけて仕事をしているんだ」と思うと、できなかったのです。その政府高官とは、天皇が腸のご病気を発せられてから長くお付き合いしてきて、その苦労が分かっていましたから、邪魔をしたくなかった。

この心理というか気持ちは、一九八九年の昭和天皇崩御の時から分かっていました。けれども、その時の自分の行動の奥に、もっと何かがある気がしていました。高官が、総理官邸の役人たちがたくさん詰めるなかで黒いネクタイを取るという、ある意味リスクのある行動をしてくれたのは「電話してこい」というサインでもあったのですから、その気持ちをあえて無視するのは、何かもう一段、奥深い、強い気持ちがあったからではないのかと考えたのですね。

考え続けて、最後は文学を書くことを通じて追い求めてみて、やっと分かる気がしました。

それは昭和天皇が崩御されるとき、わたしたち日本人は先の戦争をほんとうの意味で振り返る最高の機会を逸したという思いです。

　ぼくのいたマスメディア、報道機関は、崩御の瞬間と新しい元号を「抜く」ことだけに、いや多数派は「抜かれない」ことだけに、ほとんど全精力を集中していた。政治家は「つつがなく諸儀式を済ませる」ことに神経を集め、そして主権者、国民は「自粛」、つまりは目立ったことをせずに恐縮してみせるだけという行動に走っていましたね。二〇歳代後半以上なら、記憶されていると思います。

　昭和は、あの悲惨な戦争を体験し、アメリカ合州国軍によって二発の原子爆弾を子供たち、お年寄り、女性たちの頭の上に落とされた時代です。

　それをまさしく一身に体現しておられた昭和天皇が逝かれる、その期に及んでなお、わたしたちは「人と違うことをしないようにする」、あえて堅い言葉で言えば「過剰な同一性」だけを追い求めていたのです。

　しかも、天皇ご自身の望まれないことをするという、戦前と同じことを繰り返しました。

　昭和天皇が強く民の平和を望まれ、あるいは英国の民主主義に親近感を持たれていたことは隠れもない事実なのに、その天皇を戴(いただ)いて無理な戦争に走った、その過去をほとんど無意識に繰り返す。それが日本人の裸の姿です。一記者だったぼくは、天皇取材を通じてありありとそれを感じました。

昭和天皇が、自らのご病気のために子供たちの運動会が自粛と称して中止されることを望まれたでしょうか？

まったく逆ではないでしょうか。昭和天皇は、穏やかに世界の平和を望まれた方であると同時に誰よりも熱烈な愛国者であられたとぼくは思います。「愛国民者」と申したほうが良いかも知れない。

その御身が病に冒されたとき、昭和天皇は誰よりも子供たち、この祖国の未来を預かる子供たちが元気に運動会で走り回る姿をご覧になりたかったのではないでしょうか。

あのとき俺はどうして、政府高官に一本の電話がかけられなかったのか。昭和天皇崩御とは何だったのか。

それを考えつつ共同通信を去って、もう記者ではなくなったある晴れたお昼に、新交通「ゆりかもめ」という乗り物に乗っていました。一種のモノレールで、東京湾を高く越えていきます。広い窓から、東京湾のきらめく光が真っ白にあふれています。

そのときふと、日本社会は光で影を削ぎ殺してしまうようだと思ったのです。繁栄や安定といった、あたたかな光を努力と工夫で呼び込むことには確かに長けているけれども、その光で生まれるはずの影もことごとく押し消して、一つの姿にしてしまう。その恐ろしさ、それは白昼の狂気と言ってもよい。どこの学校も会社も、その狂気に貫かれている。あのとき電話しなかったのは、最後の最後でそれに抵抗したのかも知れないと、考えたのです。

その日から、筆が渋っていたこの小説「平成」を、書き進めることができるようになりました。と言っても、そこからたっぷり二年間をかけて、ようやく書きあげたのですが。

さて、脱線のようでいて、そう脱線でもないのです。

いまわたしたちの政治、たった今の現代史を、先入観なく自分の眼で見てみればどう見えるかを、みなさんと一緒に考えていますね。

ぼくは記者という仕事は、主権者の代わりに政治の中枢にアクセスし、あるいは社会部記者なら警察や検察の権力にアクセスし、民意を形づくることに貢献することだと思っています。だから、ぼくが政治記者だったときの直接体験をお話しして、みなさんがこの国の主人公として考えを自ら決していく、そのプロセスにささやかに寄与したいのです。

いま、次から次へとトップが代わり続けた総理交代劇にも、日本人の智恵が生き生きと脈打っているというお話を、しています。

しかし、それだけでは不充分です。一方で、次から次へと総理を変えながら、変わるべきところを変えられない日本人の姿にも触れておかねばなりません。

それがもっとも象徴的に現れたのが、昭和天皇の崩御だったと、ぼくは考えます。

さぁ、細川さんの辞意を、ぼくが国会のそば屋さんで知った場面に戻りましょう。

そば屋さんの脇の階段を駆け上がり、道を挟んだ斜め前の総理官邸に駆け込むと、ほんの数分まえに細川総理の辞意が伝わったばかりで正式表明はもちろんまだなのに、もう次の総理の名前を官邸の高官も口にしていました。

誰でしょう?

【みなさんからよく出る答え】

え、羽田さんですか?

その通り。この答も案外、出てこないんですよ。

この羽田孜（つとむ）さんは宇野宗佑総理に続く、二人目の「役目のなかった哀（かな）しい総理」なんです。

羽田さんは実際にお会いすると、世界がどんなに広くとも、こんなに「いい人」は滅多にいないだろうと思うほど、心のなごむ人です。ただし、それは一対一でお話ししているときで、記者懇談とかそういう場になると、羽田さんは主語も述語もふにゃふにゃで何を言っているのか正直、よく分かりませんでした。

細川さんが倒れたとき、次の総理を誰にするか、その実権を握っていたのは小沢一郎さんでした。公明党の市川勇一書記長（当時）と「一・一ライン」をつくって非自民政権を動かしていました。その小沢さんが、共に自民党と竹下派を脱けた同志の羽田さんを指名したのは、ごく自然な成り行きに見えて実は稚拙な政治的判断ミスでした。

このころの小沢さんは「ファシスト」と呼びたくなるほどの独断専行ぶりで、羽田総理の意志も関係なく一・一ラインで勝手に、政権から社会党を追い出してしまったのです。

当時の社会党委員長、村山富市さんが総理執務室に入ろうとしたとき、市川さんが「あんたは呼ばれてないよ、あっち行って、行って」と手を振り、小沢さんが黙って横を向いた瞬間に、村山さんは政権離脱を決心しました。

非自民政権はこれで大きく揺らぎ、羽田さんは衆院解散に打って出ようとしましたが小沢さんに無視され、総理がいったん解散を口にしてそれをできない以上は辞職するしかありませんでした。

小沢さんがもし、このとき羽田さんではなく、別の人、ある意味では正反対の人を細川政権の後継総理に指名していたら、歴史は変わったでしょう。それは誰だと思いますか？

【みなさんからよく出る答え】

村山さんですか？

そうです、きっちり大正解です。

つまり政権から追い出すのとちょうど正反対のことをしていたら、非自民政権が続いて自民党は野党から脱出できなかったかも知れない。

しかし現実には、小沢さんは間違った。そして村山さんは、あろうことか自由民主党と連立して、羽田さんの次の総理の座に就きます。

みなさん、ここなんです。

村山政権、自社連立政権は「日本政治がモラルも何も失った駄目な政治である、最大のシンボル」とされています。

政治学の泰斗（たいと）からも、現役の国会議員からも、そして有権者の方々からもその声を良く聞きます。自民党と社会党、冷戦時代のすべてを通じてことごとく鋭く対立してきた永続与党と万年野党が、権力欲しさに理念もモラルも捨てて野合した、ように見えるからですね。

だけども、それは違います。どう違うのか。とっても具体的な話から、それをお話ししていきたいと思います。

十五の章　希望を手に入れるためのプロセス

●村山総理が終わらせようとしたもの

みなさん、修学旅行や見学で国会議事堂に行ってみた方はとても多いと思います。

真ん中に塔があって左右にウイングが広がっている。ウイングは正面から向かって右が参議院、左が衆議院ですね。その両ウイングそれぞれに議員食堂が一か所づつあります。通称ギショク（議食）といって、赤じゅうたんと共に国会議員の特権のシンボルのようになっています。代議士や参院議員に当選した人たちが胸を張って利用するわけですね。ゴージャスな蔦（つた）模様に、味はふつうで値段はけっこう高い料理が議員たちを迎えます。食堂の職員の方にはたいへんに申し訳ないですが、それがありのままの姿です。

国会の食堂と言えば、このギショクだけだと思われがちなのですが、実は塔の部分の地下に「人民食堂」があるのです。

人民食堂が実際に国会で使われている通称名なのですが、正式には「中央食堂」といいます。ここは、地下だけにちょっとじめじめ感もありますが、値段は安く、シャケ定食とかサンマ定食、納豆定食とか身体によい食事が気楽にとれます。

利用するのは、当時のぼくを含めて記者たちか、あるいは国会事務局の人びとあたりで、国会議員はほとんど共産党だけです。他の党は総理になる前の中曾根さんとか、例外的なひとが利用するだけで、とくに当時の社会党には利用者が少なかった。

そのなかで、いつもこの人民食堂で一人、静かに食事をしている社会党議員がいるのです。

日本社会党の国会対策委員長、村山富市さん。

社会党の国対委員長と言えば、のちにハマコーさん（浜田幸一・元代議士）が暴露したように、国会広し、裏ガネの汚染深しといえども、これほど楽に巨額のキャッシュが手に入る人種もいませんでした。不幸にして国民、有権者には知らせていなかったけれど、政治記者にとっても常識です。もちろん、自由民主党からじゃぶじゃぶ、「国会対策費」と称して現ナマが流れてくるわけですね。

今はずいぶんと変わりましたから、正確には「流れてきていた」と言うべきです。ただ、あまり過去形で言う気がしません。ぼくを含めて記者、マスメディアが国民に伝えるべきを伝えていなかった自省のためもあります。

当時のぼくは、自民党は担当していても社会党にはまったく縁がなかったので、村山国対委員長を遠くから見て「不思議だなぁ」と思いつつシャケ定食を口に運ぶだけでした。

これも正直にみなさんに申したいと思うのですが、記者の世界は強烈な縦割り社会なのです。この日本でいちばん改革の遅れた世界が、マスメディアかもしれない。だから、社会党担当でもないぼくが、おいそれと声をかけることはできなかったのです。

だけども、ある日とうとう我慢できなくなったんですね。

カウンターで定食の載ったお盆、お盆と言ってもみなさん想像がつくようなアルミの四角いやつですね、それを持って、村山さんがごはんを食べている横へ座りました。そして「せんせい、社会党国対委員長でいらっしゃるのに、どうしてギショクじゃなくて人民食堂なんですか」と聞いちゃいました。

村山さんは、ぼくの胸の記者バッジをちらりと見てから「おおぅ」と答え、別に驚きもせず「わしはのう、あんな堅苦しいとこは嫌いじゃ。メシをくっとる気がせん」と答えました。

ぼくはその瞬間、村山富市という代議士に、すっかり興味を惹（ひ）かれてしまいました。

プロの政治記者であったぼくにとって、自民党がカネに汚れた政党であることは、あまりにも良く分かっている事実でしたが、社会党も、その自民党よりある意味ではさらに致命的に汚れていることも知っていました。

カネに汚れた体質は、主権者には決して見せない裏の顔であるわけですが、表にもずいぶん表れるものです。その一つが、「議員ライフ」をそれらしく送りたいとこだわることです。ギショクでご飯を食べることは、赤い絨毯（じゅうたん）を踏みしめて歩くことと同じく「議員ライフ」そのものですから、社会党という権威主義集団にあってギショクが肌に合わない人がいるんだと、いささか驚いたわけです。

その日の夜から、東京・九段の議員宿舎九階にあった村山さんの部屋のチャイムを、ときどき鳴らすようになりました。と言っても、ほとんど不在で会えません。当時のぼくの職務は自民党議員を回ることでしたからチャイムを二度鳴らすようなことはせず、たまに廊下で偶然に会えばほんの短い時間、何気ない言葉を交わすぐらいでした。

そして、村山さんは国対委員長から社会党委員長となりました。トップになっても、淡々としたその振る舞いはなにも変わらなかったのですが、やがてぼくは、村山さんが自民党から自社連立政権の樹立と総理就任を要請されていることを知りました。当時はまだ、すべて水面下の話です。

対決してきた自社が組むというアイデアは竹下さんから出て、その政権の首班を村山さんにするという考えは、政治家や政治評論家の話では別の人から出たことになっていますが、村山さんと同時期に国対委員長を務めた自民党の梶山静六さんから出たと、ぼくは思います。

いや、もっとはっきり言いましょう。ぼくの講演には、推測はありません。梶山さんから、ずばりその事実を聞きました。

村山さんに「せんせい、総理になるんですか」と聞くと、「いやいや。嫌じゃ。ほかになりたい男がおる」と答えます。

まるまる本音だな、とぼくは思いました。そして自民党への取材を通じて、その「なりたい男」、つまり水面下で自民党に総理の座を打診している人物が、社会党で村山さんより前に国対委員長と委員長を務めた田辺誠さんであることを知りました。

しかし自民党は、田辺代議士をまったく相手にせず、梶山さんに加えてハシリュウこと橋本龍太郎さんらが熱心に村山さんを説得し続けました。

そして一九九四年、平成六年のある夜、村山さんはついに決心を固めました。万年野党だった日本社会党の委員長であるおのれが内閣総理大臣になると決意したとき、村山富市さんはその風貌が、ほとんど瞬間的に変わりました。

ぼくは、その光景を忘れられません。

九段の古びた議員宿舎、その最上階九階の薄暗い廊下で、村山さんは顔、耳、首、手の甲、みんな真っ白になっていました。

もちろん、ぼくの主観にすぎませんが全身の血の気がざぁーと引いたようなその姿を、ぼくは「清廉なこの人らしい姿だ」と思いました。権力を手にすることに昂奮(こうふん)するのではなく、その責任の重さだけを受け止めていると思ったからです。

しかし、それだけではこの真っ白な姿のほんとうの意味を理解していなかったのです。

ほんとうの意味とは何でしょうか。みなさんも今、考えてみてください。ヒントは、この一九九四年という時代です。

きっと分かりますよ。そのとき東西冷戦はどうなっていましたか。


【みなさんからよく出る答え】

もう終わっていた。

その通りです。

一九八九年一月に昭和天皇が崩御されると、日本の外では冷戦構造が一気に崩れ始めました。同じ八九年の一二月にベルリンの壁が崩壊し、翌九〇年一〇月にはあっという間に東西両ドイツの統一が実現し、その翌年の九一年一二月には、あれほどの巨大帝国だったソ連が消滅してしまいました。

世界のこのダイナミズムあふれる動きに対して、日本はどうでしたか？

昭和の終焉（しゅうえん）という絶好の機会があったのに、日本では主権者は「自粛」に走り、マスメディアも時代への問いかけを怠りつつ自粛を先導し、冷戦構造がそのまま温存され続けていました。自民党と社会党の共存が、その象徴です。

一九九四年は、ベルリンの壁崩壊からすでに五年目、このままでは世界に取り残されるのに、どうやれば国内の冷戦構造を壊せるのか誰にも見当が付いていませんでした。

それを、たった一人で引き受けたのが、村山さんだったとぼくは考えています。

村山さんは総理を引き受ける、正確に言うと首班指名選挙に自社の統一候補として出ることを決意するにあたって、社会党の重要政策のうち、外交・安全保障について柱になってきた政策を捨てることを同時に決めました。

すなわち、自衛隊を違憲としてきたことを改めて合憲と変え、日米安保条約の否定も改めて支持に変えました。

これは実質的に社会党解体、あるいはその後戻りのできない第一歩です。

村山さんは、ぼくに「わしが終わらせる」と短い一言を吐きました。これから村山政権が開幕するのに、その首班は始める役割よりも終わらせるのが役割であることを、深い部分で理解していました。

村山さんは「冷戦構造を終わらせる」という言葉は使わなかったし、胸中にも、その言葉があったわけではないと思います。しかし、本質は充分に理解して引き受けていた。

村山さんは、社会党の同僚・先輩・後輩の議員たちの運命も心配していました。いや心配と言うより、「わしが伝統ある社会党を壊し、所属議員を路頭に迷わせる」と覚悟していました。

村山さんは、無責任の象徴、日本政治の無責任ぶりのシンボルのように言われます。国民のあいだでも、政治ジャーナリズムのなかでも、そして政治学者のあいだでも同じです。

しかし真実は、一人で歴史の責任を背負った人でありました。

おのれの欲や権力志向で総理の座に就いたのではないのはもちろんのこと、社会党議員を大臣にすることになっても、それはわずか一時期のことで、やがて彼らの失職につながることをよく知っていました。

そして、ぼくのお話ししたいのは、この村山富市というひと個人のことではありません。日本の智恵をこそ、お話ししたい。

たとえば自民党も、ふつうなら村山さんではなく、自ら手を挙げていた田辺誠・元社会党委員長を選んでおかしくなかった。なぜなら、田辺さんは国対委員長時代に自民党から多額の工作資金が渡っていたという説が有名だからです。

村山さんが現役委員長で、田辺さんは元委員長でしたが、村山さんが固辞していることを理由に、田辺さんを擁立しようと思えばできなくはなかった。

びた一文受け取らなかった村山さんよりも、田辺さんの方が総理の座に据えたあとにやりやすい、コントロールしやすいに決まっています。弱みを握っていますからね。しかし自民党に弱みを持たない村山さんを、あえて選んだ。

自民党は、自社連立政権をつくって権力に早く戻り、癒着と利権の構造を守りたい狙いが確かにあった。けれども、それだけではなく、この国の冷戦構造を終わらせて時代を先に進めないと生き残れないという思いもあったとぼくは考えます。だから目先のコントロールを優先して総理候補を選ぶよりも、冷戦終結という責任を負うにふさわしい清潔で公平なひとを選んだ。

村山さんという人材を考えるときに、ぼくには忘れがたい光景がもう一つあります。それは村山総理が就任後に初外遊に出たときのことです。

東南アジア歴訪の旅でベトナムに入って、ハノイで当時のド・ムオイ・ベトナム労働党書記長との首脳会談に臨みました。

ド・ムオイさんが型どおりに「日本の経済支援への感謝」を語り始め「ベトナムがあの戦争から復興できたのも日本のおかげです」と述べていったとき、村山さんがそれを遮（さえぎ）って「いや、いや、それは違いますぞ」と発言したのです。

同席していた秘書官の一人によると、外務省の高級官僚はそろって顔を歪（ゆが）めました。内心では村山総理を小馬鹿にしている人が多かったからですね。「われわれの作った紙だけ読み上げればいいんだ。よけいな発言をするな」と顔に書いてあったそうです。

村山総理はかまわず言葉を続けます。「まずは、あんた方自身が頑張ったから、ベトナムの今日の復興があるんじゃ。日本は、それをお手伝いしただけじゃ」

その言葉が通訳された瞬間、ベトナムを支えてきた老闘士の顔が一変しました。それまでは無表情だったのに、ぱっと顔が輝き、そして村山総理への尊敬の念が表情に浮かびました。そのあとの首脳会談は、儀礼を超えて、とても実際的な意味のある会談になったのです。

首脳会談と、そのあとの記者ブリーフィングが終わり、ぼくは村山総理に「あの発言は良かったですね」と語りかけました。総理は「なに？　どの発言？」と不思議そうな顔をしただけです。ごく自然に本音が出た発言だったからです。

外務官僚が見抜いていた通り、村山総理は外交にさっぱり自信がなかった。このあとのナポリ・サミットでは倒れてしまって現地で入院したぐらいですからね。しかしベトナムでは、本気で「あんたらの自助努力じゃ」と思ったから、そんな不安を押しのけて正直発言が口から飛び出したわけです。

この村山総理は一九九六年一月に、突如として辞意を表明し退陣してしまいます。

この退陣劇も、日本政治史では汚点の一つに数えられています

当時の政治課題だった住専問題や、沖縄の米軍基地問題が立ちはだかったために、やる気をなくしたんだろう、もともと自民党のお飾りだったんだから、無責任きわまりないと

著名な政治学者の記述にもあります。

しかし、そうでしょうか。

村山政権の真の使命は、「日本の冷戦構造を終わらせる」、そのたった一つだった。役割を果たした以上、村山さんは自らの権力や地位にはまったく関心がなかったのですから、すうと消えるように辞意を表明する。それこそ、もっとも自然な退陣劇だったとぼくは考えています。

政権が天命を果たしてこそ総理が交代する。その現代日本の智恵がここでも貫徹されています。

（しかし村山さんは引退して長い時間が過ぎたあと、恐ろしいほどの先祖返りをしてしまいます。これは日本の智恵の正反対、みずから病んでいる宿痾（しゅくあ）と関係があります。これは後述します。西暦二〇一六年五月三日、記す）

さて、村山さんが痩せた背中に東西冷戦をしょって退場したあと、現れてきた総理は誰でしょうか。

【みなさんからよく出る答え】

ハシリュウさんですよね。

おお、その通りです。ハシリュウこと、橋本龍太郎総理大臣ですね。

自社連立政権のなかで社会党の村山総理が退陣したあと、一種、当然のように自民党の橋本さんが登場しました。

橋本さんは、ありのままに言って政治記者にあまり人気がありませんでした。東京・六本木の自宅で記者の朝駆け取材を受けるとき、記者が集まってから必ず薄い靴下を両足分、手に持って現れます。つまり、みなさんお馴染みのタイトな三つ揃えスーツに裸足で登場するわけですね。

そして最初から最後まで、お芝居のような口調と動作で記者の質問をかわしながら、靴下を履き終わったら、はい、取材は打ち切りです。

橋本さんの当時、属していた田中派のベテラン担当記者が「青ちゃんねぇ、あのお芝居に毎朝、毎昼、毎晩つきあう気持ち、たまらんよ」と、ぼくにこぼしていました。

しかし橋本さんは一方で、自民党きっての本格派の政策通という評価もありました。

「政策通といっても大蔵官僚から聞きかじっているだけだ」という厳しい批判もありまし

たが、政治記者や自民党議員たちはやはり期待もしたのです。

ハシリュウさんは、その期待に応えようと、ある積年の課題に挑戦しました。それは何でしょう。

●竹下総理の課題を引き継いだ橋本総理

【みなさんからよく出る答え】

税金ですね、消費税。

正解です。もう少しだけ正確に言うと、消費税の引き上げですね。

二〇〇〇年の長い歴史を持つ国にとって税制を変えるのは大変なことだということを、竹下政権のところでお話ししました。

竹下総理は消費税を導入して政権の使命を果たし、リクルート事件をきっかけに討ち死にしたわけですが、その消費税は税率三%です。これでは、国の金庫に占める所得税の割合を減らすことはできませんから、日本人に新しい労働意欲をつくるような根本には触りようがありません。

そこで非自民政権の細川総理も、税率を一気に七％に引き上げようと図りました。

ところが消費税の引き上げなのに、それを正直に主権者に提示せず、「国民福祉税の創設」という名目にして誤魔化そうとしたり、税率の根拠を説明できなかったり、これらを何の前触れもなく深夜の記者会見で突然に表明したりで、国民の怒りを買い、やがて細川総理のまさかの退陣へつながっていきました。

前にも触れましたように、これは細川総理に空前の人気があるうちに、それを利用して大蔵官僚が、小沢一郎さんの影響力も二次的に利用して、さっさと消費税率の引き上げをやっておこうと焦ったからです。

橋本総理は、竹下政権の三％と細川政権の七％のちょうど中間、五％の引き上げを図りました。

こうやって、眼をすこし遠ざけて大きな流れで見ると分かりやすいですね。

五％という税率のほんとうの根拠は、実はこれなのです。竹下、細川、橋本の各政権を通じて裏で糸を引いていた大蔵官僚の手の動きが見えるようですし、はっきり申せば、その頭脳の安易さも見えるようです。

とにかく導入を果たした竹下政権と、引き上げに無惨に失敗した細川政権の中間値にしておけば、政治家も国民も自分たちより頭悪いんだから納得してしまうだろうという発想です。

これこそが真の意味で頭の悪い所業であり、この祖国を民主主義から遠ざけてしまう所業なのです。

大蔵官僚の狙い通りに消費税の五％への引き上げは成功しましたが、橋本総理は参院選で国民から怒りを突きつけられ、本格派の呼び声も空しく短命政権で終わりました。

この消費税引き上げはいまだに、経済界を中心に非常に評判が悪いですね。評判が悪いと言うより、「誤りだった」という歴史的評価が定着しています。

それは五％という数字よりも、タイミングの問題ですね。日本経済がバブル崩壊の衝撃から、いくらか立ち直ろうとしたその鼻先に、国民の納得していない消費税引き上げをわざわざぶつけたからです。その後の長い不況、さらにはデフレを招来する、最初の原因だと理解されています。

しかし、ぼくの考えは、すこし違います。

橋本総理の政治手法は評価しません。わたしは政策通だ、一般人とは違うという過大な誇りを、むしろ大蔵官僚に手玉に取られて、経済界や国民の考えと食い違うタイミングで消費税引き上げを行って、引き上げの影響としては最悪のものを引き寄せてしまったのは事実だからです。

ただ、消費税の引き上げはどうしても必要です。中途半端な税率なら、導入しない方がよい。低率の消費税は低率ゆえに、食費をはじめとする生活必需品から宝石のような奢侈品まで一律の税率にならざるを得ませんから、低所得層や高齢者のような社会的弱者を直撃し、しかも、所得税を根本的に減らしたりする改革の原動力にもできません。

だから、橋本さんは手法が間違っていたからタイミングも間違ったけれども、とにもかくにも消費税の引き上げを一度、実際にやったことは残ります。それに、あの時点で消費税を引き上げなかったら、その後の長期不況やデフレを避けられたかというと、そんなことはないとぼくは考えます。

世界を歩いて実感するのは、この地球が、大きな一個の球体として分業が進んでいることです。日本や欧米が新しい発想や高い技術を世界に提供し、それを中国やインドが世界の工場として生産する。

その構造が現に生まれている以上は、日本や欧米に比べて極端に安い人件費で生産が続くのですから、モノの値段は下がります。つまり世界デフレです。

日本のデフレは、それを先取りする形で起きたし、その前段にバブル崩壊と不況があったとぼくは考えますから、不況やデフレは橋本さんが総理にならなくとも始まったと考えます。

さぁ、橋本内閣も消費税率の引き上げという歴史の求める使命を果たして退陣となりました。次は誰でしょう。

●もし不審船が停船していたら

【みなさんからよく出る答え】

小渕さん！

そうですね。

ただ残念ながら、みなさんご承知のように、小渕恵三総理は在任途中に志半ばにして亡くなりました。

死者への敬意は、人間のモラルのなかでも大切なものだと、ぼくは思っていますから、小渕総理の功罪を断じるにはまだすこし早いと思います。

総理は公人のなかの公人であり、しかも亡くなれば歴史上の人物であるから徹底的にむしろ批判すべきだと言う人もいます。しかし小渕さんは、逝去から日が浅すぎます。夫人をはじめ家族もまだみなさん健在です。だから少なくとも思いやりは欠かせないとぼくは信じます。

そのうえで、小渕総理の足跡を考えると、まず何より頭に浮かぶのは、小沢一郎さんが当時の自自公政権、つまり自民党、自由党、公明党の連立から離脱すると、かなり唐突に告げた直後の、小渕さんの表情です。

小沢さんとの会談内容を記者団に聞かれた小渕総理は、目がうつろに定まらず、言葉もなく、まるで夢遊病に急に取り憑かれたようでした。

自民党幹部の中にはいまだに、「人の良い小渕さんは、小沢に突然、裏切られた心労で急逝したんだ」と本心で信じている人がいます。

ぼくは、これはやはり思い込みに近いと考えます。あるいは、小沢さんの裏切り癖や無慈悲ぶりを強調するために、思い込みたくて思い込んでいる自民党代議士もいます。

小渕総理は二〇〇〇年の四月一日に、当時の自由党党首だった小沢一郎さんと、公明党の神崎武法代表の陪席のもと会談し、翌二日に倒れて順天堂大付属医院に運ばれ、そのまま快復することはありませんでした。そして四日には、内閣総辞職です。

小渕さんの死因は、脳梗塞です。この（紙上）勉強会のまえに念のため、医学的なことをすこし調べ直してみました。実は共同通信の若い記者として地方支局にいたとき、毎日、医学記事を書いていた頃があります。脳梗塞には、老化や高血圧などで起きる脳血栓と、心臓にあった凝血がはがれて脳の血管に飛び、詰まってしまう脳塞栓があります。

心労が引き金になることもあるでしょうが、やはり元々の原因が別にありますね。

さて、このように倒れてしまった小渕さんですが、日本の歴史のなかで決して見逃すことのできない重大な使命を一つ、果たしています。

この使命は何でしょう。

ヒントを申しあげます。ここまでお話ししてきた使命には、経済もありましたし政局もありました。だけど、一つ大切なものが抜けていますね。国を支える、あるいは動かすものには政治、経済、そして何でしょうか？


【みなさんからよく出る答え】

防衛！

そう、正解に近いですね。防衛というとすこし狭いですから、外交・安全保障と言った方がより良いでしょう。

それじゃ、その外交・安保について小渕政権のときに日本には決定的な変化が起きました。何でしょう。

【みなさんからよく出る答え】
不審船じゃないですか。

その通り。

一九九九年、平成一一年の三月二四日、日本海を逃げる不審船に対して、小渕内閣総理大臣は史上初めて、「海上警備行動」を発動しました。正確に言うと、小渕総理が閣議に諮り、決定され、海上自衛隊が艦船から警告射撃をし、さらに哨戒機から警告として爆弾を落とす行動に出たのです。

この海上警備行動は、自衛隊法の第八二条に定められていますが、どの総理も発動したことはありませんでした。

北朝鮮の不審船、ほんとうは不審でも何でもなくて明らかな工作船は、これよりざっと二〇年も前から日本に来ています。しかし追跡はしても、捕らえることはしなかった。このために日本海は、北朝鮮が事実上、好きなように工作船を走らせる海になってしまった。だから、その工作船を使って日本の庶民の拉致も行われたのです。

ところが、一九九九年三月の工作船に限って、日本国は突然、それまでの巡視船だけではなく海上自衛隊の世界最先端の電子ミサイル駆逐艦であるイージス艦の「みょうこう」まで繰り出して追っかけた。

この海上自衛隊を動かすために、海上警備行動を小渕さんが初めて発動したのです。

小渕さんがどうして？　と思いますよね。

もしも石原愼太郎さんが総理なら、不思議じゃないし、現在の小泉純一郎総理でもおかしくない。でも小渕さんからは、たとえば政治記者も国家安全保障について明確な考えを聞いた人はいないと思います。

複数の政府高官の話を総合すると、実はこの海上警備行動は「次に不審船の動きをキャッチしたら即、発動しよう」と準備されていたのです。小渕さんは、それを追認する、ＯＫを出す役割を果たしました。では誰が準備したのか。ぼくにもまだすべてが明らかになっているわけではありませんが、石原信雄・元内閣官房副長官が関与していたことは間違いなさそうです。石原信雄さん、かつては「陰の総理」と呼ばれた人です。

内閣官房副長官というポストには、政治家が務める「政務担当」と、官僚のなかでも旧内務省系の役所の事務次官を経験した人が務める「事務担当」があります。

この後者が、実は総理官邸を握り、動かしてきたのです。石原さんは自治事務次官のあとに官房副長官となり、中曾根総理から村山総理まで長くその任にあって、北朝鮮が弾道ミサイル・テポドンを発射したときに真っ先に、と言うか総理の許しも請わず自らマスメディアに公表した人です。

石原さんは村山政権の途中で勇退し、厚生事務次官だった古川貞二郎さんに官房副長官の座を渡しました。この古川さんも小泉政権の途中まで長く職にとどまり、「二代目陰の総理」と呼ばれました。

小渕総理が海上警備行動を発動したときは、古川貞二郎官房副長官です。

この二人の「官僚の中の官僚」、石原さんと古川さんが準備の中心を担ったことはほぼ間違いないと思います。

つまり戦後日本の安全保障を根本的に見直す最初のきっかけは、官僚が準備した、こう考えていいでしょう。

小渕さんが果たした歴史的使命というものは、小さくありません。小泉総理が二〇〇二年九月一七日にピョンヤン（平壌）を訪れて金正日総書記（当時）にともかくにも拉致の事実を認めさせて、まずは五人の同胞の帰国を実現させた、そのいちばん初めのきっかけは、ここにあると言ってもいいと思います。

しかしそれは実は、官僚が自らの決意と志を持ってセットしたものだったのです。

そしてこの海上警備行動について、もう一つどうしても主権者のみなさんに知って欲しいことがあります。

報道でみなさんは、あの不審船を海上自衛隊のイージス艦をはじめ沢山の日本の艦船が追っかけた場面をご覧になりましたね。そして「そのまま逃げられてしまうなんて、なんて情けない」と感じられたでしょう。メディアの論調も見事に揃って、そうでした。しかし本当は、あのとき不審船がもし、警告射撃や警告爆撃に降参して停船していたら、真っ青になるのは海上自衛隊であり、この日本国であったのです。

不審船が停船したら、追跡していた海上自衛隊の艦船は必ず接舷して、しかも相手の船に乗り移らねばなりません。

ところが海上自衛隊は、そんな権限など与えられていないから、こうした任務の訓練も行ったことがない。接舷自体もやったことがなければ、銃を構えて相手の船に踏み込んでいく場面など想定すらしたことがない。

相手の側は、非常に良く訓練された武装工作員、あるいは軍の特殊部隊員です。ぼくの親しい海上自衛隊幹部は本当に青くなっていました。「訓練もしてない、考えもしてない任務にいきなり兵を出すんですよ」と言ったきり、言葉が出なくなっていました。

海上自衛官は、死をも覚悟した任務に就くのが仕事であっても、こんな無茶な愚かな任務は世界にありません。不審船が停船していたら、乗り込んでいった海上自衛官が激しい射撃を受けて少なくない死者を出した恐れは、実は非常に強かった。

十六の章　日本の民主主義は今つくる

●なぜ憲法改正をしなくてはならないのか

このことの意味をどうか、この国の主人公として、じっくり考えていただきたいのです。

まず長いあいだ放置してきた安全保障上の重大な問題にやっと手を付けた。手を付けるのが遅すぎたために、つつましく暮らしてきた一〇〇人を超える日本の庶民が北朝鮮に拉致されるという取り返しのつかない結果を残してしまった。だから遅きに失しましたが、それでもやっと手を付けた。

だけども、それは主権者に一度も相談されずに実行された。さらにその任に命を賭けてあたる人に、あるべき権限も与えず、与えるかどうかを国民に問うこともせず行い、相手がたまたま停船せずに北朝鮮の港まで逃げおおせてしまう奇妙な幸運に助けられた。

このことは、わたしたちの祖国の抱えるリアルな問題と、そして希望の芽生えを示しているとぼくは思います。

さぁ、この小渕さんの次は誰でしょう。

【みなさんからよく出る答え】
小泉さんですね。

ああ、残念。その小泉さんの登場を準備した総理が一人、その前にいます。

【みなさんからよく出る答え】
森さん！

正解です。そうです、森喜朗さん。
この総理は残念ながら、宇野さん、羽田さんと並んで大きな使命を果たすことができなかった総理の一人です。国と社会の宝物である若い世代、愛媛の水産高校生がアメリカの原潜に練習船を沈められて波間に漂っているときに、ゴルフをしていたのでは、歴史的使命など担われては困るとも言えます。

なぜ、このような人材が総理にまでなったのか。小渕さんが突然に亡くなってしまったから、とにかく旧来の体制を維持したかった自民党の当時の大幹部たちが担ぎ出したのですね。森さんは、永田町で「サメの脳みそ、ノミの心臓」と言われたひとです。つまり、サメのように悪食でおいしそうなものには何でも食いつくが、なんにも考えていない。そして躯（からだ）は巨体なのに、ちいちゃな心臓しか持っていなくて気が小さい、という意味です。ぼくが言ったのでも野党が言ったのでもなく、自民党の議員たちが言っています。

その森さんの取り柄は、とにかく面倒見がよい。とくに、自分の後輩議員や若手議員には、お金を含めて実に丁寧に世話をします。

みなさん、分かりますね。ほんとうに日本の政界の古い体質のままのひとなのです。そうだからこそ旧体制を守り続けたかった人たちによって、総理の座に運び込まれた。もちろん、これは日本の不幸です。ところが、この不幸こそが小泉政権の出現を準備したのです。

小泉さんは、その登場のとき変人宰相と揶揄（やゆ）されたわけですが、実像はまさしく本当にヘンな人です。

自民党の議員というのは、どんなに無能な人、あるいは変わった人でも朝は早い。朝から党本部に「中トロ」クラスの官僚、つまり中央省庁の課長さんあたりを呼んで部会ごとに勉強会をやります。朝ご飯付きですから、それを目当てに出席している議員もいますが、それでも官僚の話を聞いているうちに自然に勉強します。

ところが小泉さんだけは、朝に永田町で姿を見ることは珍しかった。それどころか午前中は現れないことも少なくなかった。なぜか。その理由はぼくも噂でしか知りませんが、どうも夜遊びに忙しいから、朝、起きられなかったらしい。

小泉さんが総理になりそうなとき、今は連立を組んでいる公明党のある幹部が政治記者を集めて「小泉は一〇代の女性とつき合ってるらしいぞ。総理になんかできないよ」と強調しました。小泉さんは公明党と創価学会嫌いで有名だったから、なんとか総理就任を阻止しようとしたんですね。この女性の話は事実かどうか分かりませんが、小泉さんは独身だし女性は噂の中でも「一八歳は過ぎている」ということでしたから問題はない。プライバシーの範囲内です。

ただ公明党幹部にそんなことを指摘されるほど、小泉さんは変わっていた。政界のなかで、ただ一人だけ生活の仕方がまったく違っていたということです。

総理の側近はぼくにこんなことを言います。「青山さんね、小泉さんは就任からしばらく、朝に青い顔をしていることが結構あったでしょう。総理大臣はさすがに朝早く起きなきゃいけないから、長年の生活リズムが狂っちゃって、体調が悪かったんですよ」

さすがに最近は、このようなこともなくなりましたが、朝一〇時とか一一時に総理官邸で開く会議に、隣の公邸で暮らしていながら寝坊して遅れたこともあったそうですから、まさしく、かつてない総理大臣です。

もしも森さんが、国民と政治家に深い絶望感を与えなかったら、こんなヘンな人が総理の座を手にすることは決してなかったでしょう。主権者も、そして議員たちも、森さんの所業のおかげで「こりゃ、旧体質の政治家をもう総理にしちゃ駄目だ」と実感した。

森さんは、そうやって唯一の使命を果たしたわけです。

ぼくは皮肉ではなく本心としてそう考えています。これを「日本の智恵」とまではさすがに言いませんし、言えません。ただ「実は日本の幸運のひとつなんだ」とは、ひょっとしたら将来、言えるかも知れません。

やがて「幸運だった」と言えるようになるためには、変人宰相の掲げた構造改革が現実に国民と祖国のためになるものとして実現されなければなりません。

改革と称したものは実は有害だという批判が、にぎやかです。その通りですが、それでもなお、ぼくは改革の試みがすべて損失だったと断じるのは冷静さに欠けていると考えます。

みなさん、きょうの「日本の政治をわたしたちの眼と頭でふり返る」ちいさな旅は、そろそろ終点です。そこで思いだしてみてください。出発点の中曾根政権は、五年間続きました。そのあと、どんどん総理が交代し続け、そして今ふたたび、五年半ほど続きそうな小泉政権を迎えているのです。しかも中曾根総理が国鉄や公社を民営化して入り口をつくった「官から民へ」の流れを、小泉さんは、より根本的に定着させようと悪戦苦闘していることは、事実です。

たとえば郵政の民営化は、配達業務を民間会社に渡すかどうかよりも、郵便貯金と簡易保険が集めた身震いするほど巨額の国民のお金、ざっと四五〇兆円を、もはや官僚の天下り先、特殊法人に渡さずに国民の手に戻そうとする試みとして、やはり非常に大切な意味があるとぼくは考えています。

こうした改革、あるいは変化は、既成の利権と裏でつながっている総理の手で行われれば結果を待つまでもなく、日本の致命的な悲劇です。

小泉さんは、永田町の住人とかけ離れたライフスタイルを持っているだけに、そうした利権と実際につながっていません。ここをわたしたち有権者は、ありのままに見ましょう。

ですから二〇〇三年、平成一五年一一月九日の衆院選、自民と民主の二大政党制に大きく近づいたこの選挙で、日本の有権者は驚くほど正しい選択をしたと言えます。「小泉さん、あと三年限りで、あなたの言う改革をおやりなさい。それ以上は待てません。そして、あなたの改革には虚勢も嘘も無知もどうやら含まれているから、批判勢力を大きくしておきます。その監視を受けながら、命を賭けておやりなさい」というメッセージを、小泉さんや、きっと近い将来に総理になるだろう器のひと、安倍晋三さん、自民党幹事長に届けたのです。

（小泉さんも、引退後に「脱原発」という実はご本人の趣味に属する話をぶち上げて、村山さんと同じく晩節を汚しています。これも後述します。西暦二〇一六年五月三日、記す）


きょうの一連のお話で、みなさんにいちばん伝えたかったのは「日本の政治は総理がどんどん代わるから駄目なんだ。恥ずかしい政治なんだ」という思い込みを捨てていただきたいということです。

マスメディアの流す通説にあまり左右されすぎないで、実際に起きたことをリアルに拾いあげ、公平な頭で整理していくと、祖国の芯の通った希望が見えてきます。

そしてこの日本人の智恵を考えるとき、どうしても、あと一つだけお話ししておきたいことがあります。

次から次へと、この国の最高指導者である総理が代わっても日本社会は、そよとも揺らぎませんでした。なぜでしょう。ここまでお話ししてきたような歴史的使命を、その総理たちが果たしていったから？

それは必ずしも、そうではありません。

きょうは総理が短期で交代してきた現代史の中から肯定面を、あえて集中的に語りました。それは、否定面に偏ってこの国を見がちなわたしたち自身に、違う生き方をささやかに提示するためであり、これまで何度かお話ししたように、通説や通念に囚(とら)われず自分の頭で考えてみることを、提案するためです。

しかし、もちろん相次ぐ総理交代による暗黒面もあります。

竹下政権が崩壊してから森政権の崩壊までに至るあいだは、大きな流れとしては失政です。竹下政権の一つ前、中曾根政権の時代は、国際水準からしても失政ではありません。

そして森政権の次の小泉政権は、まだ評価を定められる時期ではありませんが、少なくとも後世に多くの歴史家の関心を集める政権になるでしょう。

ということは、五年続いた中曾根政権、五年半続きそうな小泉政権だけが、まともな評価や分析に値する政権であって、それに挟まれた数々の政権は泥の河を流れていくように失政を続け、そのなかで大半の総理はどうにか一つだけ使命を果たしていったと言えます。

それなのになぜ、日本社会は安定を失わずに来たのか。失業も増え、外国人と少年少女による重大な犯罪も増大しています。

それでもなお、世界をぼくなりに歩いてきた経験から、この社会は安定していると断言します。もっと実情に即して言えば、何とも情けない政治、後手後手の安全保障政策、荒廃しきった教育のなかで、これほど社会が安定を保っているのは、世界の常識からして信じられないような奇跡です。

この奇跡を可能にしている理由は複数あるでしょう。ただ、深い理由の一つとして天皇陛下のご存在があることを指摘しようと思います。

内閣総理大臣の一つ上に、揺るがない極めて安定した、交代しない権威がある。それは文化と伝統の一貫性を具体的に日々、示し、日本人に無意識の領域に近いほど深い安心をもたらしていると、ぼくは考えます。

天皇陛下ご自身の努力も、感嘆するほかないものがあります。ぼくは、これも具体的な証左を踏まえて申しています。今上陛下は、昭和天皇の崩御のあと即位されてなお、東宮御所にしばらくとどまられ、六年近くを経てからゆっくりと皇居にお移りになりました。お住まいと、国事行為をはじめとする仕事をなさる場所を自ら、分けられることをさらりと試されたのではないでしょうか。

もしそうであるならば、これは実は驚天動地の大改革の試みです。戦前までの日本は、天皇のお仕事とお暮らしを分けることを強く忌み嫌ってきました。それを天皇ご自身が、皇后陛下とのご生活を大切にされる姿勢を示され、お仕事をいわば近代的にとらえられました。

もしも解釈が間違っていなかったならば、今上陛下は、この改革の試みをなんと穏やかに、聡明に、そして果断にためされたことでしょう。世界の王室の水準と照らしても、公平に見て群を抜く賢明さであると考えます。たとえば、ロンドンのバッキンガム宮殿の前に立つとき、イギリス国民を巻き込んだ無惨な痴話喧嘩と、その果てのダイアナ元妃の非業の死をぼくは想わずにいられません。

天皇陛下のご存在はわたしたち日本人の智恵です。そして主権者の智恵である以上は、主権者が磨かねばなりません。

まず、一人ひとりが向かい合わねばならない課題があります。わたしたち庶民と生物学や人類学としては全く同じ人間の中から、一つの血統のかたがたを天皇陛下と定めてきました。これは世界に例のない安定と、文化の継承をもたらしたとぼくは考えます。しかし、一方で全く同じ人間の中に、生まれながらに劣る人たちも居るとするかのような事実誤認も生じました。

たとえば「東京には関西などと違って差別がない」と公言する東京都民もいます。それは実は差別する側の論理ではないでしょうか。限られた地域に閉じこめられて暮らすという、いわば旧式の差別が、激しい都市化によって都内ではほぼ消滅しただけであって、結婚のような市民生活の深い部分では、わたしたちは差別をいまだ克服し切れていません。何よりも心の中の差別を克服していないのです。

日本人同士の問題だけではありません。北朝鮮の脅威が語られるようになると、その独裁にこそ苦しむ庶民の朝鮮民族をも外道とみなしてしまうような誤りを必ず超克したい。ぼくは、ささやかながら、そう決意しています。

そして天皇陛下の権威に甘えて、最終責任のありかを曖昧にしている現状を、思い切って正さねばなりません。

日本国憲法は第九条の問題ばかり語られますが、あとで第六五条をご覧になってください。そこには「行政権は、内閣に属する」と書いてあります。

これが、日本の病根の一つです。

最終責任が、ただ一点に、具体的にはただ一人の人間に属すると定めていません。このため決断の責任は、内閣総理大臣ではなく「みんなで話し合う」閣議にあることになり、その閣議は「全員一致」でないと物事を決められない取り決めになっていますから、最高責任が曖昧に散らされてしまっているのです。

アメリカの民主主義が何でもいいわけではありませんが、たとえばアメリカ合州国憲法は、その第二条第一節第一項で「行政権は大統領に属する」と全く何の逃げ道もなく明記しています。日本の総理はトップでありながら調整者にすぎません。アメリカだけではなく世界の国々にとってトップとは決定者です。

だから、憲法六五条を「行政権は、内閣総理大臣に属する」と改正できるかどうか、それが日本の運命を左右していくと思います。

かつての明治憲法、大日本帝国憲法では、軍に対する統帥権は天皇陛下にありました。ところが天皇陛下が実際に軍を指揮できるわけではなく、実権は帝国陸海軍の首脳たちに曖昧に分散されていました。だから、歴代天皇の中でも最も戦争を忌み嫌われた昭和天皇のもとで最も悲惨な日米戦争に突入する悲劇が起きたのです。

御心（みこころ）に反したこの間違いを繰り返さないことは、政治家の責任である前に、マスメディアの責任である前に、わたしたち主権者、有権者、納税者に第一責任があります。行政権を内閣という組織に曖昧に置くのではなく、はっきりと内閣総理大臣その人に置くのです。

それによって首班指名に直結する総選挙への有権者の意識も変わりますし、総理自身の意識も非常に深い部分で変わります。

この第六五条もひとつの出発点にして憲法改正に踏み出すこと、それが主権者の勇気です。それを最後のひとことに、この「紙上勉強会」を終わります。参加してくださった読者のみなさん、ありがとうございました。

（村山さんと小泉さん、加えて細川さんの晩節については、新書版として再生するにあたって書きおろす「いま、そしてこれから」でお話しします。西暦二〇一六年五月三日、記す）

おわりに

人間嫌いの、ひとりの今は亡きご老人から話を聴いたことがある。著名な人ではまったくない。むしろ歴史の隙間に埋もれた人である。アメリカ政府の若き一員として敗戦直後の日本に短期間だけ入っていた。

わたしは二〇〇四年四月二三日、衆議院の有事法制特別委員会に参考人として招かれて意見を述べたとき、このご老人の証言も活かした。そのあとに、わたしはもう一度、このかたに会った。「やっぱり日本人は信用できない。俺の話の都合のよいところだけ切り取って、喋(しゃべ)りやがった」と烈(はげ)しい語調で繰り返していると伝え聞いたからだ。

この書(原著「日本国民が決断する日」)を仕上げる、直前の頃のことである。

自宅に訪ねても門前払いされるために、わたしはこのかたが通う病院の待合室でつかまえた。

わたしを見ると、車椅子のうえで、冷たく黙した横顔を見せて無視するポーズをとった。ふだんのわたしなら、そこが多くの耳と眼のある待合室であることを考えて、なにも告げずに立ち去ったかも知れない。

　しかし、その時のわたしの胸には、完成間近のこの書（原著）のことがあった。わたしの考えを言わずに去ってはいけない気がした。

　わたしは前にかがみ込み、皮膚の浮き出た両手を両膝の上で摑(つか)んで、逃げられないようにした。このかたは驚きを顔に浮かべて、通りすがりの看護師さんを見あげた。実際にはもう、自力で車椅子を動かすこともままならないほどに深く老いた人である。他の患者には、わたしが親しみを込めて両手を握ったように見えていただろうが、看護師さんはさすがに、わたしの手の握り方がすこし強すぎることに気づいたのだろう、立ち止まり、とがめるようにわたしを見下ろした。

　わたしは構わずに英語で口を開いた。どうしても伝えねばならないものがある。

「あなたのご不満は聞きましたよ」

　余計にぷいと顔を背(そむ)ける。

「わたしの原点は、記者です。記者は、聴いた証言がどれほど信ずべきものでも、必ず裏を取ろうとします。あなたの証言について、まったく正反対の証言をワシントンＤＣとサンフランシスコで聴きました。記者の本来の精神からすれば、これほどまでに話が食い違っているときは、いずれの話についても信じることをやめるか、あるいは、うまく中間点を取って話をまとめ、双方の証言を活かそうとするでしょう。しかし、わたしはそうしなかった。あなたの一方的な話を信じて、それを国会での参考人発言でも活かしました」

ご老人は、そこで初めてわたしの顔を見た。

「あなたも、ほんとうはそれに気づいたはずですね。なぜ、わたしは守るべき原則を破ったのか。それは、あなたの思い込みや偏屈が嫌いだけど、あなたはどこか真っ直ぐだからだ」

このかたから聴いたのは、アメリカが日本を占領したときの話である。この書で触れた、憲法六五条の問題、すなわち「行政権は内閣に属する」と定めてあるから日本には最終責任者がいないことについて、わたしはこのかたに「ＧＨＱ（連合国軍総司令部）は日本国憲法をつくるとき、なぜ、この条項をアメリカのように最終責任者がいる定めにしなかったのですか。行政権は内閣総理大臣に属するという案はなかったのですか」と、かつて尋ねた。

このかたは「わたしはね、日本国憲法の原案づくりから不当に外されていた。だから知らないけどね、ＧＨＱの憲法原案をつくった、情熱のありすぎる連中が、その情熱に浮かされて天皇条項と第九条にばかり神経を集中していたから、日本の行政の基本を変えることを忘れただけだ。早い話が、問題の所在に気づかなかったのさ」と答えた。

わたしは学者ではなく安全保障の実務家であるから、衆議院の特別委員会でも、歴史の話を詳しく述べたわけではない。わたしは冒頭の意見陳述の最後に、『日本の新しい安全保障のあり方を考えるうえで、憲法に見落とされがちな根本問題がある』ことに触れた。そのとき、『アメリカ占領軍も知らないまま日本側が注意深く、第六五条に残した行政システムがあり、それは実質的に無責任体制ではないか』と示唆しただけである。

日本側から日本国憲法の制定に関わった人びとは、この二〇〇〇年国家に連綿と続く「最終責任者の不在」という体制を、音を立てずに占領者に気づかれずに守ったのである。この人びとには智恵（ちえ）もあった。ＧＨＱが示した象徴天皇制を受け容れてご存在を護ったことが、それだ。しかし第六五条については間違いを犯したと、わたしは考えている。

わたしは車椅子のこのかたに「わたしは、あなたの真実を信じました」と言葉を重ねた。「アメリカ占領軍の誰が何をどう気づかずにいたかは、すくなくとも、わたしが拘（こだわ）るべき課題とは思えません。それを検証するのも大切なことだけど、それは歴史家の仕事であって、わたしが天から与えられている任務（my given role）ではない。わたしが信じたのは、根っこの問題が一つ確かに忘れられていたね、というあなたの率直な表明だ」

母国語ではない言葉で話すのは、ある意味で、やりやすい。日本語の会話ではとても言えないような中身を、照れずにさらりと口にできる。

このかたは長く沈黙した。わたしは、その両手から体温がほとんど伝わってこないことに、次第に気づき、衝撃を受けていた。とっくに立ち去ってしまった、あの看護師さんを眼で探していた。

そしてこのかたは「アオヤマは、アメリカがこの先、世界でどうなると思う」と唐突に聞いた。

わたしはこのかたの両手から手を離し、車椅子の横の灰青色のベンチに座り直して、答えた。

「アメリカは、世界が暴力とカネで動いていることを知っています。暴力はすなわち、軍事力であり、カネはすなわち為替です。戦争をやるやらないを別にして、アメリカの戦略は常に、軍事力による圧倒を背景にしている。そしてドルの絶対優位を守るために、常に力を振り絞っている。アメリカの信奉者でもあった宮澤喜一さんがやっと総理になり、円をアジアでの基軸通貨にしようとしたとき、全力で叩き潰してしまった。だから、たとえば中国がこの先、いまの共産党独裁で力を伸ばしていってもアメリカに対抗できない。『元』を国際社会で通用する通貨にすらできませんから」

このかたは、かすかに頷(うなず)いた。

「そう考えれば、アメリカのライバルあるいは敵になり得る相手がもしあるとしたら、ヨーロッパだけ、EU（ヨーロッパ連合）だけだと分かります。統一通貨ユーロを誕生させて、すでに中東の産油国の一部ではドルに代わる決済通貨として機能しています。ただアメリカは軍事力については、NATO（北大西洋条約機構）軍を通じていまだヨーロッパを支配している。EUにある、独自の統一軍事力を持とうとする動きが、どこまで実るかが、分かれ道でしょう」

このかたは再び、かすかにだけ頷いた。

「簡潔にあなたの問いにもう一度、答えれば、世界が暴力とカネで成り立っていることを知っているアメリカは、これからも中期的には世界の覇者であり続けます」

このかたは、じっと黙っている。

「だけど統一ヨーロッパという、新しい挑戦者が現れました。EUはこの（二〇〇四年）五月一日に、かつての東ヨーロッパ諸国も取り込んで、さらに拡充しました。イラク戦争でフランス、ドイツがアメリカ主導の開戦に抵抗し、マドリッドの列車テロのあと、スペインがアメリカを裏切って仏独ラインに回帰したのも、この大きな動きと深い部分で繋がっています。イギリスもほんとうは、ブレア労働党政権（当時）が、スペインの新しい社会労働党政権と水面下で連絡を取りあっている。アメリカは、そのヨーロッパに劣等感がある。パリをナチから解放した米軍兵士が、パリの街並みを見てアメリカの街に初めて劣等意識を持ったと言われる歴史は、いまは確かに表面では忘れられているけど、何かの大事なときには顔を出すかも知れない。ヨーロッパをほんとうに知ること、それがアメリカには必要ではないですか。イラク戦争をフランスに反対されて、フレンチ・フライをフリーダム・フライと愚かにも呼び変えるようでは、アメリカの未来も、あなたがたぶん心配されているように明るくないかも知れませんね」

「日本はどうする」とこのかたが短く聞いた。

わたしが強く頷き「はい、その問いが肝心かなめです」と答え、その先を続けようとしたとき、このかたは「アオヤマが国会で話した中身は、すべて知ってる。そして、日本人はやっぱり信用できないと俺は確かに、周りに言った。これは謝る。俺はきっと年のせいだろう、死ぬのが怖いせいだろう、何もかもがまともに受け止められない。おまえが元気いっぱいに国会で意見を述べるのが妬ましかった。俺には、もはや議会証言はできない。しかし、おまえはしている。神は決して不公平ではない。しかし同時に、嫉妬という、どうにもならないものを人間に与える、いたずらをなさった」と一気に語った。

わたしは胸のうちで、『俺だって元気いっぱいじゃない。ただ自分を何とか励まして、私生活を諦めて、するべき仕事をしているだけです』と呟いたが、声には出さずに、このかたのガウンに隠れた、骨そのもののような腕に触れた。

わたしの自宅や、独研にかかってくる同じ声の脅迫電話がある。脅迫と言っても、わたしの名前を呼び捨てでわめき連呼するだけで、何も語らないが、悪意には満ちている。公開していない自宅の電話にもかかってくることから、かつての仕事仲間であることはほぼ明らかで、そのなかの誰であるかも、およそ分かっている。

わたしは、彼が酒に酔って事故を起こし、しかも特権的な免責を主張したとされて会社を首になる寸前となったとき、友と一緒に懸命に彼を守ったことがある。友もわたしも、彼にそれを言ったことはないから、彼は知らない。

手を尽くしたのは、友情からだけではない。彼が、どれほど戦う意志を持った記者であるかを知っていたからだ。彼は、その後も新しいトラブルを起こし、いま厚遇はされていない。おそらく彼は、自分でもどうにもできない嫉妬に突き動かされているのだろう。男の嫉妬は、わたし自身も含めて、女性のそれよりずっと烈しい。

現実のわたしは、剣の切っ先の上を歩いているような不安の日々だ。独研は、いかなるヒモ付きでもないから、その経営は危うい。それと並行して物を書き、与えられた機会で発言し続けようとするのは、まず物理的に幸福を諦めることに他ならない。これに嫉妬するのは、あまりに哀しい話だ。

しかし、わたしも妬み心が強いから、他人のことが良く見えてしまう普遍的な気持ちがそのまま分かる。だから脅迫電話が繰り返され電話の主が誰だか想像がついていても、捜査機関に連絡しないでいる。

わたしはこのかたの腕をさすりながら、わたしも根拠のない嫉妬をし、そしてすべてのひとと同じく生の最期の瞬間までなにかを渇望して死すことを思った。そのまま別れを告げた。おそらく永遠の別れになるのだろう。

ご老人は別れの言葉には何も応えず、ワシントン・ポスト紙に載った、一枚の写真のことを口にした。

アメリカのデラウェア州にあるドーバー空軍基地に降り立った輸送機の内部の写真であ

る。そこには星条旗に包まれた棺（ひつぎ）がずらりと並んでいる。イラクで死んだ米兵が、祖国の地に下ろされるのを待っているのだ。

深い悲しみの光景だが、人権を侵すような写真ではない。

ところが、わたしの友も多くいるペンタゴン（国防総省）は、この写真に関してマスメディアに取材を禁じた。

写真は、ワシントン・ポスト紙が撮影したのではない。ひとりの市民が情報公開法に基づいてドーバー空軍基地に写真を請求し、入手して、インターネットのホームページで公表した。

ペンタゴンはまた、写真が理由で米軍の請負業者に圧力をかけ、ひとりの社員を解雇させた。この社員がクウェートで撮った米兵の死の写真を、シアトル・タイムズが報道したためである。

ブッシュ大統領は、海外で死亡した米兵が遺体となって祖国へ戻る写真を撮影も公表も一切、禁じている。「遺族が望むから」とホワイトハウスは説明する。

しかし国防当局者は、「名誉ある帰還をきちんと報道してほしいと、遺族の誰もが望んでいるよ。アメリカはすべての戦争でそうだった。あのベトナム戦争でもそうだった」

と、わたしに語った。

このかたは、わたしの腕を掴み返すような弱い動作を何度か繰り返しながら、「合州国市民にも説明できない戦争をしているから、戦争が必ずもたらす死すら、見えないようにしたいんだ」と気迫を込めて話した。なぜ、わたしとの別れ際に、こんなに一生懸命に一枚の写真のことを語るのか。それが分からないまま、わたしは病院を出た。

駅へ歩き、すべてが生き返るような新緑を眼にしているうちに、すこしづつこのかたの気持ちが伝わってきた。

わたしたちの日本は、このアメリカに戦争で敗れ、国民の無惨な死と引き替えに、アメリカ型の自由を手にした。

その自由をもたらしたアメリカで、自由が死のうとしている。

おまえよ、今、日本の自由を、日本国民の手で創れ。もしこのかたが自由自在に口を動かせた頃なら、ずばりとこう言ったのではないか。

わたしは立ち止まり、緑の下で考える。

イラクで誘拐された三人をめぐって、「自己責任をとれ」という言葉が渦巻いた。

だが民主国家において個人、すなわち主権者の責任とは、言うべきことを言い、信ずることを行い、出かけたいところへ出かける自由を確保するためにこそ、果たすのだ。
お上の言う通りにしていたり、世間さまに合わせるために、責任をとれる人間でいるのではない。自由を確保するために、自ら責任を果たす人間でいるのだ。

わたしたちがもし、日本の自由を造ることができるなら、自由の故郷であるアメリカで自由が死滅しようとする二一世紀の世界において、かつてない寄与を果たすかも知れない。

日本は、世界が地球規模のデフレの入り口へじりじりと近づいていくなかで、ひとり、いずれはデフレの出口から抜け出ていくことを目指している。

十数年も続いたデフレ不況からの脱却である。だが、もしも脱却できたとしても、そのあとの経済と政治がつくる社会こそが大切だ。

アメリカと中国の経済に依存して脱却するのだけでは、もはやあまりに足りない。世界経済は、デフレに近づくだけではなく、かつての南北問題よりもはるかに大規模に複雑に、格差を広げている。南北問題は、国家間の差であったが、いまは先進国、発展途上国を問わず至るところで格差が深まり広がっている。日本が当てにしている中国にしても、富める沿岸部と貧する内陸部の差は、中国の指導部も呆然とするがごとくに拡大しているのだ。

これがテロリズムの根幹である。

日本の経済回復も、格差を広げつつ進んでいる。資産デフレの病根だった土地にしても、好立地の土地だけが急上昇の気配で、売れない土地はさらに落ち込んでいる。

ここに今のうちに着目したい。

すなわちアメリカのように格差の拡大を自明のこととしてビルト・イン（組み入れ）している自由ではなく、格差をたがいに縮めようとする主権者の努力が生む共感と連帯に基づいた自由を、わたしたちは模索していきたいと願う。

そのためには、決然と「超国民」になってゆきたい。わたしたち自らが、わたしたちを超えるのだ。

わたしが信じがたい多忙、と言ってもただの貧乏暇なしであるが、それに押されて、この書を遅々として仕上げることができず、それでも投げ出すことだけはせずにいたとき、胸のうちで、わが弱きこころに力を与えたまえと呟いていた。

誰が与えてくれるのか。

誰も与えてくれない。おのれの手で意志の力を生むしかないと思いつつ、わたしはほんとうに苦しかった。

その弱い人間がようやくにして最後まで書き切って、みんな、みずからの頭で考えませんか、みずからの力で生きませんかと、ささやかに語る書だからこそ、みなさんに届けたい。

わたしは、こうして生きながら、書きながら、身のそばに置く自作のつたない銘を自然に考えてきた。

ひとつは、先に記した「脱私即的」である。私心を脱し、命ほんらいの目的につく。去私ではない。脱私である。去私は、もともと私心の薄かった高級な人が掲げる言葉ではないだろうか。わたしは嫉妬心にも私心にも苦しんできた。そこからもがいて脱することを願っている。

実は、もういくつかある。

たとえば、「深淡生」。

深く淡く生きて死す。

なかなか浅くにしか生きられず、淡き良き姿勢を保つことも難しく、幼いころから青年期までは死の恐怖におののいていたからこそ、いま深淡生を生きたい。
そして、もっとも大切にしている銘がこれである。
思い切り自由に、深々と謙虚に、淡々と強靭(きょうじん)に、命のまんなかは真実でいよう。

一年間のあいだ辛抱強く原稿を待ってくださった扶桑社の真部栄一編集長、田中亭副編集長、フリー編集者の野口英明さん、そしてわたしを支え続けてくれる独研の全社員・スタッフ、ＯＢのみんなに、こころの底からの感謝を贈りつつ、筆を措(お)きます。

西暦二〇〇四年、平成一六年、皇紀二六六四年五月六日朝

いま、そしてこれから
（新書版のおわりに）

さて、「ぶっとい新書」版の終章です。

原著の冒頭に近いところに、次の一文があります。

～さぁ、できれば開いてみてください。この一冊の新しい地図帳を。～

まさしく原著は、世界の終わりと始まりを予言しようと試みた、ささやかな地図帳だと思います。

世界の終わりとは、第二次大戦のあとに勝者が造った世界の終わりです。始まりとは、もはや勝者も敗者もなく、いやむしろ敗者こそが切り開く次の世界の始まりです。

古い地球儀はどんどん壊れていきます。まず新しい地図をじっくりと完成させ、それを元に世界観を一新する地球儀をぼくらが創る番です。

破壊の中心はアメリカです。だから破壊者であるドナルド・トランプさんが大統領選をかつて例のない異様な姿に変える主役となりました。

世界の破壊の出発点は、イラク戦争でした。イラクでの戦いはアメリカ市民にとって

「戦死者が凱旋しない初めての戦争」でした。

アメリカでは、戦地から凱旋するのは勲章を胸にした生者だけではありません。頭が割られ顔も崩され、四肢が吹き飛ばされた死者であっても、顔と身体の隅々まで生前の姿へ戻して、血に染まって壊れた腕時計もすっかり元のように復元されて死者の腕に嵌められ、そしてピシリと制服を着た凛々しい姿になって棺に納められます。この棺を上官が護って、どんな一兵卒の死者であっても故郷の自宅へ送り届けられます。

アメリカ合州国は、戦争に勝ったために苦しみを背負った国です。

日本は大戦に負けて苦しみましたが、アメリカは勝ったために戦争が正しいことになってしまい、戦争をやめられなくなった。だから大戦後、わずか五年で悲惨な朝鮮戦争に突入して四万人を超えるアメリカの青年を戦死させました。その朝鮮戦争がきちんと終わらない間にもう、ベトナム戦争です。

そのベトナム戦争では建国以来初めて、「戦争をするな」という大きな声が国民から湧きあがり、一九七五年についに初めて負けました。それでもベトナム戦争の死者は、前述のように誇りある姿に戻されてそれぞれの故郷へと凱旋したのです。

勝った戦争であれ負けた戦争であれ、第二次大戦のように「ファシズムに対する自由の戦い」と称揚された戦争であれ、ベトナム戦争のように「戦う理由が分からない」と批判を浴びた戦争であれ、祖国のために死したひとは最善の敬意をもって扱う。それが戦争の国アメリカの、いちばん大切なモラルです。

ところがイラク戦争では、戦死した若者が「行方不明者」にされて故郷になかなか帰れなかったり、あるいは帰ってもそれが秘密にされてしまい誰の敬意も受けられないということが起こった。わたしはアメリカでその現実を知って、信じられない思いでした。

最近になってアメリカ軍のわたしの知友は、ぽつりぽつり真実を語り始めています。

「IED（Improvised Explosive Device　直訳すると即席爆発装置。テロリストがありあわせの材料を加工して作った手製爆弾のこと）で爆死した遺体はさ、プラスティック爆薬の強烈な爆発力に手を触れてしまったときなどは、あまりにバラバラで、軍の伝統の復元技術をもってしても姿形にならないんだよ。困って、当面は行方不明にしたこともあるし、その遺体をみられないように秘密にしたこともある」

このあまりに無残な現実が、口コミとインターネットでアメリカ国民に広がったこともあって、イラク戦争はアメリカ国民に深い厭戦（えんせん）気分を生んだのでした。

ベトナム戦争の時にすら起きなかったことが起きていると、アメリカ人は考えたのでした。

だから黒人のオバマさんが大統領になれた。

白人には決してできない、「もう戦争はしない」という公約を掲げて大統領選を戦ったからです。

戦争はアメリカの最大の既得権益です。軍需産業だけではなく、経済のほぼすべてが戦争と繋(つな)がっていて、ハリウッド映画といった文化まで戦争が主人公です。

だから既得権益から疎外された黒人でないと「戦争をしない」という約束はできない。日本の著名なジャーナリストのなかには「オバマは神の子だ。だから黒人差別を乗り越えた」とテレビで叫んだ人もいます。それは現実からはとても遠かった。

神の子のはずのオバマさんは大統領となって、かつて国際法をまるで無視してアメリカ大使館を占拠したイラン、アメリカが悪魔と呼んだイランと手を組みました。

なんのために。戦争をイランに頼むためです。それも本当はブッシュ政権の時代に芽があるのは原著で指摘している通りです。

オバマ大統領のもとでアメリカ軍が身動き取れなくなったのをみた世界は、一斉に変わり始めました。

たとえばイラクとシリアのそれぞれ北部にまたがる地域では、自称イスラーム国（IS）という新しいテロ組織が、女性を性奴隷にし、日本人の首を刎ね、やりたい放題となりました。オバマさんは、この自称イスラーム国と戦うために米軍の地上部隊を出すことをせず、アメリカ大使館を占拠したイラン革命防衛隊に頼んだのです。

イランの革命防衛隊は、国防省のもとにあるイラン国軍と違い、実質的に宗教指導者のもとにあり、動きやすいのです。したたかなイランは、見返りに、アメリカなど西側諸国と核合意なるものを二〇一五年に結びました。日本の報道では、これを「イランに核開発を放棄させた」と伝えていますが、とんでもない、逆です。

時間を掛けてゆっくりと、量も少なく、質もやや落としさえすれば核兵器を作って良し、それが核合意です。

イランは長年、北朝鮮と共に核開発をしてきました。イラン政府が否定していることは公平を期すために記しておきます。しかし世界の本物の核問題の専門家で知らない人はいません。

北朝鮮は、イランからドルが入ってくることを期待できることになりました。オバマさんがイランへの経済制裁も解除して、イランは凍結されていた一二兆円の海外資産のうち、すでに八兆円分が手に戻り、そこから北朝鮮に「予約金」も支払われたとみられます。

だから突然、北朝鮮の金正日総書記に続く金正恩委員長の独裁政権は日本の安倍政権と拉致問題について交渉しなくなったのです。拉致被害者は、またお金の当てが無くなったときのために取っておくつもりです。

いま記した通り、金正日総書記の三男坊、金正恩さんは三六年ぶりに朝鮮労働党大会を開いて「委員長」に就きました。何のことはない、祖父の金日成主席のそっくり真似(まね)をする道を歩いているだけです。

拉致被害者を取り返せずに、こんな個人的欲望の支配する国に囚われたままにしている現実はいわば日米の合作のようなものです。

いずれも世に出ていない、イラク戦争の真実、オバマ大統領のほんとうの姿、これらが物語るのは、アメリカが「世界のどこでも、いつでも支配できる軍事力」をすでに見失ったということです。

日本軍と戦ったときのアメリカ軍は、ある意味で幸せだった。制服があり、司令官がいて、正面からやってくる正規軍だったから。アメリカ軍は今でも、正規軍同士の戦いなら世界最強です。陸軍も海軍も空軍も、海兵隊もすべてそうです。

ところがイラクでその正規軍のイラク共和国軍を粉砕したために、抑えつけられていたテロリストが喜んで跳梁跋扈するようになり、そのテロリストにはアメリカ軍は勝てません。テロリストには、ICBM（大陸間弾道核ミサイル）も原子力潜水艦も使えないからです。

こうやってアメリカ軍が神通力を失うと、そのアメリカ軍に護ってもらうから憲法も自衛隊法も、自衛隊そのものも不備でよかった時代は過ぎ去りました。

否が応でも日本が自立する時代です。

日米同盟は初めて対等になることを前提に堅持する時代です。

この足を引っ張るおひとが、象徴的に、ふたりいらっしゃいます。

小泉さんと村山さんです。

小泉純一郎元総理は「イラク戦争に自衛隊を出さないとアメリカに嫌われて同盟から外され、日本が立ちゆかなくなる。米英の国際メジャー石油資本がコントロールする中東から油も天然ガスも買えなくなる」という考えを示唆して、テロリストに反撃どころか、ロケット弾を撃ち込まれても調査にすら行けない状態のまま自衛官たちを派遣しました。

ところが同じ敗戦国で同じアメリカの同盟国でも、ドイツはイラク戦争に反対してドイツ連邦軍を派遣しませんでした。

ではドイツは同盟を外され、油も天然ガスも買えなくなったのでしょうか。

その正反対です。

アメリカは以前に増してドイツを頼みにしていますし、たとえばカタールから買う天然ガスをドイツは実際の価格では日本よりずっと安く買っています。わたしはカタールとドイツを何度も訪ねて、現場でこれを確認しました。経済紙に載っている価格や記事とは違うのです。

小泉さんは、引退している今であっても、この錯誤について国民に説明する責任があります。

ところがご本人が熱中しているのは「脱原発」です。細川護熙（もりひろ）元総理と一緒に大騒ぎです。細川さんはもう一度、総理になりたいというまさかの野望に取り憑（つ）かれて「脱原発」をテコにしようとしました。最期に「殿」のいちばん困った顔「ええ恰好しい」が出てしまいました。

小泉さんはフィンランドへ行って「オンカロ」という核廃棄物の最終処理場を見てから突如、「脱原発」に転じました。「こんな地下施設は日本には造れない」というわけです。

そして「トイレ無きマンションのような原発はやめろ」という理屈です。

では火力発電所にトイレはあるのでしょうか。火力発電は煙突から大気中に廃棄物を出しています。もちろん環境への影響が最小になるように工夫はしていますし、大気の希釈能力は凄（すご）いですから、大きな問題にはなっていません。しかし原発と比べるのなら、それよりはるかに直接、環境に影響を与えているのも事実です。

小泉さんは、自分で見たことだけを判断材料にしています。プロフェッショナルではなくアマチュアのレベルです。

こうなると郵政民営化も、いちばん肝心な「郵便貯金や簡易保険で集めた国民のお金を民間に吐き出させたら、その膨大な資金を何に活かすか」ということを小泉政権がやろうとしなかった理由が分かってしまいます。

小泉さんは、郵政大臣のときに郵貯や簡保のマネーが財政投融資に流れ、財務官僚と政治家が好きなように使っている現状を見て、それに怒っただけです。怒って、テーブルをひっくり返したあとに、何をするかが無いのです。脱原発への入れ込みは、その事実を改めて知らしめました。

つまり小泉さんは、みずからの業績を否定する振る舞いをなさっています。

それは村山富市・元総理も同じか、もっと深刻です。

原著に記した「冷戦を日本でも終わらせる。ひとりで終わらせる」という歴史的な業績を自ら忘れ、打ち込んでいるのは安保法制の否定です。

安倍内閣が成立させた安保法制とは、集団的自衛権を極めて限定的に容認した法制です。ＰＫＯ活動を幾分やりやすくすることを除けば、ただそれだけであって、たとえば自衛隊が拉致被害者の救出作戦を遂行するという国際社会では当たり前のこともできないままです。

そして集団的自衛権とは、人類が世界大戦の悲惨からようやく学んだ智恵（ちえ）です。

諸国が個別的自衛権を行使すると称して角を突き合わせていると、戦争になります。

そこで集団によって平和を維持する仕組みができあがりました。その最大のものが国連です。国連とは集団安全保障そのものであり、だから国連憲章には加盟国の権利であり義務としても、集団的自衛権の行使が明記されているのです。

日本は国連のもっとも有力な加盟国（拠出金はアメリカを除けば世界一）でありながら、それを無視してきました。もう一度言います、ひたすらアメリカ頼みだったからです。

ところがアメリカが自らを壊し、それによって今までの地球が壊れていくのなら、日本はほんらいの責任を果たし始めていかねばなりません。

それが安保法制そのものです。

しかし村山さんは「アメリカの戦争に巻き込まれる法律じゃ」と叫び、あろう事か国会議事堂のデモ隊に参加して、そう叫び、さらには中韓の反日喧伝(けんでん)を助けるという恥ずべきことをなさっています。

アメリカが壊れているという現実はまったく見ないまま、村山政権の果実を自分で踏みつけにしています。そして、いわば先祖返りです。思い込みだけで生きる社会党時代へのリターン現象とも言えます。

村山さんの胸中にはおそらく、社会党を潰してしまったことへの代償という気持ちもあるのでしょう。ただ、これは村山さんだけの問題ではありません。

最近の世論調査では、憲法改正、なかでも第九条の改正に反対する人が急増しています。いったんは改正論が次第に満ちてきていたのが逆コースです。「安保法制は戦争法」というプロパガンダに負けて、国民あげて先祖返りになりかねない情況です。

では、どうするか。

わたしは実は、難しいことだとは思っていません。客観事実を国民が知ること、それだけです。

もちろん、それに至る道は遠く、日は暮れて、この「ぶっとい新書」を手に取るあなたは少数派です。

しかし道は一本です。

その道を歩くのか、歩かないのか。

問うべきは、それだけです。

難しい、複雑だと思ったら、その言い訳にわたしたちは自分自身が負けて、祖国は出番を失います。

歩き出すには、唯ひとつの条件があるだけです。

それは、これまでの立場の違い、意見の違いに囚われないことです。

破壊は、創造の始まりです。

世界の壊れぶりは凄絶です。中国が習近平政権で「第二の文革」すなわち弾圧と圧政の強化で共産党独裁を守ろうとするほど経済を含めて壊れ始め、ヨーロッパでは難民の怒濤の流入でＥＵが壊れそうです。ドイツが「悪かったのはナチだけ。ドイツそのものは人道的だ」という主張で敗戦後を乗り切ってきたためにメルケル首相が「難民歓迎」と無責任に呼びかけた結果です。都合のよい話のツケが回ってきました。アメリカも、やがて公害の深化で使えなくなるシェールオイルに走り、イラク戦争で目指した石油支配を自ら放棄する壊れぶりです。

そのアメリカは、原著に記した北朝鮮を崩壊させる作戦計画（ＯＰＬＡＮ）２０３０の発展形として作戦計画２０１５を策定し、二〇一六年春の米韓合同軍事演習で実際にやってみせました。

つまりオバマ政権でも、北朝鮮の独裁者排除を目指す軍事計画は進化させたのですね。

これに昂奮（こうふん）した金正恩第一書記（当時）は核実験やミサイル・ロケット発射を重ねて対抗しました。イランや、さらにイランの敵サウジアラビアに売り込むビジネスも目的ですが、「独裁者排除だけは変わらないアメリカ」に怯えた結果でもあるのです。

世界がこうやって壊れ、縮むなかで、経済では日本の円だけが信認されている事実を見ましょう。歴史的必然の円高に耐えられる、新しい日本経済の創造がわれらの役割です。

それには例えばメタンハイドレートをはじめ建国以来初めて抱擁している自前資源を、エネルギーの既得権益と戦って実用化し、日本には絶対に不可能だったはずの資源産業を勃興させるなどして為替に左右されない体質を造ることが必須です。
絶対に動かせないと思ったこれまでの世界が壊れつつある今ほど、生き甲斐（がい）のある時代があるでしょうか。

この書では、これでお別れです。
また次の書でお目にかかりましょう。
この書はいずれ英語版をつくり世界に問いたいと思います。
It's our turn to mend the broken globe
壊れた地球儀、世界を直すのは、ぼくたちの番だ。

西暦二〇一六年、平成二八年、わたしたちの大切なオリジナルカレンダー皇紀で申せば二六七六年皐月（さつき）三日深夜

青山繁晴（あおやま・しげはる）
●慶大文学部中退、早大政経学部卒。共同通信記者として昭和天皇吐血など歴史的スクープ連発。●三菱総研に転じたのち日本初の独立系シンクタンク独立総合研究所の代表取締役社長・兼・首席研究員。●熱血先生と呼ばれる近畿大経済学部客員教授（国際関係論）のほか東大教養学部特設ゼミ、防衛省幹部研修、総務省消防大学校、関東管区警察学校でも教鞭。●公職は無償を原則に、内閣府原子力委員会原子力防護部会専門委員、文科省参与、海上保安庁政策アドバイザー、経産省総合資源エネルギー調査会専門委員、ＮＳＣ創設の有識者会議議員、消防審議会委員など。●国内外で第一級専門家として認知された分野は危機管理、外交・安全保障、資源エネルギー安保、政治論など類例なき幅広さ。●「ザ・ボイス」（ニッポン放送）、「虎ノ門ニュース」（CS放送）、「ＴＶタックル」（テレビ朝日）など番組参加が圧倒的人気。連続５時間前後の「独立講演会」も毎月、自主開催。●会員制レポート「東京コンフィデンシャル・レポート」（TCR）を16年超、配信。●著作に『ぼくらの祖国・新書版』『ぼくらの真実』（扶桑社）、『死ぬ理由、生きる理由』（ワニ・プラス）、純文学の『平成』（文藝春秋）など。●趣味はＪＡＦ公式戦に参戦中のモータースポーツ（Ａ級ライセンス）、アルペンスキー、乗馬、スキューバダイビング（PADIライセンス）、水泳、映画。●配偶者は日本女性初の大型船船長の資格を取りメタンハイドレート研究で世界の特許を持つ青山千春東京海洋大准教授。子息二人。愛犬はポメラニアンの繁子。●2500万超アクセスのブログは「ON THE ROAD」（shiaoyama.com）。

扶桑社新書　213

壊れた地球儀の直し方――ぼくらの出番

発行日　2016年６月１日　初版第１刷発行
　　　　2016年７月20日　第６刷発行

著者………青山繁晴
発行者………久保田榮一
発行所………株式会社扶桑社
〒105-8070　東京都港区芝浦 1-1-1 浜松町ビルディング
電話　03-6368-8870（編集）
　　　03-6368-8891（郵便室）
www.fusosha.co.jp
ＤＴＰ制作………株式会社ＹＨＢ編集企画
印刷／製本………株式会社廣済堂

ISBN 978-4-594-07491-3